"一带一路"工业文明

"THE BELT AND ROAD" INDUSTRIAL CIVILIZATION

"THE BELT AND ROAD" INDUSTRIAL CIVILIZATION

DEVELOPMENT OF INDUSTRY AND INFORMATION TECHNOLOGY

"一带一路"
工业文明

工业和信息化发展

周子学　李芳芳　等◎著

電子工業出版社
Publishing House of Electronics Industry
北京·BEIJING

"一带一路"工业文明丛书编委会

"一带一路"工业文明丛书专家指导委员会

主　任：朱师君　　周子学

副主任：王传臣　　高素梅

委　员：刘元春　　荆林波　　顾　强　　黄群慧

　　　　赵丽芬　　陈甬军　　谢　康　　崔　凡

"一带一路"工业文明丛书编写委员会

主　任：刘九如

副主任：赵晨阳　　秦绪军　　李芳芳

委　员（以下按姓氏拼音排名）：

白羽	常兴国	陈宝国	陈秋燕	陈喜峰	陈秀法	陈忠
崔敏利	董亚峰	樊大磊	葛涛	郭杨	国立波	郝洪蕾
何学洲	黄建平	黄丽华	江飞涛	蒋峰	李富兵	李昊源
李宏宇	李杰	李金叶	李鹍	李敏	李娜	李强
李燕	李竹青	刘昌贤	刘红玉	刘静烨	柳树成	陆丰刚
陆俊卿	玛尔哈巴·马合苏提	孟静	聂晴晴	秦海波	覃松
任旺兵	尚星嗣	宋涛	田斌	王博	王建忠	汪礼俊
王靓靓	王璐璐	王秋舒	王喜莎	王杨刚	吴烨	肖忠东
谢世强	许朝凯	颜春凤	杨雅琴	尹丽波	张骋	张冬杨
张英民	张宇	张振芳	赵三英	朱健	祝捷	郑世林

作者
简介

周子学

工业和信息化部总经济师、中芯国际董事长、中国电子信息行业联合会秘书长，博士研究生，高级会计师。在国际会计、审计、产业经济、财税、金融、国际贸易分析等专业方面有深入研究，先后出版了《信息产业与社会经济发展》《电子信息产业区域结构演进》《信息社会概念、经验与选择》《经济制度与国家竞争力》等论著，在国内核心刊物上发表了《对工业化、信息化发展历史进程的几点认识》《日本 IABM 报告发展现状简述》等文章数十篇。

李芳芳

女，1982 年 9 月出生，籍贯河南孟州。中央财经大学经济学博士，电子工业出版社和中国人民大学联合培养博士后，现任工业和信息化部华信研究院产业经济研究所所长、《产业经济评论》编辑部主任，兼任中国电子信息行业联合会战略研究部主任、"互联网＋"研究咨询中心专家委员。研究方向为产业经济、投融资。先后主持完成国家级课题 30 余项，在核心期刊发表文章 20 多篇，在"一带一路"工业和信息化发展、制造业和互联网融合、政府投资基金、供给侧结构性改革、虚拟经济和实体经济等方面有深入研究。

Preface
总序

2013 年 9 月和 10 月，习近平主席先后提出了共建"丝绸之路经济带"和"21世纪海上丝绸之路"的宏伟构想，这一构想跨越时空，赋予了古老的丝绸之路以崭新的时代内涵，得到了国际社会的高度关注。"一带一路"倡议是涵盖几十亿人口、惠及 60 多个国家的重大决策，是统筹国内国际两个大局、顺应地区和全球合作潮流、契合沿线国家和地区发展需要的宏伟构想，是促进沿线各国加强合作、共克时艰、共谋发展的伟大倡议，具有深刻的时代背景和深远的历史意义。

"一带一路"倡议提出以来，引起了世界各国的广泛共鸣，共商、共建、共享的和平发展、共同发展理念不胫而走，沿线 60 多个国家响应参与，将"一带一路"倡议与他们各自的发展战略积极对接，为打造利益共同体、责任共同体和人类命运共同体这个终极目标共同努力。

"一带一路"倡议作为增加经济社会发展新动力的新起点，适应经济发展新常态、转变经济发展方式的新起点，同世界深度互动、向世界深度开放的新起点，为我国更好地、更持续地走向世界、融入世界，开辟了崭新路径。首先，"一带一路"倡议其重要的特征之一就是"合作"，而工业作为最重要的合作方向，决定着沿线各国经济现代化的速度、规模和水平，在各国的国民经济中起着主导作用。"一带一路"建设将依托沿线国家基础设施的互联互通，对贸易和生产要素进行优化配置，为各国工业能力的持续发展提供出路。其次，"了解"和"理解"是合作的前提和关键，因此，对"一带一路"沿线各国工业生产要素、工业发展、特色产业、产业政策的理解和了解，对沿线各国的工业发展、产业转型升级及国际产能合作有着重要意义。

为了传承"一带一路"工业文明，加强"一带一路"国家和地区间的相互了解和理解，促进"一带一路"国家和地区的交流合作；为了让中国企业系统了解"一带一路"国家和地区的工业发展和产业特色，并挖掘合作机遇，助推中国企业"走出去"，使"一带一路"伟大构想顺利实施，在工业和信息化部的支持下，电子工业出版社组织行业管理部门及专家实施编写"一带一路"工业文明丛书。

"一带一路"工业文明丛书以"一带一路"沿线国家和地区的工业发展、产业特色、资源、能源等为主要内容，从横向（专题篇）和纵向（地域篇）两条主线分别介绍"一带一路"沿线国家和地区的整体状况，直接促进世界对"一带一路"沿线国家和地区的了解。其中，丛书横向从工业发展、产能合作、资源融通、能源合作、环境共护、中国制造、工业信息安全等方面展开介绍，探讨"一带一路"沿线国家和地区的横向联系及协调发展；纵向选择古丝绸之路经过、当前与中国有深入合作、未来与中国有进一步合作意向的地区和国家为研究对象，深入介绍其经济、工业、交通、基础设施、能源、重点产业等状况，挖掘其工业、产业发展现状和机遇，为创造世界范围内跨度较大的经济合作带和具有发展潜力的经济大走廊提供参考性窗口。

"一带一路"工业文明丛书以政府"宏观"视角、产业"中观"视角和企业"微观"视角为切入点，具有重大创新性；以"一带一路"工业文明为出发点，具有深远的现实意义。丛书分领域、分地区重点阐述，抓住了工业文明的要义，希望通过对"一带一路"沿线国家和地区工业文明脉络、产业发展特点和资源禀赋情况的分析，为国内优势企业挖掘"一带一路"沿线国家和地区的合作机遇提供参考，为促进国内特色产业"走出去"提供指导，为解决内需和外需矛盾提供依据，为"中国制造2025"的顺利实施提供保障。

"一带一路"工业文明丛书立足于工业，重点介绍"一带一路"沿线国家和地区的产业需求和工业发展；同时，密切跟踪我国工业发展中的新趋势、新业态、新模式与"一带一路"的联系，并针对这些领域进行全面阐述。丛书致力于将国内资源、能源、工业发展、产能等现状和沿线国家特定需求紧密结合，立足高远，定位清晰，具有重大战略意义和现实意义。

Foreword
前言

　　信息技术革命以来，高新科技的发展冲破了国界，缩短了世界各国及各地区的距离，使世界经济逐渐融为一个整体，经济全球化特征愈发显著。经济合作与发展组织（OECD）认为，"经济全球化可以被看作一个过程，在这个过程中，经济、市场、技术与通信形式都越来越具有全球特征，民族性和地方性在逐渐减少"。经济全球化的不断推进，使得对外贸易投资合作日益深化，各国之间的联络也愈发紧密。因此，"合作共赢"成为这个时代国际合作的重要基础。

　　"一带一路"区域合作倡议，既顺应了世界经济合作共赢的时代需求，也为我国对外开放提供了非常难得的机遇。在这一伟大倡议中，区域合作内容非常丰富。其中，工业和信息化领域的相关单位也给予了高度关注，未来工业和信息产业将成为"一带一路"合作的支柱型产业之一。工业和信息化积极融入"一带一路"，将为企业拓展贸易新空间，为国内经济带来新增长极，为世界各国注入经济新动能。"一带一路"产能合作的顺利推进，也会大大提升我国工业和信息化领域的国际竞争力和影响力。

　　"一带一路"工业和信息化增长指数、发展指数的编制对推进"一带一路"工业和信息化领域的产能合作具有非常重要的意义。首先，"一带一路"工业和信息化增长指数、发展指数的编制是对"一带一路"沿线各国工业和信息化发展情况的客观反映。本书基于客观数据，进行了科学合理的统计处理，客观反映"一带一路"沿线各国的表现情况，并进行实时跟踪，动态显示其实时进展。其次，"一带一路"工业和信息化增长指数和发展指数可以立体地反映"一带一路"沿线各国的产业经济增长情况及在世界经济发展中的地位。通过"一带一路"工业和信息化增长指数，可以了解"一带一路"沿线各国工信产业的优势和短板，直观地看到该国哪些产业极具潜力。通过"一带一路"工业和信息化发展指数可以了解沿途各国在世界工业发展平均水平中的地位，以及发展相对滞后的领域。两套指标体系可以帮助政府和投资者更好地参与"一带一路"的相关合作，并且可作为重要决策的理论依据。最后，"一带一路"工业和信息化增长指数及发展指数可为政府进一步改进相关对外贸易政策提供依据，有利于政府提出更加具有针对性的新举措。

针对新常态下的中国工业和信息化发展，一是要正确认识经济发展新常态，把握工业经济的新变化，提振信心、攻坚克难、提质增效；二是在实施"中国智能制造战略规划"过程中，推进制造业转型升级，产业结构向中高端转变；三是积极研发信息化领域先进技术，构建综合信息平台，促进信息共享与合作。无论是国际间的经贸合作，还是我国工业和信息化领域的产业升级，本书都力求能够为我国企业"走出去"做前期探索，规划蓝图，指明方向。通过对"一带一路"沿线各国工业和信息化发展程度的评估和测算，从中挖掘世界工业和信息化发展的新趋势，为我国"一带一路"的实施做出应有的贡献。

作者

2018 年 4 月

Contents
目录

Contents
目录

第一篇

综 合 篇

第一章
"一带一路"及其工业和信息化发展

"一带一路"是"丝绸之路经济带"和"21世纪海上丝绸之路"的简称。它将充分依靠中国与有关国家既有的双多边机制，借助行之有效的区域合作平台，借用古代丝绸之路的历史符号，高举和平发展的旗帜，积极发展与沿线国家的经济合作伙伴关系，共同打造政治互信、经济融合、文化包容的利益共同体、命运共同体和责任共同体。

第一节
"一带一路"的缘起和现实挑战

"一带一路"标志着我国对外开放进入新阶段，也是统筹国内经济稳步发展、维护和平稳定的周边环境、推进区域经贸合作的重大举措。"一带一路"这一重大倡议，不仅有利于我国自身的经济发展，也可惠及世界其他地区，对促进世界经济发展繁荣与和平进步这一使命意义深远。

一、"一带一路"的现实背景

从古时的丝绸之路到今天的"一带一路"，我国对外贸易的区域、领域不断拓展。尤其是区域经济理念的盛行，使得对外开放、合作共赢的思想不仅符合国内的发展需要，还符合当前国际时局的发展趋势。

（一）国内背景

重振丝绸之路的重要意义在于开放、包容和共赢，"一带一路"正是基于这样伟大的构想发展起来的，这也是加强我国与世界各国合作发展的重要共生理念。而"一带一路"旨在描绘一条贯穿欧亚大陆及世界各地的经济走廊，也是南北与中巴经济走廊、孟中印缅经济走廊对接，以及沟通太平洋—印度洋—大西洋的贸易蓝图的优化升级。这都成为我国提出"一带一路"伟大倡议的契机和现实背景（彤新春，2015）。

1. 推进"一带一路"是我国对外开放的又一重大决策

我国自1978年改革开放以来，打开国门、对外开放一直是重点工作之一，尤其引进外资、借鉴国外先进经验等是我国对外开放政策出台初期的重要工作内容。随后，中国依据世界经济发展规律和贸易规则，积极与世界经济接轨，并吸纳国外的相关技术层面、管理层面、资本层面的先进经验。加入世界经济贸易组织是一大重要里程碑，也是我国正式走上世界经济舞台的重要标志。

2013年9月，习近平主席访问哈萨克斯坦时提到，用创新的合作模式共同建设"丝绸之路经济带"，以点带面，从线到片，逐步形成区域大合作。这是中国领导人首次在国际场合公开提出共同建设"丝绸之路经济带"的伟大构想。2013年10月，习近平主席在印度尼西亚国会发表演讲时提到，中国致力于加强同东盟国家的互联互通建设，中国倡议筹建亚洲基础设施投资银行。习近平主席还提到，愿同东盟国家发展好海洋合作伙伴关系，共同建设"21世纪海上丝绸之路"。自此，"一带一路"倡议受到了国际社会的广泛关注，我国政府也对此给予了高度重视，并陆续开展了一系列工作。

2013年12月，习近平主席在中央经济工作会议上提到，推进"丝绸之路经济带"建设，抓紧制定战略规划，加强基础设施互联互通建设；建设"21世纪海上丝绸之路"，加强海上通道互联互通建设，拉紧相互利益纽带。

2014年2月，习近平主席与俄罗斯总统普京就建设"丝绸之路经济带"和"21世纪海上丝绸之路"，以及俄罗斯跨欧亚铁路与"一带一路"的对接达成了共识，这也成为我国"一带一路"倡议走向实践的重要事件。

2014年3月，国务院总理李克强在《政府工作报告》中介绍2014年重点工作时提到，抓紧规划建设"丝绸之路经济带"和"21世纪海上丝绸之路"，推进孟中印缅、中巴经济走廊建设，推出一批重大支撑项目，加快基础设施互联互通，拓展国际经济基础合作新空间。2014 年 5 月，作为"丝绸之路经济带"首个实体平台，中国—哈萨克斯坦物流合作基地正式启用。

2014 年 11 月，习近平主席在 2014 年 APEC 工商领导人峰会上宣布，中国将出资 400 亿美元成立丝路基金，为"一带一路"沿线基础设施建设、资源开发、产业合作等有关项目提供投融资支持。

2015 年 5 月 8 日，中俄双方共同签署并发表了《中华人民共和国与俄罗斯联邦关于丝绸之路经济带建设与欧亚经济联盟建设对接合作的联合声明》，"一带一路"与"欧亚经济联盟"实现对接。

2015 年 6 月 1 日，据交通部披露：《交通运输部落实"一带一路"规划实施方案》已于近日审议通过。同一天，商务部印发《全国流通节点城市布局规划（2015—2020）》，提出落实"一带一路"规划，提升陆路、海路通达水平。

2015 年 11 月，结合"一带一路"合作倡议和《中欧合作 2020 战略规划》，中国同中东欧 16 国共同发表《中国—中东欧国家中期合作规划》，推动"16+1 合作"。

截至 2016 年 8 月，已经有 100 多个国家和国际组织参与"一带一路"建设，我国同 30 多个沿线国家签署了共建"一带一路"合作协议，同 20 多个国家开展国际产能合作，联合国等国际组织也持积极态度。

2017 年 5 月 14—15 日，"一带一路"国际合作高峰论坛在北京举行，该高峰论坛是继北京 APEC 会议、杭州 G20 峰会后中国主办的又一场外交盛会。除 28 位外国元首和政府首脑外，还有来自 110 个国家的 1200 余名各界代表出席，参与国家涵盖从亚洲到欧洲、从非洲到美洲的广阔地域。习近平主席提出的"一带一路"倡议得到了国际社会的广泛共鸣和支持，"一带一路"建设正在进入"快车道"。

可以看到，"一带一路"伟大构想是我国对外开放政策的深化和发展，是对古代丝绸之路、海上丝绸之路的继承和延伸，更是我国在国际环境下加强和世界各国协同发展的重大构想。"一带一路"倡议提出丝绸之路沿线国家合力打造平等互利、合作共赢的利益共同体和命运共同体的新理念（冯宗宪，

2014）。同时，全国各地积极加入"一带一路"行动计划，各地政府也出台了诸多措施予以推进。这加快了我国对外贸易的步伐，为"一带一路"的稳步实施奠定了坚实基础。

2. "一带一路"构想是"西进"战略的升级

经过几十年的飞速发展，我国三次产业得到了长足发展，农业基础不断加强，工业产值也实现了飞跃式的提升，第三产业也在迅猛崛起，改革开放效果显著，并引起了世界各国的瞩目。在改革开放初期，我国经济发展重心集中在沿海和东部地区，众多沿海城市和经济开发区都在此期间迅速成长为我国工业和对外贸易的中心地区，而众多内陆地区的发展则相对滞缓。扩大西部开发、重构丝绸之路，也是我国未来发展布局的重要组成部分，因此，"一带一路"倡议也是我国"西进"战略的升级。从国内经济视角分析，要想解决西部经济发展不平衡问题，找到好的"突破口"很难。上海经济贸易区面对发达国家，面向世界；喀什经济区面向发展中国家。因此，在"丝绸之路经济带"外，中国在"西进"战略上制定了多种方案，包括建设中巴经济走廊、孟中印缅经济走廊等。然而，除经济发展不平衡因素外，中国对外关系也出现诸多"不平衡"问题，实施"一带一路"倡议也是解决这些"不平衡"的迫切需要。

(二) 国外背景

1. 国际经济新秩序重构是"一带一路"倡议产生的契机

众所周知，中国加入 WTO 以来，所得收益远超西方国家。如果"3T"谈判成功，世界范围内高标准的经贸投资服务体系建立起来，中国在过去 30 年所构建的世界经济触角，就会因规则版本太低再次被拒之于世界大门之外，到那时我国在世界经济的舞台势必萎缩，而我国经济国际化、全球化的空间则会大大压缩。尤其是信息化飞速发展的今天，中国经济和世界经济已经高度关联，"一带一路"倡议打造的信息共享之路，会让中国与沿线各国分享数据信息价值，共同建立起信息互联互通的共享机制。因此，"一带一路"倡议是中国应对国际经济新秩序的需要。

世界各国为了摆脱和避免全球性金融危机的覆辙，都试图通过新一轮的经济结构大调整寻找复苏的机会，建立国际经济新秩序。以前人们对 WTO 充满希望，但多哈谈判 12 年的僵局使得国际社会开始对 WTO 失去了信心。国际上对丝绸之路的关注和研究十分广泛，丝绸之路沿线城市市长联谊会（论坛）一直没有中断，丝绸之路沿线国家的城市十分重视这个论坛，2009 年 5

月，在韩国平泽举办的第四届论坛上，许多学者还提出"丝路标识""空中丝绸之路"等一系列新观点。这也证明"一带一路"倡议早有共识，是世界各国对经济发展的共同愿望。

2. 发展中国家将成为未来世界经济的新增长极

发展中国家的新兴经济体将作为重要引擎，为推动世界经济增长发挥作用。受国际金融危机冲击影响，发达国家未来一段时间仍将遭受高债务严重困扰，居高不下的政府债务将长期存在。金融危机使发达国家政府债务攀升至第二次世界大战以来最高水平，处于不可持续状态。巨额救市资金使西方政府债务猛增，成为后危机时代威胁经济平稳发展的最大风险。但新兴市场与发展中国家经济增长较为强劲，在未来将成为世界经济的新增长极，在世界经济增长中将持续发挥其重要作用。

究其原因有以下几点：一是这些国家工业化和城市化进程远未结束，建设和经济发展需求旺盛，后发优势显著；二是新兴经济体和发展中国家不仅拥有庞大的消费市场需求，还有雄厚的外汇储备和国内储蓄，研发支出显著增长，高新技术产业逐步兴起，在世界 500 强中所占数目及市值日趋增加；三是经济全球化进程未因金融危机中断，区域经济一体化继续深化，全球化与区域化将是其保持经济强劲增长的外部动力；四是新兴市场对大宗商品需求旺盛，使国际商品价格维持在理想价位，非洲、中东、独联体、拉美等资源出口地区的国际收支盈余，该地区的国家财政状况将进一步改善，发展环境相对宽松；五是南南合作因金融危机而强化，新兴市场国家的领导层驾驭和管理危机的能力增强；六是经济持续强劲发展，国内财富效应开始凸显，使新兴市场的中产消费群体迅速壮大。据世界银行报告估计，到 2030 年，发展中国家将有 12 亿人口进入中产阶层，相当于全球人口的 15%。这样，新兴和发展中国家经济在世界经济中所占份额逐步增大，对世界经济增长的贡献率将继续上升，消费力和经济增长潜力空间较大，将成为世界经济舞台上的活跃要素（姜跃春，2013）。

二、"一带一路"的提出

2100 多年前，张骞两次出使西域开辟了一条横贯东西、连接欧亚的"陆上丝绸之路"。同样，从 2000 多年前的秦汉时代起，连接我国与欧亚国家的

"海上丝绸之路"也逐步兴起。"陆上丝绸之路"和"海上丝绸之路"共同构成了我国古代与欧亚国家交通、贸易和文化交往的大通道，促进了东西方文明交流和人民友好交往。在新的历史时期，沿着"陆上丝绸之路"和"海上丝绸之路"构建经济大走廊，将给中国及沿线国家和地区带来共同的发展机会，拓展更加广阔的发展空间。

在当前全球经济缓慢复苏的大背景下，加强区域合作是推动世界经济发展的重要动力，并且已经成大势所趋。2013年9月和10月，国家主席习近平在出访中亚和东南亚国家期间，先后提出共建'丝绸之路经济带'和'21世纪海上丝绸之路'的构想。习近平主席在和平共处五项原则发表60周年纪念大会上的讲话中明确指出："中国正在推动落实'丝绸之路经济带''21世纪海上丝绸之路'、孟中印缅经济走廊、中国—东盟命运共同体等重大合作倡议，中国将以此为契机全面推进新一轮对外开放，发展开放型经济体系，为亚洲和世界发展带来新的机遇和空间。"国务院总理李克强参加2013年中国—东盟博览会时强调，"铺就面向东盟的海上丝绸之路，打造带动腹地发展的战略支点。"共建"一带一路"，是中国政府根据国际和地区形势深刻变化，以及中国发展面临的新形势、新任务，致力于维护全球自由贸易体系和开放型经济体系，促进沿线各国加强合作、共克时艰、共谋发展提出的倡议和构想，具有深刻的时代背景。

三、"一带一路"的意义

"一带一路"倡议意味着我国对外开放实现战略转变。这一倡议已经引起了相关国家、地区乃至全世界的高度关注和强烈共鸣。之所以产生如此巨大的效果，就在于这一宏伟构想有着极其深远的重要意义。

(一) 提升我国经贸合作影响力

丝绸之路是中国对外开放的标志，开启了中国与西方文明的交流通道，彰显了中华民族的开放精神，具有深刻的历史文化底蕴。"一带一路"作为我国推动与亚欧区域合作的倡议，既可以向国际社会宣誓中国开放包容、互利共赢的开放理念，树立中国负责任的大国形象，也可以淡化"中国威胁论"的负面效应，"名正言顺"地拓展我国与中亚、南亚及中东欧的合作，逐步提升我国在周边及区域经济合作中的影响力。

（二）形成支撑我国经济增长的新引擎

"一带一路"建设涉及互联互通和基础设施建设等领域，既可以形成世界经济新的增长点，也可以促使中国有竞争力的企业承担更多的海外项目，提升我国企业参与国际经济合作的竞争力。"一带一路"建设将形成中国中西部地区与中亚、东欧、西亚的新商贸通道和经贸合作网络，带动中国内陆和沿边地区扩大向西开放，既有助于拓展中国经济发展的腹地，也可以激活中国内陆和沿边地区的经济发展活力，促进中国中西部开放型经济加快发展，形成中国经济新的增长点。

（三）贡献全球治理的中国解决方案

"一带一路"是一条互联互通之路，也是一条平等对话之路。"一带一路"建设的持续推进和深化发展，离不开世界各国的支持和努力。"国之交在于民相亲，民相亲在于心相通。"不同国家的发展模式、理念、文化等虽然不尽相同，但人类追求美好生活的共同愿望却是互融互通的。相信随着世界各国合作进程的加快，一些发展中国家的声音也将被更多国家"听到"。

第二节

"一带一路"研究述评

"一带一路"倡议自提出以来吸引了学术界、产业界等各行各业的广泛关注。"一带一路"倡议由中国提出，对中国具有重大的意义。张高丽表示，"一带一路"建设的宗旨是共商、共建、共享，中国的发展将会给世界各国创造新的历史性的合作机遇。中信改革发展研究基金会咨询委员、清华大学国际传播研究中心主任李希光教授认为，"一带一路"倡议是中国的觉醒，是基于自己的国家利益制定的国际构想（李希光，2015）。"一带一路"是统筹中国全面对外开放的国家举措，将对中国经济、社会发展和全方位对外开放格局产生深远的影响（Liu W，2015），有利于发挥中国的积极带动作用，积极推动沿线国家的发展（申现杰，肖金成，2014），也将成为中国西部地区经济、社会发展的重大新机遇，扩大对外开放水平，以开放促改革，在改革中谋发展，对实现中国西部地区的跨越式发展有着特殊的意义（雷德雨，2016）。同时，"一带一路"倡议的深入推进将使得未来我国企业"走出去"成为"新常态"（廖萌，2015）。另外，"一带一路"倡议还为我国突破当前的能源瓶颈提供了新的途径，成为解决我国能源安全问题的重大机遇（高金瑞，2016）。

随着对"一带一路"倡议研究的不断深入，研究层面也由科学内涵、现实意义等理论研究逐渐变为实际产业方面的分析研究。2016 年 6 月，习近平主席在乌兹别克斯坦最高会议立法院演讲时表示，"一带一路"建设已经初步完成规划和布局，正在向落地生根、深耕细作、持久发展的阶段迈进（申亚欣，洪蔚琳，2016）。

在贸易方面，孔庆峰等利用拓展的引力模型对"一带一路"沿线国家的贸易便利化水平，以及贸易便利化水平对"一带一路"沿线国家之间贸易的促进作用进行了分析，并且得出了"一带一路"沿线国家之间贸易潜力巨大的结论（Kong Q F，Dong H W，2015）。桑百川等利用修正的 CS 指数和 CC 指数对我国与"一带一路"沿线国家的贸易关系进行了测算，并通过分析不同国家的比较优势和资源禀赋，探索出了优化我国与"一带一路"沿线国家经贸关系的建议（Sang B C，Yang L Z，2015）。公丕萍等利用比较优势指数、聚类算法等研究了中国与"一带一路'沿线国家贸易的商品格局（公丕萍，宋周莺，刘卫东，2015）。黄孝琳利用随机前沿引力模型对我国的出口贸易效率进行了研究，结果表明我国对东盟的出口贸易效率最高，但对独联体和南亚国家的出口贸易效率相对较低，这说明我国的出口贸易效率仍有很大的提升潜力（黄孝林，2017）。钟敏在研究了"一带一路"背景下中蒙贸易合作现状的基础上，探索了中蒙贸易合作的机遇、挑战及对策（钟敏，2017）。

在能源方面，刘建国等以中国西南地区为切入点，探究了中国西南各省在"一带一路"能源合作方面的优势及障碍，提出了参与能源合作的建议（刘建国，朱跃中，张思遥，2017）。王敏针对国际能源合作中频发的问题提出了应对措施（王敏，2016）。朴光姬等根据"一带一路"的建设框架，从多边和双边层次研究了中蒙俄能源合作的基础、机遇、现状与挑战（朴光姬，李芳，2016）。李寒湜等根据能源产业核心竞争力金字塔模型，分析了"一带一路"背景下中国能源产业面临的机遇，并提出了提高中国能源核心竞争力的建议（李寒湜，王大树，易昌良，2016）。邹赟分析了"一带一路"背景下中国能源合作遭受美国、俄罗斯、印度等大国竞争的情形，并给出了应对策略（邹赟，2015）。潜旭明剖析了中国与中东国家能源合作的主要机制、存在的问题和面临的威胁，并提出了中国与中东国家能源合作的建议（Qian X，2014）。

在投资方面，李宁奇和曹秋菊利用投资引力模型探究了影响中国对"一带一路"沿线国家和地区投资的因素，并为中国企业直接对外投资提出了几点对策（李宁奇，曹秋菊，2017）。艾麦提江·阿布都哈力克等利用 EDA 方法和空间杜宾模型，剖析了中国"一带一路"基础设施投资效率对经济增长方式转变的本地效应与空间溢出效应（艾麦提江·阿布都哈力克等，2017）。李媛等分析了中国对"一带一路"沿线国家和地区直接投资的现状，利用 SWOT 分析了中国对外直接投资的优势、劣势、机遇、风险等（李媛，倪志刚，2017）。同时，各省也围绕"一带一路"倡议逐步制订了投资方案。全国人大代表、国家发改委副主任、国家能源局局长努尔·白克力表示，国家考虑进一步健全新疆的能源规划体系，核心是把"一带一路"经济带能源规划在新疆落地（周怀龙，2015）。云南立足于连接"三亚"、肩挑"两洋"的地理位置优势，提出要加快开发开放的速度，提高边境贸易水平，加强与"一带一路"国家的合作交流（吕金平，2017）。四川作为"丝绸之路经济带"和"21 世纪海上丝绸之路"的交汇点，提出要提升融入"一带一路"的黏合力、承载力、互动力、竞争力，四箭齐发，积极融入"一带一路"（梁现瑞，赵若言，曾小清，李欣忆，2015）。内蒙古作为"一带一路"四条线路之一的中俄蒙经济带的重要节点，提出要加快与"一带一路"沿线国家的重大产业合作和项目建设，加强人文交流和民间往来（崔楠，2016）。

从以上可以看出，科研人员对"一带一路"倡议已经进行了大量的研究，这些研究大都是从中国的角度出发，针对中国与某个或某些国家的合作及中国某个领域的产业。然而，有关"一带一路"沿线国家总体发展状况的全面的、系统性的研究很少，更缺乏对各个国家工业和信息化发展水平的细致、深入研究和数据支撑，而本书着重论述了这部分的内容。

充分了解"一带一路"沿线国家的总体情况及工业和信息化水平有利于更好地开展产能合作，可为推动中国与"一带一路"沿线国家的产能合作打下理论基础和实证根据。其中，产能合作的重点是产业，在国际产业合作中，只有了解合作双方的资源禀赋，才能进行产业优势互补和对接，才能更有效地发挥各自的优势。目前，中国需要进一步提高与"一带一路"沿线国家的产业对接程度，研究"一带一路"沿线国家工业和信息化发展状况有助于加速中国与"一带一路"沿线国家的产业对接，实现对贸易合作双方都有利的产业合作。同时，"一带一路"倡议的提出也将为中国西部地区的经济、社会发展带来重大历史机遇，推动新一轮西部大开发。研究"一带一路"沿线国家工业和信息化发展状况有助于中国西部地区进行产业定位，提高贸易发达程度；"一带一路"倡议为中国企业提供了广阔的市场，研究"一带一路"沿线国家工业和信息化发展状况有助于企业根据自身能力及沿线国家的产业需求更有效地进行投资和决策。

第三节

中国工业和信息化领航"一带一路"

积极推进"一带一路"建设是中国在新形势下提出的对外开放布局的重要一环。"一带一路"贯穿亚、欧、非大陆，东接活跃的东亚经济圈，西连发达的欧洲经济圈，中间是发展潜力巨大的腹地国家，受资源、产业、社会和地缘政治等诸多方面的影响，"一带一路"沿线国家人均 GDP 仅为世界平均水平的 48%，有强烈的发展愿望和巨大的发展潜力。

针对新常态下的中国工业和信息化发展，一是要正确认识经济发展新常态，把握工业经济的新变化，提振信心、攻坚克难、提质增效；二是在实施"中国智能制造战略规划"过程中，推进制造业转型升级，推动产业结构向中高端转变；三是积极研发信息化领域先进技术，构建综合信息平台，促进信息共享与合作。

一、"一带一路"助推中国工业和信息化进入转型升级机遇期

"一带一路"倡议在"五通"目标（政策沟通、设施联通、贸易畅通、资金融通、民心相通）的指引下，实现经济要素有序自由流动、资源高效配置和市场深度融合，推动"一带一路"区域合作。目前，"一带一路"是中国拓展对外贸易的重要方向，也是推动产业转型升级的发展契机。

当前，我国总体经济增长放缓，科技的飞跃在不断推动我国工业从劳动

密集型向技术、资本密集型转移，仅凭借雇用廉用劳动力从事低成本生产来实现跨越式发展的辉煌已无法重现，因此我国也在极力寻求巩固"世界工厂"生产生态圈的有效途径。

经济全球化带来的是激烈的市场竞争，这也成为提升生产效率的重要动因。相比原来的劳动力成本竞争，当前经济形势对作为搭建上层建筑基础的工业和信息化领域提出了更高的要求。

（1）传统产业需要加快转型升级。在世界经济快速融合的大环境下，传统产业出现了一些分化，落后产能亟待消化，产业结构亟待调整，以更好地实现新旧动能的接续转换。我国工业和信息化领域将去产能作为一项长期工作，尤其是一些严重依赖资源的不符合环保、安全、能耗等标准和政策的产能，把处置"僵尸企业"作为化解过剩产能的重要任务。另外，工业结构更注重结构的动能转换问题，通过质量品牌、节能降耗、减排治污等举措加大对传统产业的改造，达到对存量的改造调整和优化提升的目的。

（2）新兴产业逐渐成为主导产业。"中国智能制造战略规划"将高端制造、信息网络、集成电路、新能源、新材料、生物医药、航天发动机、燃气轮机等重大项目列入政府工作报告，并提出"工业互联网"的发展理念，制订"互联网＋"行动计划，不断推进移动互联网、物联网、云计算、大数据等与工业领域紧密结合。另外，我国政府对一些核心技术和关键技术给予了高度关注，把国家重大科技专项、行业共性技术攻关放在突出的位置，不断用新一代信息技术推动制造业的智能化。

（3）提升工业和信息化的服务支持作用。国务院高度重视服务业发展，近年来陆续出台了家庭、养老、健康、文化创意等生活性服务业发展指导意见，积极发展生产性服务业，其中制造业的服务化是重要的战略取向。制造业的产业链比较长，它可以向下游延伸，围绕主导产品发展售后服务、增值服务、现代物流、电子商务等；同时，向上游延伸，进行研发、咨询、工业设计、软件信息服务、节能环保服务等，构建社会服务平台。

（4）深入实施创新驱动发展战略。新常态对工业转型升级提出的基本要求是把多年来过分依赖以要素投入为主的增长机制转变为以创新驱动为主的增长机制。因此，积极落实"大众创业、万众创新"，以技术创新为引领，以产品创新为核心，以质量品牌建设为重点，推进工业创新发展工程，提升企业竞争力。国家推出一系列措施予以推进，具体举措包括：建设工程（技术）研究中心、工程（重点）实验室、企业技术中心、科技孵化器等创新平台，提升产业技术基础；完善以企业为主体的"产、学、研、用"相结合的创新体系，提高新产品的开发能力；积极培育发展众创、众包、众扶、众筹，建立创业基地，促进产业创新发展，推动工业从要素驱动、投资驱动向创新驱动转型。

2017 年 5 月在北京举办的"一带一路"国际合作高峰论坛为我国工业和信息化领域的国际产能合作带来了更多机会，涵盖了政策沟通、设施联通、贸易畅通、资金融通、民心相通五大类，共 76 大项、270 多项具体成果。

"一带一路"是中国全面融入全球经济，并在全球经济发挥中流砥柱作用的开端。"一带一路"倡议所倡导的"五通"，从内容上已经超出了自由贸易协定和投资范畴，不仅包含贸易和投资，还广泛涉及民航通信、检验检疫、文化交流、科技创新、新闻合作等领域。

因为中国企业投资热情高涨，"一带一路"投资加快，2014—2016 年中国对"一带一路"沿线国家投资累计超过 500 亿美元，而未来 5 年，预计中国对"一带一路"沿线投资将达到 1500 亿美元。

当前，"一带一路"作为开放发展倡议，根植于国内产业再上新台阶，要将工业和信息化融入"一带一路"建设中来，为中国工业和信息化的进一步发展带来机遇。

二、工业和信息化经济合作融入"一带一路"

推行"一带一路"倡议的根本目的之一是加强国际双边合作，保持国家持续、稳定的增长能力，进而推进国际经济新格局的形成。但是，发展并非一纸空文，需要各行各业发挥其实际作用，让"一带一路"能够切实落地。

对于工业和信息化领域而言，我国政府将围绕推进"一带一路"倡议、国际产能和装备制造合作等内容，加强对工业和信息产业"走出去"政策协调的支持。一是建立工作协调机制，强化信息沟通和工作协调。双方将定期互通信息，根据"一带一路"倡议等的实施状况及工业和信息化发展要求，研究商定重点推进工作和重点项目，并结合工业和信息产业"走出去"的新需求、新困难，加强政策协调。二是结合"一带一路"倡议等的实施状况，强化对重点领域和重点企业"走出去"的支持力度。双方将围绕推进"一带一路"倡议、国际产能和装备制造合作等，推动国家重点发展的智能制造装备、航空航天、节能与新能源汽车、电子信息、海洋工程装备和高技术船舶、先进轨道交通装备、电力装备、石油石化装备、机床、新能源（光伏）、新材料、生物医药及高性能医疗器械、农机装备等领域，以及钢铁、有色、建材、铁路、电力、化工、轻纺、汽车、通信、工程机械等国际产能和装备制造合作重点行业"走出去"。

从我国"一带一路"的前期实践来看，我国开展工作的核心是"产业为本，基建先行"。根据安永发布的《聚焦"一带一路"新机遇——金融铺路、基建先行》报告显示，2015 年上半年，随着"一带一路"倡议的稳健推进和多项改革措施的相继出台，中国企业海外投资呈现良好势头，其中，基础设施建设引领投资热潮；高铁、装备制造、能源建设、电网建设等行业成为合作热点，相关政府和企业加快部署了这些领域的产业合作方案，有序推进中国工业和信息产业"走出去"。

（一）高铁出海

中国高铁凭借先进的技术、过硬的质量、适当的价格硬生生在各国"遍地生花"，于是有了中泰铁路、中老铁路、中吉乌铁路、欧亚高铁、泛亚铁路等铁路交通基础设施建设。"一带一路"建设通过开展国际合作，推进境外项目建设运营一体化，带动了国内装备、技术、标准、管理和服务"走出去"，并获得了众多合作国家的青睐。

近年来，中国国家领导人出访时，非常重视高铁方面的经贸合作。中国高铁"走出去"已经推行 5 年，如今在世界各大洲，中国高铁都在努力积极参与。

由中国企业参与建设的连接土耳其首都安卡拉和土耳其最大城市伊斯坦布尔的高速铁路（安伊高铁）二期工程实现全线贯通。这是中国企业在海外承建的第一条高速铁路。

目前，由中国公司承建的沙特阿拉伯"麦加—麦地那"段的麦麦高铁正在修建。

在规划中的中国建造的高铁网络遍布世界。截至 2017 年，中国正在洽谈的国外高铁项目有 20 个，如俄罗斯喀山高铁、中泰高铁等。在"一带一路"沿线的高铁项目，是优先考虑的合作方向。

早在 2009 年，我国便已确定周边 3 条高铁规划战略——中亚高铁、欧亚高铁和泛亚铁路，其中前两条辐射到欧洲。

中亚高铁与古老的"丝绸之路"重合，取道吉尔吉斯斯坦、乌兹别克斯坦等中亚国家，经过伊朗，再到土耳其，最后抵达德国。欧亚高铁计划从伦敦出发，经巴黎、柏林、华沙、基辅，过莫斯科后分成两支，一支入哈萨克斯坦，另一支遥指远东的哈巴罗夫斯克，之后进入中国境内的满洲里。泛亚铁路是覆盖东南亚地区的高铁网络，计划从昆明出发，途经越南、缅甸、柬埔寨、泰国、马来西亚等国家，最后抵达新加坡。

中国对上述高铁线路都进行了勘探和规划，现在需要逐个国家进行谈判。中国高铁规划中还有一条中俄加美高铁，通过该高铁可以两天就从中国到达美国。这条铁路将从中国东北出发一路往北，经西伯利亚抵达白令海峡，以修建隧道的方式穿过太平洋，抵达阿拉斯加，再从阿拉斯加去往加拿大，最终抵达美国。中国高铁也计划在非洲、拉丁美洲开展产业合作项目，进一步扩大自身影响力。

（二）装备制造业掀起海外热潮

除基础设施投资外，加强产业投资与合作，特别是深化装备制造业的投资与合作，是"一带一路"沿线各国推进工业化进程的需要，也是促进沿线各国社会、经济深度融合的重要途径，更是"一带一路"建设的重点领域。未来一段时间内，中国装备制造业将顺应"一带一路"沿线众多国家产业转型升级的趋势，积极鼓励和支持装备制造企业"走出去"，到"一带一路"沿线国家投资创业。

"一带一路"倡议有望推动中国装备制造业复制美国和日本对外出口和投资的道路，促进行业进入新的景气周期；李克强总理对铁路装备等产品的推销体现了高层意图，丝路银行的成立解决了资金问题，政府的响应放大了政策效应，这都成为高端装备"走出去"的重要推动力。

装备制造业受益顺序依次为工程机械与重卡、铁路装备与客车。"一带一路"倡议实施的第一步是基础设施建设，需要挖掘机、起重机、重卡等施工设备，随后带动的运营物流环节则需要铁路装备、卡车、客车等。预计2019年工程机械、铁路装备出口额分别为274亿美元、223亿美元；未来3年我国出口到"一带一路"的重卡将达20多万辆，出口金额将达83亿美元。

工程机械对内稳定、对外扩张：工程机械在国内市场最坏的时刻或已过去，大部分产品市场需求止跌回升或者下降速度放缓。专利申请数量激增表明技术在持续突破，销售收现率等指标显示财务状况逐渐改善，市场集中度提升利好龙头企业。产品性价比高使得行业出口额持续增长，海外建厂、海外并购同步进行，龙头企业已具备先发优势。

铁路装备行业内外双热：国内铁路投资进入高潮，铁路通车里程存量及增量持续上升。经济发展及路网效应使高铁客流量增加，动车班次加密进一步拉动铁路装备需求。中国已完全掌握动车组九大关键技术，正研制标准动车组，统一市场，以更好地走向国际市场。随着"一带一路"倡议的实施及政府的推动，海外市场有望加速增长。

汽车行业重卡与客车先后受益："一带一路"倡议的实施推动沿线区域和国家基础设施建设，重卡的需求迅速增长。随着"一带一路"建设深入推进，交通条件进一步改善，会刺激货运行业和客运行业的发展，重卡和客车行业都会受益。

（三）能源合作前景广阔

当前"一带一路"倡议逐步实施，正推动中国不断深化与周边各国和区域的战略合作。其中，加强与沿线国家的能源合作是"一带一路"倡议的重要着力点，传统能源领域尤其是油气资源、清洁能源等方面的合作正在如火如荼地开展。

2015年5月，中俄两国签署了《中华人民共和国与俄罗斯联邦关于丝绸之路经济带建设和欧亚经济联盟建设对接合作的联合声明》，双方将共同协商，努力将"丝绸之路经济带"建设和欧亚经济联盟建设对接，确保地区经济持续稳定增长，加强区域经济一体化，维护地区和平与发展。

2014年8月，中蒙签署了《中华人民共和国和蒙古国关于建立和发展全面战略伙伴关系的联合宣言》，其中能源领域合作内容为：双方将在中蒙矿产能源和互联互通合作委员会及双边其他机制框架内，加快推动中蒙煤炭、石油、电力、化工等基础设施和矿能资源项目产业投资合作。中蒙双方将结合本国能源发展战略和各自实际需求，进一步加强电力、可再生能源领域的合作，积极研究在蒙古合作建设煤矿坑口电厂、向中国出口电力，以及签署相关协议等事宜。

2016年9月，中哈签署了《中华人民共和国政府和哈萨克斯坦政府关于

"丝绸之路经济带"建设与"光明之路"新经济政策对接合作规划》，明确了中哈双方在推进"丝绸之路经济带"建设与"光明之路"新经济政策对接合作中，要稳步推动产能和投资合作、深化能源资源合作等内容。中哈将加强沟通，提升中国同欧亚经济联盟成员国的贸易、投资、服务便利化水平，共同推进"一带一路"建设同欧亚经济联盟建设对接合作。中哈两国将在4个领域约30项内容上展开深入合作。

2015年9月，中欧在第五次中欧经贸高层对话上签署了建立中欧互联互通平台的谅解备忘录。这是"一带一路"倡议和容克投资计划对接方面的积极进展。容克投资计划优先支持与"一带一路"的互联互通倡议相契合的项目，中欧双方可在基础设施、能源、数字三大领域精准对接。其中，容克投资计划和"一带一路"在电力能源领域的对接将为双方的电网建设企业和输电设备制造企业带来新的市场机遇。

三、中国区域经济对接"一带一路"

区域政策一直是我国改革开放以来政府推动经济全面发展的重要举措之一，而随着经济水平的不断提升，我国各地区的经济发展开始出现分化，因此缓解区域经济差距拉大也成为我国政府近年来努力的方向。"一带一路"联通欧亚大陆，以开放共赢的理念推动国际合作，可以发挥中国中西部地区的地缘性优势，推动中国中西部地区的国际合作进程。

（一）我国区域经济的基本态势

我国将深入实施区域发展总体战略，三大战略引领区域发展的作用将进一步增强，四大板块和3个支撑带的区域空间格局将继续强化，区域经济增长的差异化态势仍将持续，推动区域创新成为新一轮区域经济发展的重要抓手，困难地区将受到更多关注，区域发展短板效应将加快消除，区域改革将打破要素流动障碍。

三大战略引领区域发展的作用将进一步增强。在三大战略框架下，各省市战略规划与不同领域专项规划编制工作陆续开展，相继出台、实施，这对三大战略引领区域的产业布局、资本要素、基础设施建设等方面将产生重要引导作用，区域未来发展方向将进一步明晰。京津冀地区交通、生态环境、产业3个重点领域将继续推进，重点区域建设步伐加快。长江经济带生态环境修复建设将进一步加快。"一带一路"倡议对国内区域发展新格局的引领作用将进一步凸显。

区域经济增长的差异化态势仍将持续。区域经济增长将继续保持"中西部增速高于东部，相对差距继续缩小，绝对差距扩张速度放缓"的态势。区域经济空间布局将由以东部为主转向区域协调带动，沿边区域将有望发展为对外开放、经济交流的新热点。

区域产业转型升级继续强化。随着国家总体发展战略及众多区域发展规划的实施，东部沿海地区在全国经济结构调整中的引领作用将更加凸显。区域间要素流动性进一步增强。首先，从制度环境上看，随着国家深化市场化改革等一系列政策措施的实施，相应的政策效应逐步得到发挥，将进一步加快形成统一开放、竞争有序的国内市场体系；其次，从硬件配套上看，我国各地区间的交通、物流等基础设施网络进一步完善，将不断促进各种生产要素跨地区流动；最后，从我国推进创新驱动型发展与优化产业空间布局上看，随着"互联网＋"的升级发展，产业跨区域转移、协作不断深化，创新链、价值链、产业链、要素链将成为跨区域与跨城际协同发展的关键纽带，由此将带动一批区域性创新城市和技术研发中心、科技转化基地和规模化生产基地等的建设，推动区域要素依照各地区差异化分工趋于自由、有序、顺畅流动。以城市群、重点经济区等为重要载体的区域合作不断深化，合作形式更加灵活，合作模式正在发生新的变化。

困难地区受到更多关注。"十三五"时期我国将加快消除区域发展短板效应，将从政策上对困难与落后地区给予更多的支持，创新与引领困难地区未来发展路径。对中西部与东北地区等困难地区的政策支持力度将进一步加大。缩小区域公共服务差距是区域协调发展的重要任务，为发挥服务型政府的主体作用，财政转移支付制度改革，以及向欠发达地区、困难群体倾斜的财政扶持模式将进一步推进，户籍制度、税收体制等配套制度改革措施也将不断探索创新。此外，精准扶贫工作将科学有序地推进，对区域协调发展的带动作用将进一步增强。

（二）我国重点地区对接"一带一路"

推进"一带一路"建设，中国将充分发挥国内各地区的比较优势，实施更加积极主动的开放战略，加强东部、中部、西部互动合作，全面提升开放型经济水平。

（1）西北、东北地区。发挥新疆独特的区位优势和向西开放的重要窗口作用，深化中国新疆与中亚、南亚、西亚等地区交流合作，形成"丝绸之路经济带"上重要的交通枢纽、商贸物流和文化科教中心，打造"丝绸之路经济带"核心区。发挥陕西、甘肃的经济、文化优势，以及宁夏、青海的民族、人文优势，打造西安内陆型改革开放新高地，加快兰州、西宁开发开放，推进宁夏内陆开放型经济试验区建设，形成面向中亚、南亚、西亚国家的通道、商贸物流枢纽、重要产业和人文交流基地。发挥内蒙古联通俄罗斯、蒙古的区位优势，完善黑龙江与俄罗斯的铁路通道和区域铁路网，以及黑龙江、吉林、辽宁与俄罗斯远东地区陆海联运合作，推进构建北京—莫斯科欧亚高速运输走廊，建设向北开放的重要窗口。

（2）西南地区。发挥广西与东盟国家陆海相邻的独特优势，加快北部湾经济区和珠江—西江经济带开放发展，构建面向东盟的国际通道，打造西南、中南地区开放发展新的战略支点，形成"21世纪海上丝绸之路"与"丝绸之路经济带"有机衔接的重要门户。发挥云南区位优势，推进云南与周边国家的国际运输通道建设，打造大湄公河次区域经济合作新高地，将云南建设成为面向南亚、东南亚的辐射中心。推进中国西藏与尼泊尔等国家的边境贸易和旅游文化合作。

（3）沿海和港澳台地区。利用长三角、珠三角、环渤海等经济区开放程度高、经济实力强、辐射带动作用大的优势，加快推进中国（上海）自由贸易试验区建设，支持福建建设"21世纪海上丝绸之路"核心区。充分发挥深圳前海、广州南沙、珠海横琴、福建平潭等开放合作区作用，深化与港澳台地区合作，打造粤港澳大湾区。推进浙江海洋经济发展示范区、福建海峡蓝色经济试验区和舟山群岛新区建设，加大海南国际旅游岛开发开放力度。加强上海、天津、宁波—舟山、广州、深圳、湛江、汕头、青岛、烟台、大连、福州、厦门、泉州、海口、三亚等沿海城市港口建设，强化上海、广州等国际枢纽机场功能。以扩大开放倒逼深层次改革，创新开放型经济体制机制，加大科技创新力度，形成参与和引领国际合作竞争新优势，成为"一带一路"特别是"21世纪海上丝绸之路"建设的排头兵和主力军。发挥海外侨胞及中国香港、澳门地区独特的优势作用，积极参与和助力"一带一路"建设；为中国台湾地区参与"一带一路"建设做出妥善安排。

（4）内陆地区。利用内陆纵深广阔、人力资源丰富、产业基础较好的优势，依托长江中游城市群、成渝城市群、中原城市群、呼包鄂榆城市群、哈长城市群等重点区域，推动区域互动合作和产业集聚发展，打造重庆西部开发开放重要支撑及成都、郑州、武汉、长沙、南昌、合肥等内陆开放型经济高地。加快推动长江中上游地区和俄罗斯伏尔加河沿岸联邦区的合作。建立中欧通道铁路运输、口岸通关协调机制，打造"中欧班列"品牌，建设沟通境内外、连接东中西的运输通道。支持郑州、西安等内陆城市建设航空港、国际陆港，加强内陆口岸与沿海、沿边口岸通关合作，开展跨境贸易电子商务服务试点。优化海关特殊监管区域布局，创新加工贸易模式，深化与沿线国家的产业合作。

第四节

"一带一路"工业和信息化发展指标体系构建

本节将对"一带一路"沿线国家的工业和信息化发展水平展开评估，并选取一些国家，对其资源禀赋、优势产业、贸易环境、劳动力环境等方面进行分析，在此基础上探讨我国与这些国家在工业和信息化领域展开合作的可行性和新模式。

一、指标体系构建背景与目标

(一) 构建背景

从工业化视角看，"一带一路"的推出表明一个和平崛起的大国的工业化进程正在产生更大的"外溢"效应。中国将与"一带一路"沿线国家通过政策沟通、设施联通、贸易畅通、资金融通、民心相通的"互通互联"，实现工业产能合作及信息产业各方面的更广、更深层次的区域经济合作，从而促进"一带一路"沿线国家产业升级、经济发展和工业化水平进一步提升，这对世界工业和信息化进程的推进意义巨大。因此，全面评价"一带一路"沿线国家的工业和信息化发展实力，有助于明确各国的综合实力及其优势、劣势，为有关部门和企业提供参考。

本书以工业和信息化领域为研究对象，选取工业和信息化的基本数据作为评价指标，重点分析了"一带一路"沿线各国的工业和信息化的综合实力和发展潜能。

（二）构建目标

1. 摸清沿线国家工业和信息化发展现状

从客观数据出发，对"一带一路"沿线国家的经济增长、产业竞争力、信息化发展、基础建设、生产效率等相关情况进行具体、深入统计和评估，有助于了解"一带一路"沿线国家工业和信息化发展现状，为中国政府和企业相关部门提供决策依据。

2. 评估与沿线国家合作的风险

"一带一路"工业和信息化发展指标体系的构建，对于探讨工业和信息化领域法律法规监管、货币融通、劳动力波动、政治环境、外贸和支付等方面的风险是极其必要的，可为相关部门和企业在"一带一路"实施中规避风险提供参考。

3. 推动"一带一路"的研究进程

"一带一路"作为我国政府近年来的重点工作之一，学术界也给予了高度关注。围绕"一带一路"展开的研究成果层出不穷，建立"一带一路"沿线国家的工业和信息化发展指标体系可进一步完善相关领域研究体系，补充"一带一路"沿线国家的工业和信息化领域的研究内容。

（三）测算对象

本书主要测算了"一带一路"沿线的埃及、波兰、俄罗斯、泰国、土耳其、新加坡、印度、捷克等国家的工业和信息化发展情况，涉及南亚、东南亚、中东欧、中亚等地区。

二、指标体系构建原则和测算方法

（一）指标体系构建原则

"一带一路"工业和信息化发展指标体系是综合反映"一带一路"沿线国家工业和信息化发展水平的评价体系。在指标体系构建过程中，选取了具有代表性和科学性的相关指标，根据指标间的逻辑关系建立了科学分层的指数结构，使指标体系能够更加全面、科学、客观地反映"一带一路"沿线国家的工业和信息化发展情况。

（二）指标体系测算方法

在指标体系构建和测量过程中，采取了 3 种评分方法：指标权重设计和定性指标评分采用德尔菲法；定量指标采用无量纲化处理；对数分布及其他不均匀分布的指标，采用栅格法，依据实际数值划分若干个区间进行分档打分。在各指标的得分基础上，采用线性加权方法计算得到每个测算对象的总得分。

三、核心指标体系

"一带一路"沿线国家工业和信息化增长指数和发展指数，依照由基础而产业、由产业而创新、最终实现工业和信息化协同发展的产业发展思路，基于工业增长、竞争力、创新、效率、信息化、基础设施 6 个分指标，赋权加总构建而成，这是一套能充分反映工业和信息化发展水平的多级指标体系。

（一）"一带一路"工业和信息化增长指标体系

为全面反映"一带一路"沿线各国的工业和信息化发展情况，并科学合理地衡量其增长程度，构建了"一带一路"工业和信息化增长指标体系。

1. 指标体系结构

"一带一路"工业和信息化增长指标体系由工业增长、制造业竞争力、科研创新力、工业劳动效率、信息化建设、基础设施概况 6 个分指标加权平均而成，如表 1-1 所示。

表 1-1　"一带一路"工业和信息化增长指标体系

一级指标	二级指标
工业增长	工业增加值增长率
制造业竞争力	制造业各类产品国际市场占有率
	贸易竞争力指数
科研创新力	创新能力指数
工业劳动效率	劳动生产率
信息化建设	互联网普及率
	人均带宽
	移动互联网覆盖率
	电子商务应用程度
基础设施概况	人均发电量
	港口基础设施质量
	人均铁路里程

2. 指标赋权

采用专家打分的方法决定分指标和重要指标的权重。评分委员会由来自各界的专家、学者组成，主要包括中国社科院、北京大学、中国人民大学等科研院所和高校及相关行业协会的专家，以及工业和信息化领军企业的高管等。

首先，根据专家打分结果，对"一带一路"工业和信息化增长指标体系各分指标进行赋权。其中，"工业增长"分指标权重为25%，"制造业竞争力"分指标权重为15%，"科研创新力"分指标权重为15%，"工业劳动效率"分指标权重为25%，"信息化建设"分指标权重为10%，"基础设施概况"分指标权重为10%。然后，对各一级指标权重按照专家打分再分解，进而得出二级指标实际权重，结果如表1-2所示。

表1-2 "一带一路"沿线国家工业和信息化增长指标体系权重

序 号	指 标	指标权重	分 指 标	分指标权重
1	工业增长	25%	工业增加值增长率	100%
			增长指数	
2	制造业竞争力	15%	制造业各类产品国际市场占有率	25%
			贸易竞争力指数	75%
			竞争力指数	
3	科研创新力	15%	科研创新能力	100%
			创新能力指数	
4	工业劳动效率	25%	劳动生产率	100%
			效率指数	
5	信息化建设	10%	互联网普及率	25%
			人均带宽	25%
			移动互联网覆盖率	25%
			电子商务应用程度	25%
			信息化指数	
6	基础设施概况	10%	人均发电量	35%
			人均铁路里程	35%
			港口基础设施质量	30%
			基础设施指数	

3. 数据标准化方法

采用百分比的方法对数据进行标准化，以某一个国家的某项指标2011年原始数据为基准（标准化为 100），后续年份的指标数值除以基准的原始数据乘以 100 进而得出某一个国家某项指标该年的数值。采用这一标准化方式可直观地感受到该国各项指标的增长幅度和增长潜力，公式如下：

$$R_j(x) = \frac{x_j(n+1)}{x_j(n)} \times 100$$

式中，$R_j(x)$——某国某个指标的数值；

　　　 x——某国；

　　　 j——某指标；

　　　 n——年份。

（二）"一带一路"工业和信息化发展指标体系

为全面反映"一带一路"沿线各国工业和信息化发展的对比情况，并科学合理地衡量其在世界工业和信息化产业中的经济地位，本节还构建了"一带一路"工业和信息化发展指标体系。

1. 指标体系结构

"一带一路"工业和信息化发展指标体系由经济增长、制造业出口竞争力、科研创新力、工业劳动效率、信息化建设、基础设施概况 6 个分指标加权平均而成（见表 1-3）。

表 1-3 "一带一路"沿线国家工业和信息化发展指标体系

一级指标	二级指标
经济增长	人均 GDP
制造业出口竞争力	制造业出口总额
科研创新力	创新能力指数
工业劳动效率	劳动生产率
信息化建设	互联网普及率
	人均带宽
	移动互联网覆盖率
	电子商务应用程度
基础设施概况	人均发电量
	港口基础设施质量
	人均铁路里程

2. 指标赋权

采用专家打分的方法决定分指标和重要指标的权重。评分委员会由来自各界的专家、学者组成，主要包括北京大学、中国人民大学、中国社科院等高校和科研院所及相关行业协会的专家，以及工业和信息化领军企业的高管等。

首先，根据专家打分结果，对"一带一路"工业和信息化增长指标进行赋权。其中，"经济增长"分指标权重为 25%，"制造业出口竞争力"分指标权重为 15%，"科研创新力"分指标权重为 15%，"工业劳动效率"分指标权重为 25%，"信息化建设"分指标权重为 10%，"基础设施概况"分指标权重为 10%。然后，对各一级指标权重按照专家打分再分解，进而得出二级指标实际权重，结果如表 1-4 所示。

表 1-4　"一带一路"沿线国家工业和信息化发展指标体系权重

序　号	指　　标	指标权重	分　指　标	分指标权重
1	经济增长	25%	人均 GDP	100%
			增长指数	
2	制造业出口竞争力	15%	制造业出口总额	100%
			竞争力指数	
3	科研创新力	15%	科研创新能力	100%
			创新能力指数	
4	工业劳动效率	25%	劳动生产率	100%
			效率指数	
5	信息化建设	10%	互联网普及率	25%
			人均带宽	25%
			移动互联网覆盖率	25%
			电子商务应用程度	25%
			信息化指数	
6	基础设施概况	10%	人均发电量	35%
			人均铁路里程	35%
			港口基础设施质量	30%
			基础设施指数	

3. 数据标准化方法

采用百分比的方法对数据进行标准化，以所有国家 2011 年最大值与最小值之和的平均值为基准（标准化设为 100），其他所有指标数值除以基准的原始数据乘 100，进而得出各国某项指标的数值。采用这一标准化方式可直观地感受到该国各项指标的优势和劣势，显著体现其在世界各国中的地位和竞争力。

$$R_j(x) = \frac{X_{j(n+1)}}{\dfrac{X_{\max(n)} - X_{\min(n)}}{2}} \times 100$$

式中，$R_j(x)$——某国某个指标的数值；

　　　x——某国；

　　　j——某指标；

　　　n——年份；

　　　$x_{\max}$——最大值；

　　　$x_{\min}$——最小值。

（三）各项指标说明

（1）工业增加值增长率（%）：采用世界银行数据库中的原始数据进行标准化测算。

（2）人均 GDP：人均 GDP=GDP/人口数，以此公式进行测算。

（3）制造业各类产品国际市场占有率：制造业各类产品国际市场占有率 = 某国某类产品出口总额 / 世界该类产品贸易总额，原始数据来源于世界银行数据库的制造业出口总额和制造业进口总额两项指标。

（4）贸易竞争力指数：贸易竞争力指数 = 某国某类产品净出口额 / 某国某类产品贸易总额，原始数据来源于世界银行数据库的制造业出口总额和制造业进口总额两项指标。

（5）制造业出口总额：采用世界银行中制造业出口总额的原始数据进行测算。

（6）创新能力指数：采用 *The Global Information Technology Report* 中的 Capacity for Innovation 指标的原始数据。该指标为 1～7，1 表示十分欠发达，7 表示根据国际标准非常发达、高效。

（7）劳动生产率：劳动生产率 = 工业增加值 / 就业人数，原始数据来源于世界银行数据库中工业增加值（美元）、工业就业人口比例、就业人口总数 3 项指标。

（8）互联网普及率：采用世界银行数据库中互联网普及率的原始数据进行测算。

（9）人均带宽：采用 *The Global Information Technology Report* 中的 Internet Band Width 指标进行测算，单位为 kb/s。

（10）移动互联网覆盖率：采用 *The Global Information Technology Report* 中的 Mobile Network Coverage 指标进行测算，单位为 %。

（11）电子商务应用程度：采用 *The Global Information Technology Report* 中的 Business-to-Consumer Internet Use 指标进行测算，该指标为 1～7，1 表示十分欠发达，7 表示根据国际标准非常发达、高效。

（12）人均发电量：人均发电量 = 总发电量 / 人口数，原始数据来源于世界银行数据库的发电量和人口总数两项指标，部分数据存在缺失的可从 *The Global Information Technology Report* 中查找进行补充。

（13）港口基础设施质量（WEF）：采用世界银行数据库中港口基础设施质量（WEF）指标进行测算，该指标为 1～7，1 表示十分欠发达，7 表示根据国际标准非常发达、高效。

（14）人均铁路里程：人均铁路里程 = 铁路总千米数 / 人口数，单位为千米。

第二篇

国 家 篇

阿拉伯埃及共和国（The Arab Republic of Egypt，简称埃及），首都为开罗。埃及位于北非东部，领土还包括苏伊士运河以东、亚洲西南端的西奈半岛。埃及既是亚洲和非洲之间的陆地交通要冲，也是大西洋与印度洋之间海上航线的捷径，战略位置十分重要（王晋蓉，胡志华，2016）。

第一节

国家介绍

埃及是世界四大文明古国之一。公元前 3200 年，美尼斯统一埃及建立了第一个奴隶制国家，经历了早王国、古王国、中王国、新王国和后王朝时期。古王国开始大规模建金字塔。中王国经济发达，文艺复兴。新王国生产力显著提高，开始对外扩张，成为军事帝国。后王朝时期，内乱频繁，外患不断，国力日衰。公元前 525 年，埃及成为波斯帝国的一个行省。此后的 1000 多年间，埃及相继被希腊和罗马征服。公元 641 年阿拉伯人入侵，埃及逐渐阿拉伯化，成为伊斯兰教的一个重要中心。1517 年埃及被土耳其人征服，成为奥斯曼帝国的一个行省。1882 年埃及被英军占领后成为英国的"保护国"。1922 年 2 月 28 日，英国宣布埃及为独立国家，但保留其对国防、外交、少数民族等问题的处置权。1952 年 7 月 23 日，以纳赛尔为首的自由军官组织推翻法鲁克王朝，成立革命指导委员会，掌握国家政权，并于 1953 年 6 月 18 日宣布成立埃及共和国（李洪涛，2016）。

（一）地理位置

埃及地跨亚、非两洲，隔地中海与欧洲相望，大部分位于非洲东北部，只有苏伊士运河以东的西奈半岛位于亚洲西南部。国土面积 100.145 万平方千米，94% 为沙漠。西与利比亚为邻，南与苏丹交界，东临红海并与巴勒斯坦、以色列接壤，北临地中海。海岸线长约 2900 千米。尼罗河纵贯南北，全长 6700 千米，在埃及境内长达 1530 千米。

按自然地理，埃及可分为 4 个区：尼罗河谷和三角洲、西部利比亚沙漠、东部阿拉伯沙漠、西奈半岛。尼罗河谷和三角洲地区地表平坦；西部利比亚沙漠是撒哈拉沙漠的东北部分，为自南向北倾斜的高原；西奈半岛面积约 6 万平方千米，大部分为沙漠，南部山地有埃及最高峰圣卡特琳山，海拔 2629 米。开罗以南称为上埃及，以北称为下埃及。

（二）自然资源

埃及的主要资源是石油、天然气、磷酸盐、铁等。主要资源已探明储量如下：石油 44.5 亿桶（2013 年 1 月），天然气 2.186 万亿立方米（2012 年 1 月），磷酸盐约 70 亿吨，铁矿 6000 万吨，此外还有锰、煤、金、锌、铬、银、钼、铜和滑石等。埃及最主要的水资源来自尼罗河，根据尼罗河流域 9 个国家签订的河水分配协议，目前埃及享有尼罗河水资源的份额为 550 亿立方米，占埃及淡水资源总量的 90% 左右。

（三）气候条件

埃及全境干燥少雨，尼罗河谷和三角洲及北部沿海地区属亚热带地中海气候，其余大部分地区属热带沙漠气候。开罗年降雨量约 18 毫米，夏季最高气温 34.2℃、最低气温 20.8℃，冬季最高气温 19.9℃、最低气温 9.7℃；地中海沿岸城市亚历山大年平均降雨量约为 200 毫米；埃及南方地区夏季最高气温 42℃、最低气温 20.8℃，冬季最高气温 25.8℃、最低气温 9.6℃，早晚温差较大。

（四）人口分布

截至 2014 年，埃及国内人口为 8700 万，约有 96% 的人口密居在尼罗河谷和三角洲地区，其中，三角洲的达曼胡尔和曼苏拉的人口密度分别为每平方千米 1200 人和 1500 人；首都开罗的人口密度高达每平方千米 20000 人；尼罗河谷的人口密度为每平方千米 600 人以上；而红海省的人口密度为每平方千米不足 1 人。

（五）民族

埃及主要民族有东方哈姆族（埃及阿拉伯人、科普特人、贝都因人、柏柏尔人），占总人口的 99%；努比亚人、希腊人、亚美尼亚人、意大利人后裔和法国人后裔占总人口的 1%。

（六）语言

埃及的官方语言为阿拉伯语，大多数国民亦将其视作母语；科普特语（由古埃及语演变而来）在埃及的科普特人基督教教堂中使用。另外，英语及法语在大城市及旅游区通用。

（七）宗教

埃及约 90% 的人口信仰伊斯兰教逊尼派，约 10% 的人口信仰基督教的科普特正教、科普特天主教和希腊正教等（孙晓娅，王琦，2014）。

（八）习俗

埃及人的交往礼仪既有民族传统的习俗，又通行西方人的做法，上层人士更倾向于欧美礼仪。一般情况下，互致问候语；如果是老朋友，则拥抱行贴面礼并相互问候；如上门拜访朋友，主人会热情地表示欢迎；女性之间出于礼貌或表示亲热，更多地采用温柔的贴面礼，一般是先右边贴一次，再左边贴一次；异性之间通常握手，只有亲戚之间才行贴面礼，异性之间也可不握手，男士不宜主动伸手，男士在握手时必须从座位上站起来，女士则不必。埃及人不忌讳外国人家访，甚至很欢迎外国人的访问，并引以为荣；但异性拜访是禁止的，即使在埃及人之间，男女同学、同事也不能相互家访。

在埃及，不同的宗教节日有不同的节日食品，例如，斋月要吃焖蚕豆和甜点；开斋节要吃鱼干和撒糖的点心；闻风节吃咸鱼、大葱和葱头；宰牲节要吃烤羊肉和油烙面饼。埃及人在饮食上严格遵守伊斯兰教的教规，不吃猪肉，信徒不饮酒。斋月白天禁食，不吃食物，也不吃红烩带汁和未熟透的菜；吃饭时不与人谈话，喝热汤及饮料时禁止发出声响，食物入口后不可复出，而且忌讳用左手触摸食具和食品。

第二节

埃及工业和信息化增长指数评估

　　埃及属于开放型市场经济，拥有相对完整的工业、农业和服务业体系。服务业约占国内生产总值的50%。工业以纺织、食品加工等轻工业为主。农村人口占总人口的55%，农业占国内生产总值的14%。石油和天然气、旅游、侨汇、苏伊士运河是埃及的四大外汇收入来源。自2011年年初以来的埃及动荡局势对国民经济造成了严重冲击。埃及政府采取措施恢复生产，增收节支，吸引外资，改善民生，多方寻求国际支持与援助，以渡过经济困难，但收效有限（陈红梅，2015）。2013年7月，埃及临时政府上台后，经济面临较大困难，在海湾阿拉伯国家的大量财政支持下，经济情况较前有所好转。2014年埃及新政府成立后，大力发展经济，改善民生。

　　根据测算结果显示，2015年埃及的工业和信息化增长指数为105.23，而2014年的工业和信息化增长指数为106.55，2013年的工业和信息化增长指数为107.39，2012年的工业和信息化增长指数为103.60，历年波动为1%～3.2%。工业发展和信息化增长指数呈现稳步增长，其他指标均出现了小幅度的波动，具体如表2-1所示。

表2-1　埃及工业和信息化增长指数

序　号	指　标	分 指 标	年　份				
			2011年	2012年	2013年	2014年	2015年
1	增长	工业增加值增长率	100.00	101.00	101.61	103.16	104.22
		增长指数	100.00	101.00	101.61	103.16	104.22
2	竞争力	制造业各类产品国际市场占有率	100.00	96.85	98.69	94.31	74.91
		贸易竞争力指数	100.00	89.18	95.30	81.40	67.51
		竞争力指数	100.00	91.10	96.15	84.62	69.36
3	创新力	创新能力	100.00	107.14	110.71	103.57	110.71
		创新能力指数	100.00	107.14	110.71	103.57	110.71
4	效率	劳动生产率	100.00	118.82	126.23	128.65	121.84
		效率指数	100.00	118.82	126.23	128.65	121.84
5	信息化	互联网普及率	100.00	103.13	114.84	132.40	140.23
		人均带宽	100.00	57.58	63.64	80.30	140.91
		移动互联网覆盖率	100.00	100.00	100.10	100.10	100.10

续表

序号	指标	分指标	年份				
			2011年	2012年	2013年	2014年	2015年
5	信息化	电子商务应用程度	100.00	95.65	97.83	97.83	86.96
		信息化指数	100.00	89.09	94.10	102.66	117.05
6	基础设施	人均发电量	100.00	102.14	101.96	104.99	101.96
		人均铁路里程	100.00	97.81	95.63	93.53	91.07
		港口基础设施质量	100.00	100.00	102.50	105.00	108.25
		基础设施指数	100.00	99.98	99.91	100.98	100.04
工业和信息化增长指数			100.00	103.60	107.39	106.55	105.23

2015年埃及各项指标增长情况如图2-1所示。

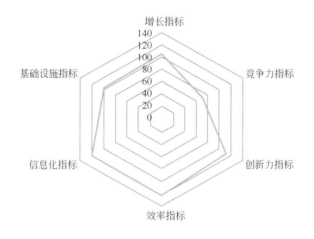

图2-1　2015年埃及各项指标增长情况

第三节

埃及工业和信息化各级指标测算

(一) 工业增长指标

埃及是非洲工业较发达的国家之一，但其工业基础较为薄弱，纺织业和食品加工业为其传统工业，占工业总产值的一半以上。近十几年来，成衣及皮制品、建材、水泥、肥料、制药、陶瓷和家具等发展较快，化肥可自给。2001年工业产值年增长率为8.5%，占埃及国内生产总值的18.4%。埃及工业企业过去一直以国营为主体，自20世纪90年代初开始，埃及开始积极推行私有化改革，目前私营企业数量已占埃及工业企业总数的80%，发挥着越来越大的作用。

埃及工业以纺织和食品加工等轻工业为主。工业约占国内生产总值的16%，工业产品出口约占商品出口总额的60%，工业从业人员274万人，占全国劳动力总数的14%。埃及工业企业过去一直以国营为主体，自20世纪90年代初开始，埃及开始积极推行私有化改革，出售企业上百家。

埃及工业增长指标经过标准化处理，2012年为101.00，2013年为101.61，2014年为103.16，2015年为104.22，具体如表2-2所示。

表2-2　埃及工业增长指标情况

指　标	分 指 标	年　份				
		2011年	2012年	2013年	2014年	2015年
增长	工业增加值增长率	100.00	101.00	101.61	103.16	104.22
	增长指数	100.00	101.00	101.61	103.16	104.22

埃及工业体系中最具特色的是油气工业。埃及是非洲地区重要的石油和天然气生产国，石油和天然气的探明储量分别位居非洲国家中的第5位和第4位。其中，石油储量约为44亿桶，但从2009年起，埃及成为石油净进口国；已探明天然气储量达2.2万亿立方米，潜在的天然气资源量预计为5.6万亿立方米（胡英华，2012），且品质较高，主要分布在苏伊士湾—尼罗河三角洲—地中海沿岸一线、西奈半岛、东部沙漠和西部沙漠等地区，其中苏伊士湾地区的资源量占埃及油气资源总量的70%。2013—2014财年埃及生产天然气3920万吨、原油3450万吨，本国消费天然气3760万吨、原油2970万吨。

埃及国家石油公司（EGPC）和埃及国家天然气公司（EGAS）采用开采权出让、产量分成协议的方式与投资者合作。在埃及投资开发石油的外国公司已达49家，分别来自美国、英国、意大利、德国、爱尔兰、希腊、法国、加

拿大、日本等 19 个国家（赵凡，2005），石油日产量 70 万桶。目前已与 10
余家外国公司签署了 14 个天然气勘探协议，天然气日产量 1.8 亿立方米。受
政局动荡影响，2010—2013 年，埃及没有签署任何勘探开发协议。随着局势
稳定，埃及政府现在已经重新开始勘探开发计划。2014 年下半年和 2015 年
第一季度已经签署了 56 个特许协议，投资额约 122 亿美元。2015 年 3 月，
英国 BP 石油公司与埃及政府在埃及经济发展大会上签订协议，BP 公司将投
资 120 亿美元开发尼罗河三角洲西部的油气资源，包括 5 万亿立方米天然气
和 5500 万桶凝析油。

埃及炼油能力居非洲首位，现有 10 座炼厂，日处理原油能力达 97.5 万
桶。埃及现有 4 套 LNG 装置，年生产能力为 1870 万吨。埃及于 2004 年制
订了首个石化产业发展规划，计划在未来 20 年里，利用国内外 100 亿美元
投资兴建 14 个大型石化企业，使石化产品年产能力达到 1500 万吨，产值达
到 70 亿美元。

（二）制造业竞争力指标

根据统计结果显示，埃及制造业国际市场占有率较低，贸易竞争力指数
也处于负值，可见埃及国内制造业生产能力仍然有限，在国际市场中存在贸易
逆差。

整体来看，埃及制造业竞争力还有待加强。历年的数据显示，埃及制造
业竞争力表现不稳定，其中贸易逆差的现象较为严重。埃及制造业要在世界上
占有一席之地，还需要进一步拓展制造业领域，提升生产水平和质量，具体如
表 2-3 所示。

表 2-3　埃及制造业竞争力指标情况

指　标	分　指标	年　份				
		2011 年	2012 年	2013 年	2014 年	2015 年
竞争力	制造业各类产品国际市场占有率	100.00	96.85	98.69	94.31	74.91
	贸易竞争力指数	100.00	89.18	95.30	81.40	67.51
	竞争力指数	100.00	91.10	96.15	84.62	69.36

在埃及制造业中，较具竞争力的产业有以下几种。

1. 纺织业

埃及纺织业产业链较完整。纺织业占埃及 GDP 的比重为 3%，占制造业总产值的 27%。2010—2011 财年埃及各类纺织品出口额为 22.5 亿美元，占总出口额的 7.7%，纺织品大部分销往欧盟和美国。埃及目前约有 5500 家纺织企业，吸纳就业约 150 万人，占全国工业就业人口的 30%。

根据国际纺织工业协会（ITMA）数据，埃及纺织品成本为 0.13 美元 / 米，与印度和中国相当。不熟练工成本为 0.5 美元 / 小时，与中国相当；熟练工成本为 0.8 美元 / 小时，是中国的 1/3，比印度低 0.3 美元 / 小时。有 70 余家土耳其纺织公司在埃及设厂，有 214 家企业在 QIZ 合格工业区设厂，以向美国出口免税纺织产品。GAP、Pierre Cardin、Marks&Spencer 等知名品牌也在埃及设厂。埃及东方纺织公司（Egypt Oriental Weavers Carpet Company）是世界上最大的机织地毯生产公司，年生产量达 1.1 亿立方米，其产量占埃及市场份额的 85%，占美国地毯市场的 25%，占欧洲地毯市场的 20%。

2. 汽车业

截至 2012 年 9 月，埃及登记上牌的汽车共 645.5 万辆。法国（标致、雷诺）、意大利（菲亚特）、德国（奔驰、宝马）、日本（丰田、本田、三菱）、韩国（大宇、现代）等国家的汽车在埃及占有较大比例。其中，韩国现代和美国雪佛兰汽车是最畅销车型，2014 年市场占有率分别为 15.7% 和 22%。近年来埃及汽车组装业发展迅速，现有轿车组装厂 12 家（14 条生产线）、客车组装厂 8 家（8 条生产线）、货车组装厂 5 家（9 条生产线）（陈霖，马欣，2011）。2011 年埃及汽车产量受到动乱的严重影响，产量仅为 8.1 万辆，同比下滑 30%；2011 年埃及汽车销量为 17.6 万辆，同比下滑 30%；但 2012 年的销量为 19.5 万辆，同比增长 11%；2014 年汽车销量为 29.3 万辆，同比增长 49.6%，其中乘用车销量为 20.8 万辆，同比增长 55%。

埃及政府制定了汽车行业三步发展战略，即引进国外先进生产线试点组装—带动汽配行业快速发展—逐步进入自主设计和生产阶段，并为此出台了下调汽车零部件进口关税、限制整车进口、使用本地产零部件等鼓励措施（陈霖，马欣，2011）。埃及整车进口关税税率很高，小于 1.6 升排量的进口关税为 40%，1.6 升排量以上的进口关税为 125%。但根据 WTO 关税总协定，在

2019 年前，埃及必须将关税降至 40% 以下；根据欧盟与埃及双边减免关税的规定，埃及每年应降低关税 10%，2019 年将降至 0%。

美国通用汽车、德国宝马汽车、日本丰田汽车和尼桑汽车均在埃及以独资或合资、CKD（Completely Knocked Down）等形式合作生产汽车。2006 年以来，中国奇瑞、吉利、比亚迪等中国汽车企业分别与埃及企业合作，以 CKD 方式组装销售自主品牌汽车。吉利汽车计划向北非市场年出口 3 万辆汽车。此外，上汽通用五菱、郑州宇通等品牌的轿车、皮卡、客车在埃及也有少量销售。目前中国品牌在埃及市场占有率约为 14%。

（三）创新力指标

埃及是一个科学技术发展较早的国家，拥有较雄厚的科技人才资源，现有的科学技术研究在非洲和阿拉伯国家中处于领先地位，因此建立技术创新系统具备一定的基础。但总体来说，如果从科技创新的角度来看，埃及现有的科技体制还是一种比较传统的模式，人才培养和技术与经济结合方面存在的问题已日益凸显。为建立一个新的适应经济发展的科技体系，埃及政府根据技术与经济严重脱节的问题及科技力量的分布情况，以技术与经济相结合为核心，采取了各种措施。最主要的措施有两条：实施教育改革、促进技术开发。这两条措施形成了埃及建立技术创新体系的双翼（张慧，1999）。

根据 NRI 的主观打分显示，埃及近年来的创新力基本处于递增状况，2012 年为 107.14，2013 年为 110.71，2014 年为 103.57，2015 年为 110.71。虽然中间略有波动，但是整体呈现递增的态势，具体如表 2-4 所示。

表 2-4　埃及创新力指标情况

指　标	分　指　标	年　份				
		2011 年	2012 年	2013 年	2014 年	2015 年
创新力	创新能力	100.00	107.14	110.71	103.57	110.71
	创新能力指数	100.00	107.14	110.71	103.57	110.71

（四）效率指标

效率指标选取了参与工业生产劳动人口的相关数据，根据测算得分，埃及工业劳动生产率基本处于递增的趋势。其中，2012 年为 118.82，2013 年为 126.23，2014 年为 128.65，2015 年为 121.84。从数据上看，埃及近年来劳动生产率整体处于递增的趋势，并且增长幅度较大，劳动力领域颇具潜力，具体如表 2-5 所示。

表 2-5 埃及效率指标情况

指 标	分 指 标	年 份				
		2011 年	2012 年	2013 年	2014 年	2015 年
效率	劳动生产率	100.00	118.82	126.23	128.65	121.84
	效率指数	100.00	118.82	126.23	128.65	121.84

目前埃及官方统计的失业率为 13%，与 5 年前相比增加了 4%，而贫困人口则达到 25%。为此，埃及政府将加大对人力资源开发的投入，升级基础教育和高等教育系统，发展自然科学研究系统，在教育培训和医疗卫生领域加大投入，从而保持人力资源的持续发展，提高劳动力素质和机构服务能力。

（五）信息化指标

埃及通信基础设施不断扩展。截至 2014 年年底，固话用户达到 628 万户，同比减少 8%，主要固话运营商为 Telecom Egypt。截至 2014 年年底，埃及手机用户达到 9567 万户，比 2013 年年底下降了 4%。现有的 3 家最大的手机运营商为 Mobinil、Vodafone（沃达丰）和 Etisalat，这 3 家运营商都能够提供 2G 和 3G 等相关服务。目前埃及互联网用户达到 4000 万户。

埃及信息化指数测算结果如下：2012 年为 89.09，2013 年为 94.10，2014 年为 102.66，2015 年为 117.05；其中，人均带宽的增速最快，互联网普及率表现良好。由此可见，埃及在互联网建设方面已卓有成效，具体如表 2-6 所示。

表 2-6 埃及信息化指标情况

指 标	分 指 标	年 份				
		2011 年	2012 年	2013 年	2014 年	2015 年
信息化	互联网普及率	100.00	103.13	114.84	132.40	140.23
	人均带宽	100.00	57.58	63.64	80.30	140.91
	移动互联网覆盖率	100.00	100.00	100.10	100.10	100.10
	电子商务应用程度	100.00	95.65	97.83	97.83	86.96
	信息化指数	100.00	89.09	94.10	102.66	117.05

（六）基础设施指标

自 20 世纪 80 年代以来，埃及大力发展交通运输等基础设施建设。据统计，埃及前三个五年计划（1981—1996 年）共投资交通运输领域 636 亿埃镑，占同期总投资的 17.7%。这一做法使得埃及陆、海、空运输能力有较快增长。埃及政府决定在第五个五年计划期间（2002—2007 年）向交通运输领域投资 250 亿埃镑。

在基础设施指标方面，埃及呈现小幅度递减的情况，2012—2015 年浮动较小，增减幅度不超过 1%，其中，人均铁路里程下降较快，其他分指标相对稳定，具体如表 2-7 所示。

表 2-7　埃及基础设施指标情况

指　标	分　指　标	年　份				
		2011 年	2012 年	2013 年	2014 年	2015 年
基础设施	人均发电量	100.00	102.14	101.96	104.99	101.96
	人均铁路里程	100.00	97.81	95.63	93.53	91.07
	港口基础设施质量	100.00	100.00	102.50	105.00	108.25
	基础设施指数	100.00	99.98	99.91	100.98	100.04

埃及交通部主管交通基础设施建设。2012 年日本援助机构国际协力事业团（JICA）完成了《埃及交通运输建设总体规划（2012—2027）》。该规划有以下几方面的主要内容。

（1）规划建设大开罗物流中心，打造连接地中海—红海的国际物流带。为将埃及建设成为亚欧货物运输大通道，埃及应重点建设北起亚历山大港、南至苏赫纳港的国际物流带，并以大开罗卫星城——十月六日城为中心，将其建设成为集仓储、分装、配送、外贸等为一体的国际化物流中心。

（2）构建以 11 个走廊组成的埃及全国交通运输网。依托国际物流带的建设，以大开罗为中心，构建地中海沿线走廊、西部沙漠走廊等 11 个运输走廊组成的全国交通运输网，其中以地中海沿线走廊、上埃及走廊、红海走廊、国际走廊四大走廊构成两纵两横的主干线。

（3）为完成 11 个走廊建设目标，将建设规划拆分成 103 个项目分阶段实施，包括 51 个公路项目、24 个铁路项目、2 个高铁项目等，总投资额达 3200 亿埃镑。其中，政府拟投资 1328 亿埃镑，拟吸纳私人投资 1872 亿埃镑。

规划的实施分为短期（2012—2017 年）、中期（2018—2022 年）和长期
（2023—2027 年）3 个阶段，投资额分别为 698 亿埃镑、795 亿埃镑、1707 亿
埃镑。规划认为，以大开罗为中心的国际物流带应放在建设的首要位置，并以
此带动埃及整个物流业发展。

电力方面，2000 年以前埃及设有电力管理总局（Egyptian Electricity
Authority，EEA），下设 7 家地区性的国有发电配电厂。2000 年 7 月，埃及
政府新成立了埃及电力控股公司（Egyptian Electricity Holding Company，
EEHC），解散了原先的电力管理总局，并将发电、配电、送电分开。目前，
埃及有 4 家热力发电厂、1 家水力发电厂、9 家配电厂、1 家送电厂。

根据埃及电力控股公司的年度报告，埃及 2004—2005 财年国有发电厂
装机容量为 18544 兆瓦，发电总量为 100996 兆瓦时，比 2003—2004 财年
增长了 6.4%；私营企业装机容量为 2047.5 兆瓦，发电总量为 13200 兆瓦时。
从发电类型来看，主要可分为火电、热电和风力发电，其中，燃料发电 74560
兆瓦时，水力发电 12644 兆瓦时，风力发电主要集中在红海附近的 Zafarana
和赫尔格达地区。从燃料来看，埃及发电主要利用其丰富的天然气资源，天然
气占发电消耗燃料的 76.4%，剩余部分主要来自阿斯旺大坝的水力发电。

第三章 波 兰

波兰共和国（The Republic of Poland，简称波兰），是一个位于欧洲中部的国家。波兰东与乌克兰、白罗斯相连，东北与立陶宛、俄罗斯的加里宁格勒州接壤，西与德国接壤，南与捷克、斯洛伐克为邻，北部濒临波罗的海，首都为华沙。

第一节

国家介绍

波兰起源于西斯拉夫人中的波兰、维斯瓦、西里西亚、东波美拉尼亚、马佐维亚等部落的联盟。公元 9—10 世纪建立封建王朝，14—15 世纪进入鼎盛时期，18 世纪下半叶开始衰落。1772 年、1793 年和 1795 年波兰分别被沙俄、普鲁士及奥地利 3 次瓜分。1918 年 11 月成立了波兰共和国，史称第二共和国。第二次世界大战后，波兰建立了社会主义制度。1980 年，团结工会组织全国大罢工，波兰当局于 1981 年 12 月至 1983 年 7 月处于战时状态，宣布团结工会为非法组织。1989 年 4 月，议会通过了团结工会合法化和实行议会民主等决议。团结工会在 1989 年 6 月提前举行的议会大选中获胜，成立了以其为主体的政府。波兰政治经济体制开始实施转轨，1989 年 12 月 29 日，议会通过宪法修正案，改国名为波兰共和国，将 5 月 3 日定为国庆日。

（一）地理位置

波兰地处欧洲中部，北临波罗的海，南接捷克和斯洛伐克，东邻白罗斯，西接德国，东北和东南部则与俄罗斯、立陶宛、乌克兰接壤（赵云峰，2012）。波兰南北长 649 千米，东西相距 689 千米，边界线总长 3538 千米，其中海岸线长达 528 千米。波兰国土面积 31.27 万平方千米，75% 的国土在海拔 200 米以下，全境地势平坦、广阔，河湖密布。

（二）自然资源

波兰拥有丰富的矿产资源，煤、硫黄、铜、银的产量和出口量居世界前列。截至 2012 年年底，已探明铜储量为 17.93 亿吨（铜矿藏厚度从几厘米到几十厘米，含量约 2%），电解铜年产量为 58 万吨（2012 年）；其他资源还有锌、铅、天然气、盐、琥珀等。截至 2012 年年底，波兰已探明硬煤储量为 482.26 亿吨，已探明褐煤储量为 225.84 亿吨。2014 年粗钢年产量为 860 万吨。波兰天然气储量估计为 1180 亿立方米，国内天然气产量占需求量的 37% 左右（刘安然，2010）。另外，据波兰地理协会评估，波兰页岩气储量为 3460 亿～ 7680 亿立方米。

（三）气候条件

波兰气候介于东欧大陆性气候和西欧海洋性气候之间，全境基本属于由海洋性气候向大陆性气候过渡的温带阔叶林气候。通常情况下，波兰全年气候温和，冬无严寒，夏无酷热。除山区外，年均气温为 6 ～ 6.8℃。最冷的 1 月全国平均气温为 -5 ～ -1℃，最热的 7 月全国平均气温为 17 ～ 19℃。

（四）人口分布

据波兰国家统计局（GUS）2014 年 6 月的数据，波兰当前全国人口为 3848.4 万，其中，男性为 1862.3 万，女性为 1986.1 万，男女人口比例约为 94：100。波兰城市人口为 2324.5 万，占全国总人口的 60.4%；农村人口为 1523.9 万，占全国人口总数的 39.6%。人口分布比较集中的城市包括华沙（173 万）、克拉科夫（75.98 万）、卡托维茨（75.03 万）、格但斯克三联城（74.74 万）、罗兹（70.85 万）、弗罗兹瓦夫（63.3 万）等。

（五）民族

波兰族占波兰人口的 98% 以上，少数民族主要有德意志、乌克兰、俄罗斯和白罗斯族，还有少量犹太、立陶宛、斯洛伐克族等。

（六）语言

波兰的官方语言为波兰语，英语日益普及，使用俄语和德语的人也较多。

（七）宗教

罗马天主教会为波兰最大的教会组织（90%以上的波兰人信奉罗马天主教）。波兰还有东正教、路德派新教、犹太教、回教等教会组织和宗教团体。

（八）习俗

与波兰人交往时，要特别注意4个问题：第一，波兰人的民族自尊心极强，与其交谈时若提及波兰的伟人及其对世界文明的贡献则最令波兰人开怀；第二，波兰人很介意待人的礼数，在拜访时应事先相约，见面时要打招呼问好；第三，波兰人喜欢动物，最喜欢被定为波兰国鸟的白鹰；第四，注意对方的宗教习俗。

波兰人有尊重女性的习俗。男士路遇女士打招呼问好时，一定要脱帽；男士与女士一道进、出门或走路时往往让女士先行；若道路崎岖难行，男士应主动搀扶女士；吃东西时，女士优先，男士应主动为女士斟酒。波兰人很浪漫，普遍爱花。在所有鲜花中，波兰人最喜欢的花依次是月季、非洲菊、兰花和康乃馨；最受欢迎的盆花依次是垂叶榕、非洲紫罗兰、肾蕨、秋海棠及杜鹃。波兰人喜欢送花，借以传达他们不同的感情：玫瑰花为"爱情"的象征；石竹花含有"机智"和"快乐"之意；兰花被看作"激情之花"；菊花为"墓地用花"；波兰人最爱的三色堇则象征欢乐和幸福。送花的数量也特别有讲究，通常送单数，送双数则很失礼。

第二节

波兰工业和信息化增长指数评估

1989年政局剧变后，"休克疗法"导致波兰经济一度下滑。自1992年起，波兰经济止跌回升，并逐步成为中东欧地区发展最快的国家之一。加入欧盟后，波兰经济更是突飞猛进，2007 年经济增幅达 6.5%；同时，公共财政赤字持续增加、劳动人口大量流失、失业率较高等问题也较突出。2009 年，受国际金融危机影响，波兰经济明显下滑，但仍好于欧盟多数国家，是欧盟内唯一实现正增长的国家。2010 年，波兰经济继续增长，增幅为 3.8%，居欧盟前列；吸引外资达 142 亿美元。世界银行和国际金融公司联合发布的《2013 年营商环境年度报告》指出，波兰是自 2005 年以来营商环境改善速度最快的欧盟经济体。2015 年，波兰经济增长了 3.6%，经济总量居欧盟成员国第 8 位。第一、二、三产业分别占 GDP 的比重为 3.0%、22.27%、74.73%。投资、消费和出口占 GDP 的比例分别为 20.2%、78.3%、46.9%（赵士影，叶锦华，赵连荣，杜等虎，2016）。

根据测算结果显示，2015 年波兰的工业和信息化增长指数为 107.94，2014 年为 107.38，2013 年为 102.77，2012 年为 98.85，整体有所进步（见表 3-1）。其中，工业增长较稳定，经济持续小幅度稳步发展，创新力、信息化、基础设施指标整体上也处于增长的趋势。

表 3-1　波兰工业和信息化增长指数

序 号	指 标	分指标	年 份				
			2011 年	2012 年	2013 年	2014 年	2015 年
1	增长	工业增加值增长率	100.00	100.98	100.34	105.93	112.07
		增长指数	100.00	100.98	100.34	105.93	112.07
2	竞争力	制造业各类产品国际市场占有率	100.00	96.33	104.57	111.12	108.55
		贸易竞争力指数	100.00	102.31	103.65	102.90	103.52
		竞争力指数	100.00	100.81	103.88	104.95	104.78
3	创新力	创新能力	100.00	100.00	109.09	115.15	118.18
		创新能力指数	100.00	100.00	109.09	115.15	118.18
4	效率	劳动生产率	100.00	93.75	94.16	100.91	89.99
		效率指数	100.00	93.75	94.16	100.91	89.99
5	信息化	互联网普及率	100.00	100.58	101.45	107.51	109.76
		人均带宽	100.00	106.63	187.27	193.63	239.79
		移动互联网覆盖率	100.00	100.51	100.51	100.51	100.91
		电子商务应用程度	100.00	92.45	92.45	92.45	94.34
		信息化指数	100.00	100.04	120.42	123.52	136.20

续表

序 号	指 标	分指标	年 份				
			2011 年	2012 年	2013 年	2014 年	2015 年
6	基础设施	人均发电量	100.00	99.14	100.60	97.27	100.60
		人均铁路里程	100.00	99.45	96.17	96.16	94.00
		港口基础设施质量	100.00	102.94	108.82	117.65	118.27
		基础设施指数	100.00	100.39	101.52	103.00	103.59
工业和信息化增长指数			100.00	98.85	102.77	107.38	107.94

2015 年波兰各项指标增长情况如图 3-1 所示。

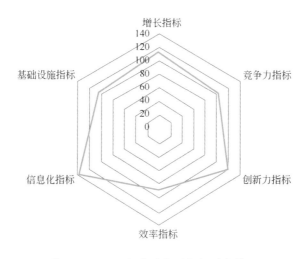

图 3-1　2015 年波兰各项指标增长情况

第三节

波兰工业和信息化各级指标测算

（一）工业增长指标

工业在波兰生产总值中所占的比重呈缓慢而稳定的下降趋势，但其经济效益和产品质量却有了明显的提高，这是服务业和贸易快速发展，以及工业结构从重工业向消费品工业转移的结果。此外，波兰工业正在进行大规模的结构和技术调整，国家经济特别重要的部门，如燃料与能源、钢铁、国防、重型化工、制药、纺织服装及一些高技术工业已实现了体制改革，并逐步取得国际质量认证。

波兰的工业有燃料—动力工业、冶金工业、机电工业、化学工业、木材造纸工业、轻工业、航空工业等。燃料—动力工业是波兰重要的基础工业，其中煤炭工业最发达。冶金工业主要为钢铁工业和其他有色金属工业。波兰铁矿贫乏，铁矿石自给率仅为35%，其余均靠进口（主要从俄罗斯、乌克兰、法国和瑞典等国家进口）。机电工业为波兰最大的、最重要的工业，包括金属加工、机器制造、汽车、造船、精密仪器、运输工具、电机和电子工业等，其中汽车工业是发展最迅速的新型行业之一。

波兰工业增长指标经过标准化处理，2012 年为 100.78，2013 年为 100.34，2014 年为 105.93，2015 年为 112.07，整体呈现快速增长的势头。波兰隶属发达国家之列，仍具有较大的发展潜力，具体如表 3-2 所示。

表 3-2 波兰工业增长指标情况

指 标	分 指 标	年 份				
		2011 年	2012 年	2013 年	2014 年	2015 年
增长	工业增加值增长率	100.00	100.98	100.34	105.93	112.07
	增长指数	100.00	100.98	100.34	105.93	112.07

（二）制造业竞争力指标

作为发达国家之一，波兰具有发展制造业的良好基础，在加工制造业，如汽车、食品、纸浆及造纸、电子产品、化工等领域都拥有不容小觑的实力。近年来，波兰政府为了扩大制造业生产，致力于通过《波兰制造》等相关政策的提出和实施，以及法律法规的修订来吸引外资的进驻，波兰制造业开始呈现回暖的趋势。

整体来看，波兰制造业竞争力增速放缓。历年的数据显示，波兰制造业各类产品国际市场占有率呈现波动式增长，贸易竞争力呈现缓慢增长，整体竞争力有所提升，具体如表 3-3 所示。

表 3-3　波兰制造业竞争力指标情况

指 标	分 指 标	年 份				
		2011 年	2012 年	2013 年	2014 年	2015 年
竞争力	制造业各类产品国际市场占有率	100.00	96.33	104.57	111.12	108.55
	贸易竞争力指数	100.00	102.31	103.65	102.90	103.52
	竞争力指数	100.00	100.81	103.88	104.95	104.78

在波兰制造业中，较具特色的产业如下。

1. 汽车工业

波兰汽车工业的主要特点是：外资企业占主导地位，以汽车装配为主，汽车零部件生产商技术标准高、品种齐全、加工生产增长较快；汽车已成为波兰重点产业、热门出口行业，产品种类多、品牌多且外需旺盛；波兰国内对新车需求不旺盛，近年来波兰国内二手车销量是新车销量的 2 倍。

波兰最大的 4 家汽车制造商：菲亚特汽车波兰公司、通用汽车波兰公司（波兰欧宝）、大众汽车波兹南公司、波兰 FSO 股份公司，这 4 家公司的产量占波兰汽车总产量的 99%。菲亚特为波兰最大汽车生产商，市场占有率达 50% 以上。波兰生产的汽车和零部件大部分出口，前十大出口市场为德国、意大利、法国、英国、西班牙、捷克、俄罗斯、匈牙利、比利时、乌克兰（杨国涛，2011）。

根据波兰中央统计局数据，2013 年波兰汽车工业经营收入约 1099.2 亿兹罗提，同比增长 6.66%，约占 GDP 的 6.61%。汽车行业员工总数约 16.43 万名，同比增长 5.46%。汽车类产品出口总额为 299.97 亿美元，占波兰出口总额的 14.55%。受全球及欧洲经济下滑影响，2013 年波兰乘用车产量为 47.5 万辆，同比下降 12%。

波兰是欧洲大客车的重要产地，德国是波兰大客车的主要出口市场之一。MAN、Solaris、Volvo、Scania、Autosan、Kapena、Jelcz、Solbus、AMZ 等企业在波兰生产公交车和旅游大客车。2013 年，波兰共生产公交车 4100 辆，同比增长 2.5%。

近年来，波兰汽车零部件产业蓬勃发展，已成为欧洲汽车零部件主要生产国之一。2010 年波兰生产了 150 万台发动机，其中，菲亚特汽车波兰公司生产的一种新型双气汽油发动机，年产量为 45 万台；丰田波兰公司启动生产一种新型的柴油发动机,年产量为 7 万台。汽车紧固件、焊接件、塑料件、电子布线、铸件、汽车玻璃等产品产量也较大。波兰最大的汽车零部件生产企业有 Delphi Polska、Faurecia、Volkswagen、Fiat-GM Powertrain 等。大众、欧宝、奥迪、菲亚特、斯科达、本田等著名品牌的发动机、变速箱等零部件都在波兰生产。

2. 电子工业

近年来,波兰已成为电视机显示器和液晶显示器,以及多数品牌家用电器的重要生产地。波兰主要电子企业有 Jabil Kwidzyn(电视显示器、电子产品)、LG Electronics(电视显示器和其他通用电子产品)、3 家通信设备生产商(西门子、阿尔卡特、朗讯)、Funai、Humax、JVC、Orion、Pronox、Toshiba 和 TPV(平板电视)。

波兰音像产品(除电视机外)市场均为国外进口品牌,从事计算机设备生产的企业大部分是中小企业,以组装为主。IBM、HP、DELL 是主要品牌,也有部分波兰品牌,如 NTT System、Optimus、Action、DTK Computer、Vobis 等。在办公设备中,波兰仅生产税务设备这一种产品,并少量出口。波兰拥有 20 多家税务设备生产企业,如 Novitus、Elzab、Posnet、Innova、UPOS、Emar 等。波兰其他办公室设备依赖进口,如打印机、复印机、传真机、多功能设备等。

2013 年,波兰计算机和光电产品从业人数为 5.46 万人,产值约 312.43 亿兹罗提;电子设备从业人数为 9.77 万人,产值为 456.99 亿兹罗提;二者合计约占 GDP 的 4.63%。

3. 轻工业

截至 2013 年年底,波兰员工人数在 9 人以上的纺织、服装和皮革等轻工企业有 3611 家,产值为 253.3 亿兹罗提。2013 年,波兰轻工业产值占工业总产值的比重约为 0.8%;轻纺产品出口额为 234.54 亿兹罗提,进口额为 319.13 亿兹罗提。

4. 化学工业

波兰化学工业企业数量多、产品范围广,但产业基础薄弱,产能有限,产品内需旺盛,多数产品需要进口,总体而言化工产品贸易逆差较大。波兰主要化工产品有硫酸、氢氧化钠、纯碱、丁二烯、甲苯、苯酚、己内酰胺、氮酸、合成气氨等，其中化肥（特别是氮肥）生产占主要份额，产品出口比重高。进口方面，波兰每年需要进口大量塑料、橡胶、染料和油漆等产品。据波兰中央统计局数据，2013 年，波兰化学制品、化工产品产值为 555.62 亿兹罗提，同比下降 3.9%，占工业总产值的比重约为 4.7%。截至 2012 年年底，在波兰登记的从事化学制品、化工产品生产经营业务的经济体共有 2079 家，从事医药制品生产经营业务的经济体共有 310 家。波兰主要化工企业包括 PKNOrlen 股份公司、GECH 股份公司、Zaktedy Azotowe "Putawy" 股份公司等；主要药品生产企业和研究机构包括 POLFA 集团、抗生素生化研究所、医药研究所、Zielarski 药厂、化学药剂厂和私人非处方药生产厂等。

（三）创新力指标

波兰拥有较厚实的科学基础和优秀的科学传统，在数学、天文、物理、化学等基础研究领域，以及农业、新材料、新能源、矿山安全等应用技术领域，具有较强的优势和特色，在某些方面居欧洲或世界先进水平。尤其在 2012 年后，波兰的创新能力有了飞跃性的发展。

根据 NRI 的主观打分显示，波兰近年来的创新能力在逐年递增，并且有了大幅增长，2012 年为 100.00，2013 年为 109.09，2014 年为 115.15，2015 年为 118.18。纵向比较，2012—2015 年，波兰创新能力整体略有提升，具体如表 3-4 所示。

表 3-4　波兰创新力指标情况

指　标	分　指　标	年　份				
		2011 年	2012 年	2013 年	2014 年	2015 年
创新力	创新能力	100.00	100.00	109.09	115.15	118.18
	创新能力指数	100.00	100.00	109.09	115.15	118.18

近年来波兰研究制定了科技创新的中长期发展战略——《波兰 2030：现代化的第三次浪潮及为提高经济创新性和有效性的战略（2012—2020）》，该战略是对波兰国家改革计划（National Reform Program，NRP）和创新经济计划（Innovation Economy 2012—2020）的补充。

波兰政府近年来重视加大对研发活动的公共投入。2013 年，波兰的全国研发总投入（GERD）为 144.24 亿兹罗提，占 GDP 的 0.87%（2009 年，这一比例仅为 0.67%）。据初步统计，2014 年 GERD 占 GDP 的比例达到 1.0%。波兰的目标是到 2020 年 GERD 占 GDP 的比例达到 1.7%。另外，通过采取激励和支持企业开展研发活动的举措，2011—2013 年，波兰企业的研发投入增长了约 80%。2013 年，企业研发投入占 GERD 的比例由 2012 年的 37.2% 上升到 43.6%。

2014 年 7 月，在世界知识产权组织等机构联合公布的全球创新指数排名中，波兰名列第 45 位，比 2013 年的第 49 位提升了 4 位，但在欧盟国家中排名仍较靠后。

波兰自 2010 年起开始改革科技创新体制的管理方式，科技与高等教育部负责科技政策设计，而经济部负责创新政策。科技政策的实施转到国家研发中心（NCBiR）和国家科学中心（NSC）。这两个中心与经济部下属的企业发展局（PARP）共同负责实施创新政策。

为了进一步促进科技与经济、社会发展相结合，加强国家创新体系建设，自 2010 年起，波兰政府开始实施一系列深化科技改革的法案。2011 年，波兰政府出台了国家研究计划（National Research Programme），支持的优先领域包括：能源领域的新技术，生活方式疾病、新药、再生医学的研究，先进的信息、电信技术、机电一体化、现代材料技术，环境、农业、林业技术，国防和国家安全等。

波兰国家研发中心目前正在组织实施环境、林业、农业、能源生产先进技术、互动科技信息跨学科系统、生活方式疾病、新药和再生医学等多个战略研发计划，以及建筑节能综合系统、矿井工作安全技术、安全核电工程技术等多个战略研发项目。

近年来，波兰取得了一批令人瞩目的科技创新成果。例如，第一颗科研卫星莱姆于 2013 年 11 月升空，第二颗科研卫星赫维留斯于 2014 年 8 月 19 日由中国长城四号火箭搭载升空；波兰电子材料技术研究所（ITME）对石墨烯制备方法的突破；弗罗茨瓦夫理工大学研发的具有国际领先水平的光纤激光器；华沙大学动物研究所对哺乳动物胚胎早期发育机理的独特发现；波兰科学院高压物理研究所研发获得氮化镓单晶体的高压方法；格但斯克大学在研究导致信息因果相关性的多光子纠缠状态方面的突出贡献等。

（四）效率指标

效率指标选取了参与工业生产劳动人口的相关数据，根据测算得分，波兰的工业劳动生产率整体处于递增的状态。其中，2012 年为 93.75，2013 年为 94.16，2014 年为 100.91，2015 年为 89.99。总体来看，波兰工业劳动生产率这几年出现了一些波动的情况，整体态势并不乐观，这说明波兰劳动力方面不能为工业增长提供相对稳定、充足的劳动力支撑，可能未来会为工业投资的增加或者产业的拓展带来负担，具体如表 3-5 所示。

表 3-5　波兰效率指标情况

指　标	分　指　标	年　份				
		2011 年	2012 年	2013 年	2014 年	2015 年
效率	劳动生产率	100.00	93.75	94.16	100.91	89.99
	效率指数	100.00	93.75	94.16	100.91	89.99

（五）信息化指标

截至 2013 年年底，波兰有线电话共 583 万部。其中，私人电话 388.8 万部；城市有线电话 484.1 万部，农村有线电话 98.9 万部。波兰有线电话覆盖率为 16.0 部 / 百人，在欧盟中排名靠后。近年来，波兰固网用户数量有所减少，主要原因是移动电话的竞争，以及安装和使用有线电话成本仍较高。波兰境内最大的有线电话运营商是波兰电信股份公司（Telekomunikacja Polska S.A.），拥有 83% 以上的固定电话用户。波兰电信股份公司已经对网络设备进行了升级改造，目前主要电话交换机都使用光纤网络数字交换机。波兰城市间和国际长途业务运营商还有 Tele2 和 Netia。

波兰移动电话发展迅速，移动网络几乎覆盖全国。2000—2013 年，波兰移动用户从 674.8 万户增加到 5651.1 万户，用户数量已超过波兰人口总数。目前主要运营商有波兰数字电话有限公司、波兰移动电话有限公司等。

波兰电信发展非常重视改善固定线路和移动数据传输服务，包括宽带和第四代移动电话服务，通信业入网服务增长最快。截至 2013 年年底，71.9%

的波兰家庭已连接、使用互联网，其中，68.8% 的家庭使用宽带连接，4.8% 的家庭使用移动互联网服务。互联网用户为 2418 万户，占全国总人口的 62.8%，比 2012 年下降 2.2 个百分点，较 2000 年增长近 7 倍。由于安装成本和上网价格大幅降低，上网人数不断增加。旅游景点、酒店、办公楼、饭店、咖啡厅等开通无线上网接入点的数量逐渐增加。

2014—2020 年，波兰国家宽带发展计划的主要目标是发展电信基础设施网络，刺激对高流量服务的需求，保证建立覆盖波兰全境的宽带网络。该计划和欧盟数字化局的目标基本保持一致，欧盟数字化局的具体目标为：①到 2020 年年底保证普通互联网速度在 30Mb/s 以上；②到 2020 年年底 50% 以上家庭互联网用户可以获得速度在 100Mb/s 以上的互联网服务。据波兰行政与数字化部估计，波兰建设高速宽带互联网基础设施费用为 173 亿～ 420 亿兹罗提，欧盟公共基金可能会支持 44 亿～ 105 亿兹罗提（总额的 20%～ 30%）。

信息化方面，波兰近年来增速幅度不大，每项分指标虽有略微的进步，但并不明显，具体如表 3-6 所示。

表 3-6　波兰信息化指标情况

指　标	分　指　标	年　份				
		2011 年	2012 年	2013 年	2014 年	2015 年
信息化	互联网普及率	100.00	100.58	101.45	107.51	109.76
	人均带宽	100.00	106.63	187.27	193.63	239.79
	移动互联网覆盖率	100.00	100.51	100.51	100.51	100.91
	电子商务应用程度	100.00	92.45	92.45	92.45	94.34
	信息化指数	100.00	100.04	120.42	123.52	136.20

（六）基础设施指标

与老欧盟成员相比，波兰的基础设施比较落后，高速和快速公路少，优质公路比例较低，铁路网技术退化，空运和海运能力较低，难以满足经济发展和吸引外商投资的需要（黄莹，2017）。

基础设施指标方面，波兰的测算指数出现波动的情况，大致范围为 100～103，其中港口基础设施质量分指标表现较好，呈现上升趋势。这说明波兰的基础设施建设近年来进步不大，没有为工业和信息产业的进一步拓展做好准备工作。具体如表 3-7 所示。

表 3-7　波兰基础设施指标情况

指　标	分　指　标	年　份				
		2011 年	2012 年	2013 年	2014 年	2015 年
基础设施	人均发电量	100.00	99.14	100.60	97.27	100.60
	人均铁路里程	100.00	99.45	96.17	96.16	94.00
	港口基础设施质量	100.00	102.94	108.82	117.65	118.27
	基础设施指数	100.00	100.39	101.52	103.00	103.59

近年来，波兰在基础设施方面的投入不断增加，交通运输网络、港口基础设施的运行能力等得到改善。2007—2015 年，波兰国家发展规划将基础设施建设列为首要任务；2007—2013 年，欧盟援助资金中约 194 亿欧元用于发展基础设施建设（黄莹，2017）。2012 年欧洲足球锦标赛前，波兰在有赛事的 4 个城市修建体育场馆，并修建配套的公路、铁路、机场、酒店等项目。2014—2020 年，欧盟预算拨给波兰 820 亿欧元，用于科研、公路和铁路建设、公共交通建设、企业发展、宽带建设和降低失业率（刘英，CFP，2016）。

1. 电力

波兰在融入欧洲后，经济迅猛增长，对电力的需求也增长到了前所未有的程度。波兰的用电量从 1995 年的 96 太瓦时增长到 2007 年的 118 太瓦时，在 2010 年达到 130 太瓦时；人均年用电量达到 4.3 兆瓦时，是欧洲第七大能源市场。

10 年前，波兰 90% 以上的电力主要依靠燃煤发电。为实现欧盟提出的碳排放目标，波兰政府于 2009 年 11 月出台了《2030 年能源需求规划》。规划一方面肯定了煤炭的重要性，另一方面也对环境问题做了让步，到 2030 年，煤炭所占比重将由从前的 94% 下降至 60%，余下部分由核电站、可再生能源和天然气来补充（何英，2010）。同时，欧盟要求到 2020 年波兰的可再生能源占能源总消费的比例不低于 15%；波兰也提出到 2020 年交通领域燃料 10% 实现生物质能，鼓励源于各地的分布式发电网络。

为进一步促进可再生能源的发展，波兰于 2014 年出台法案，列出了针对可再生能源的长期补贴，旨在削减客户成本，实现欧盟的气候目标。根据法案，波兰将削减对大型生物质电站及海上风电产业的补贴，转而支持微型发电、光伏发电与陆上风电，这增加了投资者的信心（董欣，2015）。

当前，波兰的煤炭消费比重已经减少到能源总消费的 68.1%，如风能、太阳能、水能、核能等的比重正在逐年增加。根据波兰能源市场监管机构 URE 数据，波兰增加的风电站和太阳能电站使其可再生能源装机量从 2013 年的 5511 兆瓦增加到 2014 年的 6029 兆瓦。其中，风电装机量增长了 13%，达 3834 兆瓦；太阳能装机量从 1.9 兆瓦增至 21 兆瓦（董欣，2015）。波兰国土的 40% 适宜风力发电，具有广阔的发展潜力；而太阳能产品在波兰则更多应用于房屋采暖等，在电力市场占比较小。

随着市场稳步前进，波兰已吸引越来越多希望在东欧立足的西欧公司和一些寻求新的发展机遇的波兰本土厂商投资风电。未来几年内，波兰或将逐渐成为东欧风电发展的生力军。随着波兰风电市场的成熟，以当地独立发电商为主导的大型风电场主已开始占据波兰风电市场的主要份额，而资金短缺的小型私有投资者则会逐渐退出（董欣，2015）。

2. 铁路

截至 2013 年年底，波兰运营的铁路线共 1.93 万千米，密度为 6.2 千米 / 万平方千米，高于欧盟平均水平，其中，国有铁路网里程为 1.15 万千米。铁路总体电气化率为 61.4%，国有铁路网电气化率达 99%。2013 年波兰铁路运送旅客 2.7 亿人次，同比减少 1.2%；货运量 2.33 亿吨，同比微增 0.74%。近几年，波兰铁路货运量在货运总量中的比重不断下降，2013 年仅占 12.6%。波兰铁路货运以国内运输为主，2013 年占比达 70.3%。

波兰是全长 5400 千米的跨欧洲铁路运输网络（TEN-T）的重要组成部分，现有 4 条国际铁路运输走廊途经波兰。其中，两条位于欧盟境内，一条从波兰格但斯克港向南延伸至地中海，另一条从荷兰经德国、波兰至波罗的海三国。客运方面，波兰连接西方的主要线路为由奥得河畔法兰克福经波兹南至华沙的铁路网，其中主要为柏林—华沙的欧洲城际列车，每天对开 4 班。在华沙—布列斯特—明斯克—莫斯科的线路上有两条分支可分别通往拉脱维亚首都里加、立陶宛首都维尔纽斯、乌克兰首都基辅。再往南，由西至东的过境路线从科特布斯（过境福斯特）经扎甘、弗罗茨瓦夫、卡托维兹和克拉科夫通往乌克兰边境普热梅希尔，这条线路运行着汉堡—克拉科夫的欧洲城际列车。由德累斯顿经格尔利茨／兹戈热莱茨至弗罗茨瓦夫，并有支线通往文格利涅茨的线路主要担当德国与波兰间的铁路货运任务，并提供德累斯顿—弗罗茨瓦夫的快车服务。

波兰铁路网技术严重退化，现有线路近一半时速不超过60千米，约1/3的铁路线由于技术原因必须限速或停运，另有1/3需要加大维修力度，主要城市间缺乏快速铁路连接（刘英，CFP，2016）。

目前，波兰仅在首都华沙有两条地铁线路，全长18.7千米。其中，1号线为南北走向，全长12.6千米，沿线设12个站点，1995年部分开通，2008年10月全线投入运营；2号线为东西走向，2015年3月部分开通，全长6.1千米，沿线设7个站点。

有轨电车是波兰城市交通的重要组成部分。早在19世纪末期，格但斯克、卡托维茨等城市已应用此交通工具。目前，华沙、克拉科夫等主要城市均建立了有轨电车交通系统。例如，华沙现有37条有轨电车线路，总里程约120千米。

3. 水运

截至2013年年底，波兰拥有远洋货轮110艘，载重303.6万吨。波兰主要港口包括格但斯克、格丁尼亚、什切青、希维诺乌伊西切等，2013年货物吞吐量为6410.4万吨。各港口提供服务有所侧重：格丁尼亚为北波罗的海最大集装箱港口，格但斯克海港是波罗的海最大石油中转码头之一，什切青—希维诺乌伊西切海港组为波兰最大轮渡码头，其他地区级港口如科罗布塞格、达尔沃夫、埃尔布隆格主要发挥旅游和渔港的作用。

波兰现有内河航道里程为3659千米。奥得河及其支流是内河航运的主航道，奥得河水道位于TEN-T跨欧洲交通网上，主要为什切青和希维诺乌伊西切两个港口提供航运服务。由于内河航运环保性强，其在波兰运输中的作用日益提高。

总体而言，波兰各港口基础设施条件并不令人满意，轮船进出港时间较长，不仅降低了效率，而且增加了服务成本。按照海洋运输基础设施发展计划，波兰将对希维诺乌伊西切和什切青水道进行现代化改造，建设什切青集装箱基地、什切青西滨海物流中心及其他现代化设施，以提高吞吐量，提升从海路和陆路通往各主要海港的畅通性（赵士影，叶锦华，赵连荣，杜等虎，2016）。

第四章 俄 罗 斯 04

俄罗斯联邦（The Russian Federation，简称俄罗斯），首都为莫斯科。俄罗斯横跨欧亚大陆，东西最长 9000 千米，南北最宽 4000 千米，是世界上面积最大的国家。邻国西北部有挪威、芬兰，西部有爱沙尼亚、拉脱维亚、立陶宛、波兰、白罗斯，西南部是乌克兰，南部有格鲁吉亚、阿塞拜疆、哈萨克斯坦，东南部有中国和朝鲜。

第一节

国家介绍

15 世纪末至 16 世纪初，俄罗斯以莫斯科大公国为中心，逐渐形成多民族的封建国家。1547 年，伊凡四世（伊凡雷帝）改"大公"，称号为"沙皇"。1721 年，彼得一世（彼得大帝）改国号为俄罗斯帝国。1861 年废除农奴制。1917 年 11 月 7 日十月社会主义革命，建立了世界上第一个社会主义国家政权——俄罗斯苏维埃联邦社会主义共和国。1922 年 12 月 30 日，俄罗斯、乌克兰、白罗斯、高加索联邦（阿塞拜疆、亚美尼亚、格鲁吉亚）共同结成苏维埃社会主义共和国联盟，简称苏联。之后中亚五国、摩尔多瓦、波罗的海三国相继并入苏联，苏联成为一个由 15 个加盟共和国组成的世界第一大国。1991 年 12 月 25 日苏联解体，俄罗斯成为完全独立的国家，并成为苏联的唯一继承国。20 世纪 90 年代初俄罗斯开始实施政治经济体制转轨，现为总统制联邦国家。1993 年 12 月 12 日，俄罗斯经过全民投票通过了独立后的第一部宪法，规定国家名称为"俄罗斯联邦"，与"俄罗斯"意义相同。

（一）地理位置

俄罗斯横跨欧亚大陆，东西最长 9000 千米，南北最宽 4000 千米，领土包括欧洲的东半部和亚洲的西部，是世界上国土最辽阔的国家。俄罗斯国界线长 60933 千米，其中，海岸线长达 38808 千米，濒临大西洋、北冰洋、太平洋；陆界长达 14509 千米，与 14 个国家接壤，东南部同中国、朝鲜接壤，南部连哈萨克斯坦、蒙古、格鲁吉亚、阿塞拜疆，西南部连接乌克兰，西部和西北部与芬兰、白罗斯、爱沙尼亚、拉脱维亚、立陶宛、挪威毗邻而居；加里宁格勒州与波兰、立陶宛相邻；东部与日本和美国隔海相望。俄罗斯国土的 36% 在北极圈内，自北向南为北极荒漠带、草原地带、森林冻土地带、森林地带、森林草原地带和半荒漠地带。

（二）自然资源

俄罗斯自然资源十分丰富，种类多，储量大，自给程度高。俄罗斯主要矿产资源有煤、铁、泥炭、石油、天然气、铜、锰、铅、锌等。储量居世界前列的有：天然气已探明储量为 48 万亿立方米，占世界探明储量的 21%，居世界第 1 位；石油探明储量为 252 亿吨，占世界探明储量的 5%；煤储量为 1570 亿吨，居世界第 2 位；铁矿石储量为 650 亿吨，居世界第 1 位，约占世界探明储量的 40%；铝储量为 4 亿吨，居世界第 2 位；铀储量占世界探明储量的 14%；黄金储量为 1.42 万吨，居世界第 4～5 位；磷灰石占世界探明储量的 65%；镍储量为 1740 万吨，占世界探明储量的 30%；锡储量占世界探明储量的 30%；铜储量为 8350 万吨。俄罗斯非金属矿藏也极为丰富，石棉、石墨、云母、菱镁矿、刚玉、冰洲石、宝石、金刚石的储量及产量都较大，钾盐储量与加拿大并列世界首位。俄罗斯水资源丰富，境内有 300 余万条河流、280 余万个湖泊；贝加尔湖是世界上蓄水量最大的淡水湖。俄罗斯渔业资源相当丰富，生物资源总量为 2580 多万吨，鱼类达 2300 万吨。俄罗斯森林覆盖面积达 0.867 亿平方千米，占俄罗斯国土面积的 51%，居世界第 1 位；木材蓄积量达 820 亿立方米。

（三）气候条件

俄罗斯幅员辽阔，气候复杂多样，总体属于北半球温带和亚寒带的大陆性气候，依其大陆性程度的不同，以叶尼塞河为界分为两部分，西部属温和的大陆性气候，西伯利亚属强烈的大陆性气候。俄罗斯西北部沿海地区具有海洋性气候特征，而远东太平洋沿岸则具有季风性气候的特点。俄罗斯大部分地区冬季漫长、寒冷，夏季短暂、温暖，春秋两季很短。

（四）人口分布

截至 2014 年 1 月 1 日，俄罗斯人口为 1.44 亿，其中，城市人口为 1.07 亿（占总人口的 74%），农村人口为 0.37 亿（占总人口的 26%）；男性占 46%，女性占 54%。2014 年人口增长率为 0.02%。俄罗斯的人口主要分布在中心城市，约 1/5 的全国人口和超过 1/3 的城市人口聚集在莫斯科、圣彼得堡、新西伯利亚、下诺夫哥罗德、叶卡捷琳堡、萨马拉、鄂木斯克、喀山、车里雅宾斯克、顿河畔罗斯托夫、乌法、伏尔加格勒、彼尔姆 13 座大城市。

（五）民族

俄罗斯是一个多民族国家，有 190 多个民族，其中，俄罗斯族占 77.7%，主要少数民族有鞑靼、乌克兰、巴什基尔、楚瓦什、车臣、亚美尼亚、阿瓦尔、摩尔多瓦、哈萨克、阿塞拜疆、白罗斯等族。

（六）语言

俄罗斯有大约 150 种语言。俄罗斯境内的民族语言分为四大语系，即印欧语系、阿尔泰语系、高加索语系、乌拉尔语系。俄语为俄罗斯境内的官方语言，属印欧语系的斯拉夫语族，是俄罗斯各族人民进行民族交往最常用的语言，同时承担国际交流的功能。

（七）宗教

俄罗斯境内宗教主要有基督教、伊斯兰教、萨满教、佛教（喇嘛教）和犹太教等。基督教以俄罗斯东正教流传最广，教徒人数最多；其次是穆斯林，主要是逊尼派教徒。

（八）习俗

古希腊和古罗马都有"左凶右吉"的观念。受这些文化的影响，俄罗斯民族中形成了"右为尊、为贵、为吉，左为卑、为贱、为凶"这一观念。在俄语中，"右"这个词同时又是"正确的，正义的"意思；而"左"则有"反面的"意思。

无论在正式或非正式宴会上，俄罗斯人都喜欢敬酒。在俄罗斯，鲜花是很好的礼物，但给亲戚、朋友、老师等送鲜花必须送单数，只有给去世的人送鲜花才送双数。

第二节

俄罗斯工业和信息化增长指数评估

俄罗斯工业发达，核工业和航空航天业在世界占重要地位。2004年工业产值为112090亿卢布，同比增长6.1%。工业从业人口为2055.4万，占总就业人口（6732.2万）的30.5%。工业基础雄厚，部门全，以机械、钢铁、冶金、石油、天然气、煤炭、森林工业及化工等为主，木材和木材加工业也较发达。俄罗斯工业结构不合理，重工业发达，轻工业发展缓慢，民用工业落后状况尚未根本改变。

根据测算结果显示，2015年俄罗斯的工业和信息化增长指数为110.84，2014年为106.03，2013年为105.63，2012年为103.62，整体呈现下降态势（见表4-1）。其中，工业增长、创新力、贸易竞争力、信息化增长较为稳定，持续小幅度稳步发展，而生产效率和基础设施方面则下降较快。

表4-1 俄罗斯工业和信息化增长指数

序 号	指 标	分 指 标	年 份				
			2011 年	2012 年	2013 年	2014 年	2015 年
1	增长	工业增加值增长率	100.00	103.77	104.39	104.45	200.74
		增长指数	100.00	103.77	104.39	104.45	200.74
2	竞争力	制造业各类产品国际市场占有率	100.00	124.55	122.05	120.94	156.26
		贸易竞争力指数	100.00	106.82	106.72	115.35	139.25
		竞争力指数	100.00	111.25	110.55	116.75	143.50

续表

序 号	指 标	分 指 标	年 份				
			2011 年	2012 年	2013 年	2014 年	2015 年
3	创新力	创新能力	100.00	94.29	100.00	108.57	108.57
		创新能力指数	100.00	94.29	100.00	108.57	108.57
4	效率	劳动生产率	100.00	104.67	106.84	95.69	105.59
		效率指数	100.00	104.67	106.84	95.69	105.59
5	信息化	互联网普及率	100.00	130.20	138.71	143.92	149.82
		人均带宽	100.00	102.92	106.49	133.77	97.08
		移动互联网覆盖率	100.00	100.00	100.00	100.00	100.00
		电子商务应用程度	100.00	93.88	100.00	104.08	104.08
		信息化指数	100.00	106.75	111.30	120.44	112.74
6	基础设施	人均发电量	100.00	101.38	100.05	100.28	100.05
		人均铁路里程	100.00	98.76	98.55	99.52	99.32
		港口基础设施质量	100.00	100.00	105.41	105.41	106.44
		基础设施指数	100.00	100.05	101.13	101.55	101.71
工业和信息化增长指数			100.00	103.62	105.63	106.03	110.84

2015 年俄罗斯各项指标增长情况如图 4-1 所示。

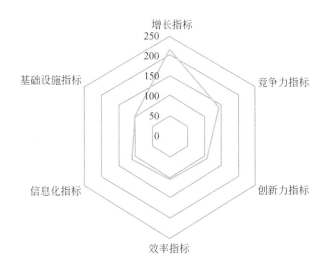

图 4-1 2015 年俄罗斯各项指标增长情况

第三节

俄罗斯工业和信息化各级指标测算

（一）工业增长指标

俄罗斯已经形成了以九大工业部门（能源、黑色冶金、化学和石油化工、机器制造和金属加工、木材加工和造纸、建筑材料、轻工、食品、微生物）为中心的完整的工业体系。无论从经济实力的基础情况来看，还是从工业、科技区域布局来看，俄罗斯传承了苏联工业的绝对优势。

以莫斯科为中心的中央区集中了俄罗斯纺织业的1/2以上和机械工业的1/5。以圣彼得堡为中心的西北区是俄罗斯重要的加工工业区，精密机械制造、机电、化学和有色冶金等部门均较发达。北方区木材采伐、锯木制材、经济用材运出量和制浆造纸工业均居俄罗斯首位。乌拉尔区的采煤业居俄罗斯工业第2位。

石油工业是俄罗斯最重要的能源工业部门。天然气工业是俄罗斯一个发展很快的新型能源部门。煤炭的生产在俄罗斯能源工业中一直占重要地位，它是燃料平衡的基础。化学和石油化工以前是俄罗斯工业中最薄弱的一环。当认识到化学和石油化工是保障工业物质基础最重要的部门，是推进国民经济工业化的决定性因素之一时，俄罗斯才采取紧急措施建立和发展相关部门。

俄罗斯发展建筑材料工业的基本方向是，优先发展既能降低金属造价和劳动量、减轻建筑物重量，又能提高其保暖程度的建筑材料；扩大高标号、多成分和特种水泥的生产；增加抛光玻璃、强化玻璃、玻璃纤维布和建筑用瓷器等高效装修材料的生产；进一步研制开发新产品，并注意提高传统产品质量。

轻工业是俄罗斯最重要的传统工业部门之一。轻工业的主要部门有纺织业、皮鞋业、针织业等。俄罗斯的轻工业主要集中在欧洲人口稠密的地区（孟东河，2002）。

工业增长指标经过标准化处理，2012年为103.77，2013年为104.39，2014年为104.45，2015年为200.74，具体如表4-2所示。

表 4-2　俄罗斯工业增长指标情况

指　标	分　指　标	年　份				
		2011 年	2012 年	2013 年	2014 年	2015 年
增长	工业增加值增长率	100.00	103.77	104.39	104.45	200.74
	增长指数	100.00	103.77	104.39	104.45	200.74

从工业增长指标上看，俄罗斯工业虽然略有发展，尤其是 2015 年增长幅度较大，但未来是否能够维持这样的高增长态势还未可知，主要由于西方国家经济制裁、卢比贬值、国际原油价格下调等外部因素，而国内生产过于偏重重工业的发展也使俄罗斯工业难以适应全球经济结构转型的大环境变化，因此俄罗斯工业发展还有很长的一段路要走。

（二）制造业竞争力指标

1990 年，制造业产值在俄罗斯工业中的比重达到 66.5%，1995 年该比重已经下降至 42.7%。2000 年，制造业在俄罗斯工业结构中的比重尚能维持在 40% 以上。2004 年之后，国际能源价格高涨，在"资源诅咒"传导机制的作用下，俄罗斯形成了对制造业的挤出效应，劳动力、人力资本、资本等生产要素不断从制造业涌入自然资源部门，能源和原材料行业不断扩大。2008 年国际金融危机后，国际能源价格暴跌，俄罗斯的出口额也相应减少，在固定资产投资大幅下滑的条件下，制造业产值的下滑速度超过自然资源行业。2009 年，俄罗斯制造业产值在工业中的比重仅为 34%。2010—2011 年，随着国民经济的复苏，在政府的反危机政策的扶持下，俄罗斯制造业固定资产投资保持增长态势，制造业在工业中的比例也略有回升。2013 年，俄罗斯经济增速出现明显放缓趋势。2014 年，在西方制裁、国际油价暴跌等因素的影响下，俄罗斯经济仅维持了 0.6% 的增长，制造企业资金紧张，发展步履维艰，制造业在工业中的比重继续下滑至 32.8%。尽管近年来俄罗斯政府一直致力于经济现代化，也制定了不少纲要、规划和措施扶植制造业发展，但从实际数据看，俄罗斯工业结构更趋于能源和原材料化（郭晓琼，2016）。从测算指数上看，俄罗斯近年来虽然制造业国际市场占有率并不低，但是由于国际环境等外部因素影响，制造业一直处于贸易逆差的状况。

整体来看，俄罗斯制造业竞争力逐年小幅度增长。历年的数据显示，俄罗斯制造业的国际市场占有率在逐渐减小，但是贸易竞争力小幅度上升（见表 4-3）。

表 4-3 俄罗斯制造业竞争力指标情况

指标	分指标	年份				
		2011 年	2012 年	2013 年	2014 年	2015 年
竞争力	制造业各类产品国际市场占有率	100.00	124.55	122.05	120.94	156.26
	贸易竞争力指数	100.00	106.82	106.72	115.35	139.25
	竞争力指数	100.00	111.25	110.55	116.75	143.50

俄罗斯制造业中较具特殊性的几个产业如下。

1. 石油和天然气工业

石油和天然气工业长期以来在俄罗斯经济中发挥核心作用，乌拉尔牌石油价格是俄罗斯制定国家财政预算的重要依据。2014 年俄罗斯石油（包括凝析油）产量为 5.3 亿吨，同比增长 0.58%；原油加工量为 2.8 亿吨，同比下降 2.4%；初级提炼石油产量为 2.8 亿吨，同比增长 5.6%；石油出口量为 2.21 亿吨，同比下降 6%。2014 年俄罗斯天然气开采量为 6264.19 亿立方米，同比下降 6.23%；天然气出口量为 1834.35 亿立方米，同比下降 10.48%。

2. 冶金行业

俄罗斯矿产资源丰富，铁、铝、铜、镍等金属矿产的储量和产量都居世界前列。矿石开采和冶金行业在俄罗斯经济中发挥重要作用；有色冶金行业是俄罗斯重要的工业部门之一，其产值约占俄罗斯国内生产总值的 2.8%，占工业产值的 10.2%。有色冶金产品是俄罗斯主要出口商品之一。从出口创汇额来看，俄罗斯冶金行业创汇额占俄罗斯所有行业创汇额的 17%，仅次于燃料动力综合体，居第 2 位。

3. 国防工业

俄罗斯国防工业继承了苏联庞大国防工业的大部分，从设计、研发、试验到生产体系较为完整，部门较为齐全，是世界上少有的能生产海、陆、空、天武器和装备的国家。在俄罗斯国内装备更新速度有限的情况下，俄罗斯国防工业大力发展对外合作与出口，2014 年俄罗斯武器出口额达 150 亿美元。在俄罗斯出口武器名单中，占据首位的是军用飞机，随后依次为海军舰艇、陆军装备和防空武器。

目前，俄罗斯经济面临严峻的结构性危机，中国经济也正处于结构调整的关键时期，中俄两国在科技创新领域的合作对推动两国结构调整具有积极意义，该领域的合作也将成为推动中俄经贸转型升级的内生动力。

产能和装备制造业的合作在中俄经贸合作中意义重大。产能合作是近年来中国外交的"新名片"，产能合作能够通过产业转移的方式将中国过剩的产能输出到国外，对中国而言，消化了过剩的产能，对合作国而言，吸收了中国的优质产能参与其基础设施及现代化建设，这对合作双方都是互利共赢之举。中国参与莫斯科—喀山高铁项目就是中俄产能合作的最佳案例，未来中俄在产能和装备制造业领域的合作将成为两国经济新的增长点（郭晓琼，2016）。

（三）创新力指标

总体来说，俄罗斯仍保留着世界科技大国的一席之地，俄罗斯集中国家力量发展最具前景的关键科技领域，并在这些领域中位居世界前列。受益于此种体制模式，俄罗斯基础研究、军工和宇航技术在世界上处于领先地位。俄罗斯基本保持了科技体系的完整性，而且在基础研究方面取得了数十项世界级科研成果（王吉敏，马岚姝，张驰，王覃秀吉，2013）。近年来，在基础研究的各领域，俄罗斯几乎都有世界水平的科研成果。例如，俄罗斯科学院在微电子和毫微电子、电光绘图新工艺、高温超导、化学、天体物理、超级计算机、分子生物学、气象学等领域取得了具有世界先进水平的科研成果；在核激光领域取得了重大突破；俄罗斯科学家先后在实验室合成元素周期表上第 114 号和第 166 号超重元素等（邹学强，2012）。

近些年，俄罗斯创新经济停滞。俄罗斯的经济增长模式是资源出口型，国家财政主要来源于石油、天然气等各种资源的出口。据统计，俄罗斯高新技术产业产值占俄罗斯 GDP 的比重仅为 7%～8%，高新技术产品出口额占俄罗斯全部工业出口总额的 3%，俄罗斯高科技产品出口占全球的比重不足 0.3%。为了尽快改变经济增长的畸形结构，降低国际能源价格对国家经济安全带来的冲击，俄罗斯政府希望通过一系列举措振兴创新经济，如投巨资打造"俄罗斯硅谷"——斯科尔科沃创新中心，通过国家计划大力支持军工、航天、核能等高技术发展，支持区域创新集群建设等（赵围，宋晓光，2014）。

2012 年 5 月，普京第三次就任总统之后立即签署十多项法令，其中就包括关于科学教育的法令。此外,《科学和国家科技政策法》《俄罗斯联邦政府科学技术奖励条例》《至 2030 年俄罗斯科学与技术的发展长期预测》等一系列国家政策的颁布,使俄罗斯科学事业改革有了前行的目标。

俄罗斯国家财政较大幅度地增加了俄罗斯基础研究基金会、俄罗斯人文基金会和促进科技领域小企业发展基金等专项投入。2012 年,基础研究基金会资助项目总额为 76.9 亿卢布,人文科学基金会资助项目总额达到 15 亿卢布,实现了历史性的突破。此外,俄罗斯政府从 2010 年启动"百万资助项目"工程,目的是支持世界顶尖级科学家在俄罗斯高校、科研机构主持科研工作。每位成功立项者可获得 1500 万卢布的科研资助。

从 2005 年开始,俄罗斯政府大幅提高科研人员工资、津贴和退休待遇,切实解决住房福利等问题;创造一流的科研环境,同时实施科学的人才培养制度,以增强年轻科技工作者的创新积极性。同时,吸引年轻人才加入科研创新队伍,争取到 2016 年前 39 岁以下的中青年科研人员达到全部科研人员的36%(刘娟,2013)。

根据 NRI 的主观打分,俄罗斯近年来的创新能力在逐年递增,并且有小幅度增长,2011 年为 100,2012 年为 94.29,2013 年为 106.06,2014 年为 108.57,2015 年为 108.57。这与俄罗斯继承了许多苏联在科研方面的基础和成果是密不可分的,近年来俄罗斯政府对科技创新的扶持也颇具成效(见表 4-4)。

表 4-4 俄罗斯创新力指标情况

指标	分指标	年份				
		2011 年	2012 年	2013 年	2014 年	2015 年
创新力	创新能力	100.00	94.29	106.06	108.57	108.57
	创新能力指数	100.00	94.29	106.06	108.57	108.57

近年来,尽管受西方制裁影响,俄罗斯经济形势较为严峻,但俄罗斯联邦政府仍在不断加大科技创新领域投入,对相关企业和研究机构给予政策和资金支持,具体如下。

1. 以"国家技术计划"做好顶层设计

2014 年 12 月 4 日,俄罗斯总统普京在国情咨文中提出,"国家技术计划"是俄罗斯国家政策的优先发展方向之一。该计划的核心目标是发展在未来

15 ～ 20 年内具有广阔前景的高新技术市场，培育出若干具备国际影响力的技术型大企业，保持俄罗斯在新一轮全球技术革命中的竞争力。按照规划，俄罗斯联邦政府与俄罗斯战略倡议署、俄罗斯科学院、主要高校和企业代表共同确定了"国家技术计划"具体内容，并在之后每半年举行例会，计划负责人由俄罗斯总理梅德韦杰夫、俄罗斯战略倡议署署长尼基金和俄罗斯科学院院长福尔托夫共同担任。

俄罗斯"国家技术计划"主要从市场和技术两个方面确定优先方向，其中选择市场的标准包括：2035 年前全球市场规模超过 1000 亿美元，对保障俄罗斯安全和居民生活质量具有重要意义，俄罗斯在相关方向具有基础竞争优势，拥有力图在相关领域成为领军者的技术型企业等。最终，俄罗斯"国家技术计划"确定了航空网络、汽车网络、能源网络、金融网络、食品网络、健康网络、海洋网络、神经网络和安全网络九大市场网络，以及数字建模、新材料、增量制造、量子通信、生物技术、大数据、新能源等 13 个优先技术方向。

2015 年 10 月，俄罗斯公布了"国家技术计划"首批 4 个市场网络发展路线图，包括神经网络、航空网络、汽车网络和海洋网络，俄罗斯联邦政府在 2016 年对这些领域投入 100 亿卢布财政支持。为了保证资金的使用效率，2016 年 4 月 19 日，俄罗斯政府通过第 317 号决议，"国家技术计划"和路线图参与者在未达成既定研究目标的情况下需要偿还已获得的资金。

2. 国家资本与私人资本提供风投保障

在俄罗斯科技创新资金保障方面，俄罗斯风险投资公司发挥了重要作用。该公司是国家级风险投资基金，但不直接对科技项目进行投资，而是与私人投资者共建风险投资基金，由这些联合风险投资基金对科技项目进行投资。目前，该公司建立的基金总数为 22 个，其中包括 2 个国外基金，资金总规模达332 亿卢布，公司本身出资 203 亿卢布。截至 2016 年，由公司各类基金投资建立的创新公司达到 197 家，投资总额达到 182 亿卢布。

俄罗斯风险投资公司总经理阿卡米尔江指出，投资那些具有出口潜力的项目是俄罗斯风险投资基金的首选方向，尽管近年来进口替代产品在俄罗斯热度不减，但如果将注意力放在那些在国际市场上没有竞争力的产品和项目上，那么只会阻碍俄罗斯发挥自身的创新潜力。

3. 改进高校教育模式保证智力资源

俄罗斯高等院校普遍具有悠久的历史和雄厚的科研基础，但目前在国际上的知名度和竞争力还有待提高。为系统性解决这一问题，2013 年俄罗斯政府推出"5—100"计划。按照该计划，到 2020 年俄罗斯将力争使至少 5 所高校入选世界大学排名、QS 世界大学排名和世界大学学术排名等全球几个重要大学排行榜前 100 名。通过竞争，目前共有 21 所高校进入了该计划，这些高校基本可以代表俄罗斯高等教育的最高水平。计划要求，到 2020 年参加该计划的高校应至少有 10% 外籍教师、15% 外国留学生，每所高校都应有部分英语授课课程，未能满足既定指标的高校将被从计划中除名。

目前，"5—100"计划的初步成果已经显现：入选 2014 年 QS 世界大学排名的 21 所俄罗斯高校中有 12 所参与了该计划；2015 年有 6 所高校入选了 9 项 QS 学科排名，其中 2 项进入前 100 名；新西伯利亚国立大学首次入选《泰晤士报高等教育增刊》世界大学排行榜；在最新公布的 QS 金砖国家大学排名中所有该计划内高校均进入了最佳大学前 100 名行列。

4. 办大型论坛、展会扩大国际影响力

近年来，俄罗斯每年都会定期举办有关科技创新的大型论坛和展会，为展示俄罗斯科技创新成果及寻求国际合作提供新平台。

俄罗斯开放创新论坛是具有较大影响力的国际性论坛，由俄罗斯经济发展部、教科部和莫斯科市政府共同举办。论坛主旨是，交流各国创新实践领域经验，展示最新研究成果，助力国际创新合作。2015 年，俄罗斯开放创新论坛共吸引了全球超过 12000 名参会者及 200 名各领域专家，成为全球知名公司和初创企业交流互动的平台。

由俄罗斯工贸部与斯维尔德洛夫斯克州政府联合主办的俄罗斯国际创新工业展览会则是俄罗斯及独联体地区最大的工业展览会，举办地点位于俄罗斯第三大城市叶卡捷琳堡。俄罗斯视该展览会为展示本国工业成就、开展高技术和创新领域对外合作的重要平台。俄罗斯总理梅德韦杰夫连续出席最近 3 届展览会并发表主旨演讲。第七届创新工业展览会于 2016 年 7 月 11—14 日举行，共有来自 17 个国家的 700 多家公司参展（亓科伟，2016）。

（四）效率指标

俄罗斯在劳动生产力和能源效率方面落后于主流国家，仅为这些国家的1/2 或 1/3。普京竞选总统门户网站发布的草案说，如果不通过经济现代化及

提高创业积极性克服这种差距，就无法为提高人民生活水平和保障国家安全奠定基石。草案进一步指出："因此，我们把俄罗斯经济劳动生产力翻倍作为未来 10 年的战略目标之一。"俄罗斯政府计划在 2020 年前创造 2500 万个就业岗位，并在 5 年内将国内劳动生产率提高 50%。报道指出，目前俄罗斯劳动生产率相比发达国家严重滞后，仅是美国劳动生产率的 26.8%、日本和德国的 40%、法国的 33.3%、瑞典的 36%。部分独联体国家（如亚美尼亚、白罗斯、爱沙尼亚、拉脱维亚、立陶宛、哈萨克斯坦）的劳动生产率都高于俄罗斯。

效率指标选取了参与工业生产劳动人口的相关数据，测算得分结果表明，俄罗斯工业劳动生产率处于逐年略有下降的基本趋势（见表 4-5）。总体上，相对工业的稳步增长，俄罗斯劳动生产率并不稳定，这也成为阻碍俄罗斯工业良性增长的因素之一。

表 4-5　俄罗斯效率指标情况

指　标	分 指 标	年　份				
		2011 年	2012 年	2013 年	2014 年	2015 年
效率	劳动生产率	100.00	104.67	106.84	95.69	105.59
	效率指数	100.00	104.67	106.84	95.69	105.59

（五）信息化指标

近几年来，俄罗斯固定通信市场趋近饱和，用户纷纷转向使用 IP 电话和移动通信，俄罗斯固定电话用户每年减少 80 万～ 100 万户，截至 2013 年 10 月 1 日，俄罗斯固定电话保有量为 4190 万部。2013 年，俄罗斯电信市场规模为 16350 亿卢布，同比增长 6%（王霄，2016）。分析机构预测，2014—2018 年，俄罗斯电信市场增速将放缓，长途电话和国际电话通信量不断流入移动运营商和 VoIP 网络。目前，俄罗斯移动通信普及率按 SIM 旧卡计算达 166%，按活跃用户计算达 110%。截至 2014 年 10 月 1 日，俄罗斯手机保有量已达 2.81 亿部，同比增长 9.3%；预计到 2018 年俄罗斯移动通信市场占有率将接近 75%。分析机构数据显示，近 80% 的俄罗斯电信市场由 Rostelecom、MTS、VimpelCom 和 MegaFon 四大运营商占据。截至 2013 年年底，四大运营商共同控制俄罗斯移动通信市场 89% 的收入、本地电话市场 78% 的收入、长途和国际长途电话市场 90% 的收入、宽带互联网接入市场 58% 的收入，以及有线电视市场 38% 的收入。

俄罗斯互联网建设近年来发展迅速，基础设施和用户不断增加。2014 年俄罗斯 62% 的居民使用互联网，网民数量增加了 250 万人，互联网经济为 10 万人创造了就业岗位，公司网店及个体电商从业人员达 120 万人。据统计，2013 年俄罗斯互联网用户达 7380 万人，互联网电子支付总额达 1 万亿卢布，占俄罗斯 GDP 的 1.6%。截至 2014 年 10 月 1 日，俄罗斯宽带用户数量达 2434.82 万人，市场规模达 1260 亿卢布，成为全球第五大宽带市场，其中 94% 来自个人用户。俄罗斯企业宽带用户普遍采用光纤数据传输技术，即 FTTx（FTTB+GPON）。俄罗斯宽带用户主要集中在百万人口以上城市，中小城市宽带市场也具有广阔发展前景，中小城市宽带用户占全部用户的 28% 左右。

信息化指标方面，俄罗斯近年来的发展态势良好，人均带宽和电子商务应用程度都有较好的表现。总体来说，俄罗斯信息化指数测算结果如下，2012 年为 106.75，2013 年为 111.30，2014 年为 120.44，2015 年为 112.74（见表 4-6）。其中，人均带宽和电子商务应用程度的增速最快，可见俄罗斯国民使用网络的情况发展趋势较好。

表 4-6 俄罗斯信息化指标情况

指　标	分　指　标	年　份				
		2011 年	2012 年	2013 年	2014 年	2015 年
信息化	互联网普及率	100.00	130.20	138.71	143.92	149.82
	人均带宽	100.00	102.92	106.49	133.77	97.08
	移动互联网覆盖率	100.00	100.00	100.00	100.00	100.00
	电子商务应用程度	100.00	93.88	100.00	104.08	104.08
	信息化指数	100.00	106.75	111.30	120.44	112.74

（六）基础设施指标

俄罗斯幅员辽阔，地理环境复杂多变，公路交通较落后，铁路、航空、水运有一定基础，但多为苏联时期建造，较为陈旧。俄罗斯政府正大力投资改善基础设施建设，但除莫斯科、圣彼得堡等大型城市外，基础设施陈旧的现状并没有得到根本改变（高欣，2012）。2011 年 11 月，俄罗斯政府宣布拟在今后 10 年向交通领域注入巨资，全面提升现有铁路、公路和航空的运营条件，加快港口和机场等基础设施的现代化步伐（薛慕男，2013）。俄罗斯政府鼓励建立多种投资渠道，弥补财政不足。2013 年，俄罗斯交通运输货运周转量达 5.083 万亿吨千米，同比增长 0.5%。2015 年俄罗斯政府向道路基础设施建设拨款 5010 亿卢布，同比增长 26%。其中，向公路建设发展拨款 3730 亿卢布，并向刻赤海峡大桥提供预算拨款。

发电量方面，俄罗斯是电力生产大国，截至 2014 年 12 月 1 日其电站总装机容量为 2.32 亿千瓦，位列中国（14.45 亿千瓦）、美国（11.68 亿千瓦）之后，居世界第 3 位。其中，火电站装机容量为 1.59 亿千瓦，约占 68.5%；水电站装机容量为 0.48 亿千瓦，约占 21%；核电站装机容量为 0.25 亿千瓦，约占 11%。2013 年俄罗斯发电 1 万亿千瓦时，同比下降 0.84%。其中，火电站发电占 66%，水电站发电占 17%，核电站发电占 17%。2014 年俄罗斯发电 1.1 万亿千瓦时，同比增长 0.5%；电力出口 115 亿千瓦时，同比下降 12.2%。俄罗斯与所有邻国电网相连，电力有进口也有出口。

铁路方面，截至 2013 年年底俄罗斯铁路网总运营里程为 8.6 万千米（仅次于美国，居世界第 2 位）。2014 年，俄罗斯铁路客运 10.8 亿人次，客运周转量为 1385 亿人千米，同比下降 7%，货运量为 12.27 亿吨，比 2013 年同期减少 0.8%；货运周转量为 2.29 万亿吨千米，比 2013 年同期增加 4.6%。俄罗斯铁路公司已成立高铁项目部，计划建成从乌拉尔地区到大西洋之滨的连接十几个主要城市的统一高铁网络。目前，俄罗斯共有 10 条国际铁路干线，与芬兰、立陶宛、乌克兰、白罗斯、阿塞拜疆、蒙古、中国、朝鲜等国家相连，主要是十月铁路、北高加索铁路、莫斯科铁路、伏尔加河流域铁路、跨西伯利亚铁路、贝阿铁路。

港口运输方面，俄罗斯内河通航里程为 10.17 万千米，主要海港位于波罗的海、黑海、太平洋、巴伦支海、白海等，包括摩尔曼斯克、圣彼得堡、符拉迪沃斯托克、纳霍德卡、瓦尼诺、东方港、新罗西斯克等。其中，伏尔加河是俄罗斯与欧洲国家相连的最重要的河运航道，莫斯科有"五海之港"的称号。远东地区最重要的河运航道是阿穆尔河（黑龙江），全线通航。2013 年俄罗斯内河客运量为 1400 万人次，客运周转量为 6 亿人千米，货运量为 1.35 亿吨。海洋客运量为 50 万人次，客运周转量为 4000 万人千米，货运量为 1700 万吨。2013 年，俄罗斯港口货运量为 5.89 亿吨，同比增长 3.9%。具体指标如表 4-7 所示。

综合评价基础设施指标，俄罗斯基础设施指标呈现逐年递增的趋势，但从 2011—2015 年的指标来看，并未出现大幅度增长。俄罗斯地广人稀，这是该国基础设施建设的最大障碍，因此采用怎样的措施才能有力地推动基础设施建设是俄罗斯政府亟待解决的重要问题。

表 4-7 俄罗斯基础设施指标情况

指标	分指标	年份				
		2011年	2012年	2013年	2014年	2015年
基础设施	人均发电量	100.00	101.38	100.05	100.00	100.05
	人均铁路里程	100.00	98.76	98.55	99.52	99.32
	港口基础设施质量	100.00	100.00	105.41	105.41	106.44
	基础设施指数	100.00	100.05	101.13	101.45	101.71

第五章　哈萨克斯坦

哈萨克斯坦共和国（Қазақстан Республикасы，简称哈萨克斯坦），是一个位于中亚的内陆国家，也是中亚地区幅员最辽阔的国家，被称为"当代丝绸之路"的欧亚大陆桥横贯哈萨克斯坦全境。

第一节

国家介绍

哈萨克斯坦与俄罗斯、中国、吉尔吉斯斯坦、乌兹别克斯坦、土库曼斯坦等国家接壤，并与伊朗、阿塞拜疆隔里海相望，国土面积排名世界第9位。

哈萨克斯坦近年来加强了与俄罗斯等东欧各国的经济、政治、军事等方面的一体化，2015年1月1日与俄罗斯、白罗斯、亚美尼亚等国家成立了欧亚经济联盟（杨梨，2014）。

（一）地理位置

哈萨克斯坦位于亚洲中部，西濒里海（海岸线长1730千米），北邻俄罗斯，东连中国，南与乌兹别克斯坦、土库曼斯坦、吉尔吉斯斯坦接壤。哈萨克斯坦面积 272.49 万平方千米，居世界第 9 位，为世界最大的内陆国。哈萨克斯坦东西宽约 3000 千米，南北长约 1700 千米。哈萨克斯坦境内多平原和低地，全境处于平原向山地过渡地段，境内 60% 的土地为沙漠和半沙漠。哈萨克斯坦最北部为平原，中部为东西长 1200 千米的哈萨克丘陵，西南部多低地，东部多山地。欧亚次大陆地理中心位于哈萨克斯坦，哈萨克斯坦约有 15% 的土地位于欧洲（贠霄，2013）。

（二）自然资源

哈萨克斯坦的自然资源丰富，尤其是固体矿产资源非常丰富，境内有 90 多种矿藏、1200 多种矿物原料，已探明的黑色、有色、稀有和贵重金属矿产超过 500 处。不少矿藏储量占全球储量的比例很高，例如，钨储量占比超过 50%，铀储量占比为 25%，铬矿储量占比为 23%，铅储量占比为 19%，锌储量占比为 13%，铜和铁储量占比为 10%，许多品种按储量排名在全世界名列前茅（见表 5-1）。哈萨克斯坦石油储量非常丰富，已探明储量居世界第 7 位，居独联体国家第 2 位。根据哈萨克斯坦储量委员会公布的数据，目前哈萨克斯坦石油可采储量为 40 亿吨，天然气可采储量为 3 万亿立方米（高潮，2015）。

表 5-1   哈萨克斯坦部分固体矿产资源储量全球排名

全球排名	名 称	储 量
1	钨	200 万吨
2	铬矿	4 亿吨
2	铀	150 万吨
4	锰矿	6 亿吨
4	铜	3450 万吨
4	锌	2570 万吨
6	铁矿	91 亿吨
6	铅	1170 万吨
8	金	1900 吨
10	铝土矿	4.5 亿吨

资料来源：中国驻哈萨克斯坦大使馆经商参处。

（三）气候条件

哈萨克斯坦位于北温带，为典型的大陆性气候，夏热冬寒，1 月平均气温

为 –19 ～ 4℃，7 月平均气温为 19 ～ 26℃。有历史记录的最高气温和最低气温分别为 49℃和 –57℃。

（四）人口分布

根据最新的人口普查统计，截至 2015 年 1 月 1 日，哈萨克斯坦人口为 1741.17 万，比 2014 年同期增长 1.38%，其中，女性占 51.7%，男性占48.3%。城市人口为 962.88 万，农村人口为 778.86 万。哈萨克斯坦总人口在独联体国家中居第 4 位。

（五）民族

哈萨克斯坦是一个多民族国家，共有 125 个民族，主要有哈萨克族、俄罗斯族、乌孜别克族、乌克兰族、维吾尔族等。

根据哈萨克斯坦国家统计署公布的最新数据，截至 2015 年 1 月 1 日，哈萨克斯坦人口为 1741.17 万，其中，哈萨克族占 64.6%，俄罗斯族占 22.3%，乌孜别克族占 3%，乌克兰族占 1.9%，维吾尔族占 1.4%，鞑靼族占 1.2%，日耳曼族占 1.1%，其他民族占 4.5%（负霄，2013）。2013 年有 2.41 万外来人口到哈萨克斯坦定居，其中，哈萨克族占 66.3%，俄罗斯族占 12.3%，乌孜别克族占 2.2%；有 2.44 万人离开哈萨克斯坦，其中，哈萨克族占 4.3%，俄罗斯族占 70.0%，乌克兰族占 7.8%，日耳曼族占 6.9%。

（六）语言

哈萨克斯坦的国家语言是哈萨克语，属于突厥语族。哈萨克语和俄语同为哈萨克斯坦官方语言。掌握哈萨克语的成年人约占哈萨克斯坦总人口的67.5%。

（七）宗教

哈萨克斯坦民众普遍信仰宗教。各宗教根据哈萨克斯坦 2011 年颁布的《宗教活动和宗教团体法》进行了宗教团体再注册，截至 2012 年 10 月 25 日，哈萨克斯坦再注册的全国宗教派别从 46 个减至 17 个，宗教团体从 4551 个减至 3088 个。哈萨克斯坦主要宗教有伊斯兰教、基督教（东正教、天主教、新教）、佛教、犹太教、印度教等。

（八）习俗

哈萨克斯坦人民过去长期过着游牧生活，被称作"马背上的民族"，哈萨克斯坦人的衣食住行、婚丧嫁娶、文化活动都反映出一个从游牧到定居民族的鲜明特点。

在饮食方面，历史上哈萨克斯坦人民过着食肉饮酪的生活，以食羊肉、马肉、牛肉和喝奶为主，食用粮食少。

哈萨克斯坦人的传统习俗多来自游牧活动，多数与马有关，如叼羊、姑娘追、马上抢羊、马上射箭等，反映了游牧民族的鲜明特点。哈萨克斯坦人能歌善舞，歌声悠扬，舞姿奔放。在盛大庆祝活动的表演中，常有表现古代将士征战疆场的舞蹈场面，气势宏大。

第二节

哈萨克斯坦工业和信息化增长指数评估

自 2000 年以来，哈萨克斯坦整体经济增长越来越依赖石油的生产和出口，石油出口收入占国家财政收入的 1/2。根据国际货币基金组织 2013 年的报告，采矿业占哈萨克斯坦全部固定资产投资的 30% 以上，而制造业仅占 12%，哈萨克斯坦经济已显露出"荷兰病"的迹象，即自然资源出口过于繁荣而导致工业出口减少、制造业衰退。基于此，2009 年哈萨克斯坦政府为了扭转这一局势，研究制定了加快国家创新发展的纲领性文件，2010 年颁布和实施了《加快工业创新发展国家纲要（2010—2014 年）》（以下简称"第一个五年计划"）（邹长胜，2015）。自纲要实施以来，哈萨克斯坦制造业发展取得长足进步，2013 年工业总产值为 18.2 万亿坚戈，其中，制造业产值增加到 5.88 万亿坚戈，固定资产投资为 6.05 万亿坚戈，新增就业岗位达 6 万个，带动吸引外资 241.3 亿美元。

为进一步推动本国工业化进程和大力发展创新型加工业，哈萨克斯坦政府成立了以总理兼工信部部长为首的编制委员会，在吸取上一阶段经验教训的基础上，于 2014 年制定了《工业创新发展国家纲要（2015—2019 年）》（以下简称"第二个五年计划"），确定了未来 5 年哈萨克斯坦加工业发展的整体方向、目标和措施。《工业创新发展国家纲要（2015—2019 年）》的最终目标是

　　提高本国工业制造业的竞争力，推动实现哈萨克斯坦经济结构多元化，保障经济可持续、稳定增长（邹长胜，2015）。近年来，政府的推动起到了很大的作用，哈萨克斯坦的工业和信息化产业呈现良好的发展势头。

　　根据测算结果显示，2015年哈萨克斯坦的工业和信息化增长指数为101.37，2014年为106.02，2013年为104.53，2012年为102.24，历年波动幅度约为1%～3.2%，整体看虽然2015年有所下降，但是整体呈现增长的态势。其中，工业增长较为稳定，持续小幅度稳步发展，而创新力和信息化指标表现突出，尤其是人均带宽，增长了55%左右。具体如表5-2所示。

表5-2　哈萨克斯坦工业和信息化增长指数

序　号	指　标	分指标	年　份				
			2011年	2012年	2013年	2014年	2015年
1	增长	工业增加值增长率	100.00	101.81	104.96	106.59	106.35
		增长指数	100.00	101.81	104.96	106.59	106.35
2	竞争力	制造业各类产品国际市场占有率	100.00	109.57	80.98	84.45	64.96
		贸易竞争力指数	100.00	88.75	67.61	78.14	82.20
		竞争力指数	100.00	93.96	70.95	79.72	77.89
3	创新力	创新能力	100.00	111.54	134.62	142.31	153.85
		创新能力指数	100.00	111.54	134.62	142.31	153.85
4	效率	劳动生产率	100.00	101.75	105.11	96.26	70.09
		效率指数	100.00	101.75	105.11	96.26	70.09
5	信息化	互联网普及率	100.00	105.37	124.51	130.43	144.00
		人均带宽	100.00	254.65	372.09	579.07	598.84
		移动互联网覆盖率	100.00	100.00	100.00	100.00	91.16
		电子商务应用程度	100.00	88.68	90.57	88.68	88.68
		信息化指数	100.00	105.11	116.43	127.60	128.89
6	基础设施	人均发电量	100.00	105.70	107.05	100.00	107.05
		人均铁路里程	100.00	99.54	101.19	99.70	98.25
		港口基础设施质量	100.00	94.44	75.00	75.00	80.83
		基础设施指数	100.00	100.17	95.38	92.40	96.10
工业和信息化增长指数			100.00	102.24	104.53	106.02	101.37

　　哈萨克斯坦2015年各项指标增长情况如图5-1所示。

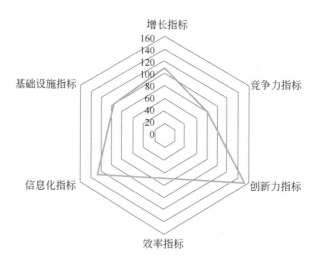

图 5-1　2015 年哈萨克斯坦各项指标增长情况

第三节

哈萨克斯坦工业和信息化各级指标测算

（一）工业增长指标

全球金融危机前，哈萨克斯坦经济发展迅速，GDP 年均增长率达到 10% 左右，2006 年、2007 年工业增加值增长率分别达到 13.4%、7.9%。全球金融危机爆发后，哈萨克斯坦 GDP 增长率急剧下降，2008 年为 3.3%，2009 年达到 1.2% 的最低点。

哈萨克斯坦工业增加值增长率 2008 年降为 2.5%，2009 年降为 1.5%。其后，在良好的产业政策推动下，哈萨克斯坦经济增长总体恢复，2010 年哈萨克斯坦 GDP 增长率为 7.3%，2011 年 GDP 增长率为 7.5%，2012 年 GDP 增长率为 5%，2013 年 GDP 增长率为 6%，2014 年 GDP 增长率为 4.3%。而哈萨克斯坦工业增加值相比金融危机前增速放缓，2011 年工业增加值增长率为 3.5%，2012 年工业增加值增长率为 1.9%，2013 年工业增加值增长率为 3.1%。近年来，哈萨克斯坦工业增加值增长率虽然有所波动，但是整体呈现稳定增长的发展态势。

根据数据的可得性，该项指标选取了哈萨克斯坦的工业增加值增长率进行测算。该指标经过标准化处理，2012 年为 101.81，2013 年为 104.96，2014 年为 106.59，2015 年为 106.35，具体如表 5-3 所示。

表 5-3　哈萨克斯坦工业增长指标情况

指　标	分　指标	年　份				
		2011 年	2012 年	2013 年	2014 年	2015 年
增长	工业增加值增长率	100.00	101.81	104.96	106.59	106.35
	增长指数	100.00	101.81	104.96	106.59	106.35

由此可见，哈萨克斯坦工业水平整体有所进步，呈现稳步增长。这与上文介绍的哈萨克斯坦政府近年来积极调整产业结构这一重大举措密不可分。这些举措不仅积极调动工业生产的积极性，也为外资创造了非常好的投资环境。

哈萨克斯坦于 2003 年颁布了新的《投资法》，制定了政府对内外商投资的管理程序和鼓励办法。根据该办法，国家对外资无特殊优惠，内外资一视同仁。办法还鼓励外商向优先发展领域投资，包括：农业，林业，捕鱼、养鱼业，食品、纺织品、服装、毛皮、皮革的加工和生产，木材加工及木制品生产，纸浆、纸张、纸板生产，印刷及印刷服务，石油制品生产，化学工业，橡胶和塑料制品生产，其他非金属矿产品生产，冶金工业，金属制成品生产，机器设备生产，办公设备和计算机生产，电力机器设备生产，无线电、电视、通信器材生产，医用设备、测量工具、光学仪器设备生产，汽车、拖车和半拖车生产，其他运输设备生产，家具生产，电力、天然气，水处理，建筑，宾馆和餐饮服务，陆上运输，水运业，航空运输业，教育，卫生和社会服务，休闲、娱乐、文体活动等。总之，对涉及哈萨克斯坦国家安全的一些行业，哈萨克斯坦有权限制或者禁止外商投资，而大部分行业投资没有限制。哈萨克斯坦特别提倡外商向非资源领域投资，工业等领域也成为吸引外资的焦点。这些举措都为哈萨克斯坦工业增长做出非常大的贡献。

在工业总产值增长迅猛的同时，哈萨克斯坦产业结构并未得到明显改善，出现了工业结构失衡的情况。采矿业在工业总产值中的占比达 56%，成为推动哈萨克斯坦经济发展的支柱产业。

轻纺业发展陷入低迷，2000 年哈萨克斯坦轻纺业发展增长幅度为 2.3%，到了 2006 年增长幅度下降到 0.6%。服装业仅能满足 8% 哈萨克斯坦国内市场需求。

2000 年以来，哈萨克斯坦工业产值年年攀升，2007 年为 638.77 亿美元，比 2000 年翻了四番。近两年尽管哈萨克斯坦政府出台了一系列措施，调整产业结构，但收效甚微。例如，2007 年哈萨克斯坦采矿业（包括油气开采）产值为 362.74 亿美元，占工业总产值将近 56%；与 2000 年相比，产值增长了 5.4 倍。2007 年哈萨克斯坦加工业产值为 241.2 亿美元，比 2000 年增长了 3.1 倍，在工业总产值中的占比从 2000 年的 46% 下降到 2007 年的 37%。

由此可见，哈萨克斯坦政府从 2003 年起实施的工业创新发展战略和 2005 年大力推行的发展加工工业的政策还未收到明显的效果，哈萨克斯坦实现跻身世界最具竞争力国家 50 强行列的战略目标任重道远。

（二）制造业竞争力指标

由于制造业是工业的重要组成部分，因此本节选取了制造业作为贸易竞争的考察目标。该项指标筛选了制造业各类产品国际市场占有率和贸易竞争力指数两项分指标作为考察对象，数据来源为世界银行的国际经济发展数据库。整体来看，哈萨克斯坦制造业竞争力还有待加强。历年的数据显示，自 2012 年起哈萨克斯坦制造业竞争力开始走下坡路，至 2014 年才有所回升（见表 5-4）。造成这种现象的原因有两个方面，一方面是制造业产值的下降，另一方面就是制造业贸易逆差导致的直接结果。因此，哈萨克斯坦还需要重视制造业，甚至工业的贸易流通情况，出台相应的推动措施，切实有效地应对国际市场制造业产品大量输入的冲击。

表 5-4　哈萨克斯坦制造业竞争力指标情况

指　标	分　指　标	年　份				
		2011 年	2012 年	2013 年	2014 年	2015 年
竞争力	制造业各类产品国际市场占有率	100.00	109.57	80.98	84.45	64.96
	贸易竞争力指数	100.00	88.75	67.61	78.14	82.20
	竞争力指数	100.00	93.96	70.95	79.72	77.89

全球金融危机前 10 年，哈萨克斯坦处于经济发展的"黄金时代"，GDP 年均增长 10%，经济实力是中亚五国总量的 2/3。自 1992 年哈萨克斯坦从苏

联独立至今，哈萨克斯坦人均月工资约 670 美元，人均 GDP 为 1.3 万美元。虽然哈萨克斯坦经济发展增速非常快，其实石油工业才是哈萨克斯坦的支柱行业，包括石油在内的资源能源出口占出口总量的 75%，石油收入占财政收入半壁江山。近年来，国际油价下跌拖累哈萨克斯坦经济增速，哈萨克斯坦政府意识到依赖资源实现经济增长的弊端，国家亟须完成经济结构向制造业的转型（季晓莉，2015），因此推出了一系列政策予以推动。当然，这也为哈萨克斯坦制造业提供了良好的发展环境。

哈萨克斯坦制造业主要包括石油加工和石化工业、轻纺业、建材、家用电器制造、汽车制造、机械设备及黑色、有色金属材料生产，以及烟酒、食品、制药工业。近几年，哈萨克斯坦经济发展迅速，产值从 2001 年的 68 亿美元增长到 2014 年的 328 亿美元。2014 年产值比 2013 年增长 1.0%，在工业总产值中占比约为 32%。其中，制造业表现较为突出的有以下几个领域。

1. 家用电器制造

根据哈萨克斯坦行业协会统计，近年来哈萨克斯坦的家用电子产品消费市场发展迅速。电子产品市场需求量年均增长率达到 40%，其中家用、办公、音视频设备、手机等产品的增长幅度达到 70%。专家认为，目前哈萨克斯坦的电子产品市场发展速度已经超过了俄罗斯。

2. 汽车制造

近年来，哈萨克斯坦汽车保有量为 245 万辆，其中，轿车 218.31 万辆（其中私人轿车 205 万辆），货车 21.33 万辆，客车 5.8 万辆。轿车拥有量为 13.2 辆／百人，预计到 2012 年，哈萨克斯坦汽车保有量将达到 450 万辆。

据哈萨克斯坦方统计，哈萨克斯坦共生产轿车 6311 辆，同比增长 114%；载重车 2043 辆，同比增长 34.1%。哈萨克斯坦全年汽车制造业实现产值 1172.06 亿坚戈，同比增长 4.7%，占全国工业总产值的 1.5%。

3. 铁路机车制造

为实现机车现代化，哈萨克斯坦铁路公司与国际机车制造业巨头美国通用电气公司（General Electric）签订了进口合同，购买了一批现代化的内燃机车用柴油发动机组。从 2004 年开始对 127 台内燃机车进行了现代化改造。

2006 年哈萨克斯坦巴甫洛达尔拖拉机厂与俄罗斯运输机械集团公司在巴甫洛达尔市建立了内燃机车组装厂——哈萨克斯坦火车头，双方各持有 50% 的股份。2006 年 10 月 18 日，哈萨克斯坦第一台调度机车下线。

4. 油田设备制造

1998 年哈萨克斯坦石油和天然气设备制造业只能生产 20 多种设备，且大多为部件和配件。但经过多年的发展，目前哈萨克斯坦 24 家国内企业已经能够生产 286 种石油和天然气设备（包括钻探、专用设备和各种液体泵），产值超过 2 亿美元。

但是，由于经济增长过于依赖自然资源的特殊情况，哈萨克斯坦政府在 20 世纪并未将制造业发展作为重要的政策引导对象。而国际油价下跌使哈萨克斯坦等国家意识到亟须发展制造业的现实。哈萨克斯坦自 2003 年提出实施工业创新发展战略和 2005 年大力推行发展加工工业政策以来，制造业相较过去已经有了一定程度的发展。但是，近年的数据显示，制造业各类产品国际市场占有率仍然较低，没有较为亮眼的表现，说明哈萨克斯坦在产业结构转型方面还需要进一步深化、调整，以提升制造业的整体竞争力水平。

另外，哈萨克斯坦的制造业贸易竞争力仍然略显薄弱，落后于世界平均水平，还有很大的上升空间，需要进一步调整产业结构，深化体制、机制建设，推动制造业整体发展。

（三）创新力指标

创新力指标是衡量一国科研、创新能力的一项重要参照数据，根据数据的可得性，本节选取了 NRI 的创新能力作为分指标，用于衡量哈萨克斯坦的科研创新实力。根据 NRI 的主观打分显示，哈萨克斯坦近年来的创新能力在逐年递增，并且有了大幅度增长，2011 年为 100.00，2012 年为 111.54，2013 年为 134.62，2014 年为 142.31，2015 年为 153.85。对比 2015 年和 2011 年，仅 5 年增幅达 53.85%（见表 5-5）。这与哈萨克斯坦政府对科研方面的重视和投入是分不开的，包括上文提及的《哈萨克斯坦科学与科技政策构想》的出台、科研机构的改革、科研经费和科研人员的增长和投入，都是创新能力稳健增长的内在动因。

表5-5　哈萨克斯坦创新力指标情况

指　标	分　指　标	年　份				
		2011年	2012年	2013年	2014年	2015年
创新力	创新能力	100.00	111.54	134.62	142.31	153.85
	创新能力指数	100.00	111.54	134.62	142.31	153.85

（四）效率指标

哈萨克斯坦科研工作的强项是地球科学、物理学、核能、采矿学、化学和生物技术。由于哈萨克斯坦曾是苏联的重要核试验基地，因此在物理研究方面也有相当实力。科研人员方面，哈萨克斯坦科研人员的流失在20世纪90年代中期达到高峰。由于2000年以后的经济形势有所好转，用于科技发展的投入略有增加，加上对科研人员采取了一些奖励措施，哈萨克斯坦科研人员的队伍有所回升，2011年达到10000余人（张小云，吴淼，王丽贤，2011）。2000年前后，哈萨克斯坦固定资产投入较20世纪90年代初减少了近10倍，使企业设备的更新改造步履维艰，科研机构的物质—技术基础相当薄弱，技术水平很难有质的提高。从整体上看，哈萨克斯坦的科技潜力还未恢复到20世纪90年代初的水平。

针对这种状况，哈萨克斯坦政府于2000年7月12日由总理托卡耶夫签署通过了《哈萨克斯坦科学与科技政策构想》（以下简称《构想》）。《构想》在总结哈萨克斯坦社会、经济和科技发展的基础上，结合世界发达国家的经验和本国的实际，对未来10年的科技发展方向提出了宏观的规划和设想。《构想》对哈萨克斯坦多年来寄希望于发展"资源性产业"作为经济基础的战略予以彻底否定，指出要解决现阶段哈萨克斯坦的社会、经济问题，必须制定一个作为国家社会、经济重要组成部分的有效的科技政策，必须使科学技术真正成为国家社会进步和经济发展的主导因素。《构想》还对实施科学和科技政策的目标管理法、科技立法、区域间合作、国防领域的科技政策、科技干部政策及国际合作等领域的方针做了阐述。总之，突出创新，鼓励竞争，促进高科技产品的研发和产业化，变粗放的、"资源型"产业为高效的、开发型产业是哈萨克斯坦科学与科技政策的宗旨和核心。哈萨克斯坦政府宣称，《构想》是哈萨克斯坦在相当长时期国家发展战略的基石和出发点（戚文海，2009）。

在这项政策的带动下，哈萨克斯坦统计机构分析的数据表明，开发支出呈现上升趋势，2009 年哈萨克斯坦国内研究和开发的支出总额为 38.988 亿坚戈，比 2004 年的 14.58 亿坚戈增长了 2.7 倍。然而，2009 年在研究和开发的支出相对于总产值的水平已经从 2004 年的 0.25% 下降到 0.24%。由于全球金融危机，2010 年哈萨克斯坦国内研究与发展支出下降，相当于哈萨克斯坦国内生产总值的 0.16%（叶然，2013）。

效率指标方面，根据测算得分显示，哈萨克斯坦工业劳动生产率处于逐年递减的基本趋势。其中，2012 年为 101.75，2013 年为 105.11，2014 年为 96.26，2015 年为 70.09（见表 5-6）。但是，总体上可以看出哈萨克斯坦工业劳动生产率随着工业产值的增加而递减，说明哈萨克斯坦劳动力方面近年来基础较差，工业投资方面需要充分考虑该国劳动力短缺因素。

表 5-6 哈萨克斯坦效率指标情况

指　标	分　指　标	年　份				
		2011 年	2012 年	2013 年	2014 年	2015 年
效率	劳动生产率	100.00	101.75	105.11	96.26	70.09
	效率指数	100.00	101.75	105.11	96.26	70.09

（五）信息化指标

信息化指标方面，哈萨克斯坦近年来增长幅度较大，互联网普及率和电子商务应用程度都有较好体现。总体来讲，哈萨克斯坦信息化指标测算结果是，2012 年为 105.11，2013 年为 116.43，2014 年为 127.60，2015 年为 128.89（见表 5-7）。其中，人均带宽的增速最快，而互联网普及率和电子商务应用程度表现良好，这说明哈萨克斯坦不仅信息化发展迅速，信息产业也随之增长，国民的接受度较高。

表 5-7 哈萨克斯坦信息化指标情况

指　标	分　指　标	年　份				
		2011 年	2012 年	2013 年	2014 年	2015 年
信息化	互联网普及率	100.00	105.37	124.51	130.43	144.00
	人均带宽	100.00	254.65	372.09	579.07	598.84
	移动互联网覆盖率	100.00	100.00	100.00	100.00	91.16
	电子商务应用程度	100.00	88.68	90.57	88.68	88.68
	信息化指数	100.00	105.11	116.43	127.60	128.89

哈萨克斯坦信息产业发展基础设施方面的目标是，发展一个无缝衔接的高速信息通信网络。它以公用电信网为主体，是各部门专业应用信息系统的通信平台。信息产业的应用建立在基础平台上，是面向社会各行业信息应用而组建的各种应用信息系统、专网、服务系统及各类公用、专用数据库。

据统计，截至 2014 年年底，哈萨克斯坦固定电话线路有 435.34 万线，其中，居民使用固定电话线路有 350.33 万线，农村地区固定电话线路有 119.18 万线；安全的互联网服务器有 105 台，互联网用户数平均为 45 户 / 百人，固定互联网用户达 210.09 万户，使用固定高速宽带互联网用户达 209.32 万户，使用移动高速宽带互联网用户达 983.86 万户。对比 2007 年和 2014 年的数据，固定电话线路增加了 26%，农村地区固定电话线路增加了 37%，固定互联网用户增加了 82%，此类数据说明其信息技术基础建设突飞猛进，尤其是固定互联网用户激增。哈萨克斯坦的移动网络包括 GSM 和 CDMA 两部分，GSM 网络覆盖已经达到全国范围内的 75%，已入网用户为 200 万人，普及率约 11.7%；CDMA 800MB 网络覆盖达到全国范围内的 60%，用户约为 10 万人（戚文海，2009）。另外，从人均带宽和移动互联网覆盖率上看，2010 年是哈萨克斯坦信息化普及的重要年份，此后呈现爆发式增长。一方面，这与世界信息化产业发展同步；另一方面，这也是哈萨克斯坦国家政策作用下的结果。

除此之外，哈萨克斯坦统计署的数据显示，在所有的服务形式中，软件开发和技术维护方面的咨询服务在哈萨克斯坦用户中所占比例较大；其次是与维修、计算机设备供应和网页制作有关的服务，这类收入占信息技术市场总收入的 43.8%。根据互联网信息中心的数据，信息技术服务占哈萨克斯坦信息技术市场的 14%。现在越来越多的私人企业乃至国家机构开始向国内的信息技术专家寻求帮助，许多公司在选择优质的技术服务时倾向于质优价高的控制系统和 ERP 系统。

哈萨克斯坦的信息技术服务总额呈现波形递增，由于受到全球经济危机的影响，2009 年服务额比 2008 年下降了 18%。随着哈萨克斯坦国内经济的复苏，2010 年服务额得到了较大的提升，增幅达到 30%，从 2010 年开始至 2013 年服务额基本保持在 27% 的增幅，经济总量逐年递增。

哈萨克斯坦为了促进信息技术产业的快速发展，根据不同的时代要求制定并推行了信息技术产业发展相关的政策。2003 年 7 月，哈萨克斯坦政府专门成立了哈萨克斯坦信息及通信署（Агентство），由该部门制定和执行国家关于信息化和通信的政策，参与解决信息化和通信领域私有化问题。同年，哈萨克斯坦总统签发了另一个总统令，要求在阿拉木图附近新建高科技信息产业园区，鼓励外商投资信息产业。但同时哈萨克斯坦政府也规定了在电信领域成立合资企业时，外资所占股比不能超过 49%。

随着信息科技的迅猛发展，以通信、计算机、网络、软件、信息服务为主的信息技术产业凭借其惊人的增长速度，已成为当今世界最重要的战略性产业。从目前来看，哈萨克斯坦信息技术产业发展相对缓慢，电子信息技术比较落后，其信息技术产品主要依靠进口。对我国来讲，信息技术相关企业在哈萨克斯坦有着广阔的投资空间。

（六）基础设施指标

基础设施指标方面，哈萨克斯坦呈现逐年递减的情况，2012—2015 年由 100.17 递减至 96.10，其中，人均铁路里程和港口基础设施质量都下降较快，下降幅度也比较大，如表 5-8 所示。这说明在发展经济的同时，哈萨克斯坦的相关基础设施没有跟上。对于内陆国家哈萨克斯坦来讲，铁路这项基础设施尤为重要，发展滞后会直接影响工业产品贸易量。

表 5-8　哈萨克斯坦基础设施指标情况

指　标	分　指　标	年　份				
		2011 年	2012 年	2013 年	2014 年	2015 年
基础设施	人均发电量	100.00	105.70	107.05	100.00	107.05
	人均铁路里程	100.00	99.54	101.19	99.70	98.25
	港口基础设施质量	100.00	94.44	75.00	75.00	80.83
	基础设施指数	100.00	100.17	95.38	92.40	96.10

在哈萨克斯坦的交通运输系统中，公路和铁路占有重要地位。哈萨克斯坦拥有的公路网仅次于俄罗斯，在独联体地区居第 2 位。目前哈萨克斯坦公路总里程为 9.74 万千米，其中，国道 2.35 万千米，州（区）道 7.39 万千米。哈萨克斯坦作为世界上最大的内陆国家，铁路交通在全国交通运输中扮演着重要角色。据哈萨克斯坦国有铁路公司统计，哈萨克斯坦铁路技术指标、现代化程度及运输能力在独联体地区居第 3 位，仅次于俄罗斯和乌克兰。哈萨克斯坦目前铁路干线总里程 1.51 万千米，密度为 5.53 千米 / 千平方千米（大部分独联体国家为 23 ～ 38 千米 / 千平方千米）。其中，复线 5000 多千米（占

总里程的 35%）；电气化线路 4100 多千米，占总里程的 27%；站线和专用线 6700 千米。在哈萨克斯坦全境铁路网络分布上，南部和东部地区铁路总里程逾 4000 千米，占全国总里程的 27.5%；西部地区铁路里程为 3900 千米，占总里程的 26.9%；中部和北部地区铁路里程为 6300 千米，占总里程的 43.5%。

　　截至 2014 年年底，哈萨克斯坦共有各类型电站约 102 个，装机总容量 20844.2 兆瓦。其中，火电站（汽轮机）装机容量为 17300 兆瓦，占 83.3%；燃气涡轮发电站装机容量为 1000 兆瓦，占 4.8%；水电站装机容量为 2480.4 兆瓦，占 11.9%。2014 年哈萨克斯坦发电量为 945.9 亿千瓦时，同比增长 2.1%。哈萨克斯坦各地区电力资源分配不平衡，北部地区集中了 79.2% 的发电能力，西部地区发电量占比为 10.8%，南部地区发电量占比为 10%。哈萨克斯坦北部地区发电量大是因为煤炭资源丰富，产出的电力主要输往哈萨克斯坦中部地区及邻国俄罗斯。哈萨克斯坦西部和南部为电力短缺地区，其电力紧张状况通过北部地区送电和从中亚共同电网（吉尔吉斯斯坦和乌兹别克斯坦国家电网）进口电力等得到部分缓解（钟敏，2014）。阿拉木图地区是典型的缺电地区，电力需求量每年增加 10% 左右，这是哈萨克斯坦全国电力年需求增量（5%～6%）的 2 倍。

第六章　捷克 **36**

捷克共和国（The Czech Republic，简称捷克），首都为布拉格。捷克是中欧地区的内陆国家，东邻斯洛伐克，南邻奥地利，西接德国，北毗波兰。捷克属于北温带，气候是典型温带大陆性气候。

第一节

国家介绍

第一次世界大战后，奥匈帝国瓦解，捷克与斯洛伐克联合于 1918 年 10 月 28 日成立了捷克斯洛伐克共和国。1938 年 9 月，英、法、德、意 4 国代表在慕尼黑签署了《慕尼黑协定》，将捷克斯洛伐克的苏台德地区割让给德国。1939 年 3 月，捷克斯洛伐克共和国被纳粹德国占领。1945 年 5 月 9 日，捷克斯洛伐克共和国获得解放。1948 年 2 月，捷克斯洛伐克共产党开始执政。1960 年 7 月，捷克斯洛伐克共和国改国名为捷克斯洛伐克社会主义共和国。1989 年 11 月，因政权更迭，采用多党议会民主制，1990 年改国名为捷克斯洛伐克联邦共和国。1992 年 12 月 31 日，捷克斯洛伐克联邦共和国解体。

1993 年 1 月 1 日起，捷克和斯洛伐克分别成为独立主权国家。

(一) 地理位置

捷克是欧洲中部的内陆国家，东部同斯洛伐克接壤，南部毗邻奥地利，西部同德国相接，北部毗邻波兰，国土面积 78866 平方千米。捷克西北部为高原，东部为喀尔巴阡山脉，中部为河谷地。捷克平均海拔 450 米，最低点海拔 115 米，最高点海拔 1602 米。

(二) 自然资源

捷克褐煤和硬煤资源较丰富，褐煤和硬煤储量约 132 亿吨，分别居世界第 3 位和欧洲第 5 位；石油、天然气和铁矿砂储量很小；其他矿物资源有铀、锰、铝、锌、萤石、石墨和高岭土等。捷克森林资源丰富，面积达 2.655 万平方千米，森林覆盖率为 34%，主要树种有云杉、松树、冷杉、榉木和橡木等。捷克森林木材储蓄量为 6.78 亿立方米。从森林所有权看，捷克 60.32% 的森林归国家所有，地方州、市及林业合作社拥有 17.63% 的森林，私人拥有 22.05% 的森林。从用途看，商业用材林占 75%，特种林占 22.3%，自然保护林占 2.7%。

(三) 气候条件

捷克地处北温带，受海洋气候影响较大，年均气温 7.8℃，气候湿润，年降水量为 500 ～ 700 毫米。

(四) 人口分布

捷克人口为 1056 万 (2016 年的数据)。

(五) 民族

捷克主要民族为捷克族，约占总人口的 94%，斯洛伐克族约占总人口的 1.9%，波兰族约占总人口的 0.5%，德意志族约占总人口的 0.4%。此外，还有乌克兰、俄罗斯和匈牙利族等。

(六) 语言

捷克官方语言为捷克语，属于斯拉夫语系。捷克语是捷克人的母语。捷克主要外语包括英语、德语和俄语。捷克受过高等教育的年轻人一般会英语，年龄较大的人一般会俄语，少数人会德语。

（七）宗教

捷克主要宗教是罗马天主教。捷克有 39.2% 的居民信奉罗马天主教，4.6% 的居民信奉新教，还有少数居民信奉东正教、犹太教。

（八）习俗

捷克人在成人前要学习基本社交、礼节和跳舞社交常识。在对外交往中，捷克人讲究礼仪、穿着，正式场合要穿西装。捷克族将玫瑰花视为国花，普遍忌讳红三角图案。在公共场合讲究秩序，注意保持安静，尊重个人隐私。在饮食方面，捷克人喜欢肉类食品、葡萄酒和啤酒。

第二节

捷克工业和信息化增长指数评估

捷克为中等发达国家，工业基础雄厚。2009 年受全球金融危机影响经济下滑，2010 年和 2011 年实现恢复性增长，2012 年和 2013 年捷克经济再次下滑。2013 年捷克国内生产总值（GDP）为 1940 亿美元，同比下降 0.5%；2014 年 GDP 为 2054 亿美元，同比增长 2%；2015 年 GDP 为 2155 亿美元，同比增长 4.3%，人均 GDP 为 20434 美元。截至 2016 年 5 月底，捷克通胀率为 0.4%，失业率为 4.9%。

捷克经济发展的重点是加速经济结构的优化和调整。为达到此目的，捷克政府确立了优先发展的行业和鼓励内外资进入的政策。捷克有关行业主要包括：高技术制造业（电子、微电子、航空航天、高端设备制造、高技术汽车制造、生命科学、制药、生物技术和医疗设备等），商业支持服务（软件开发中心、专业解决方案中心、地区总部、客服中心、高技术维修中心、共享服务中心等），技术（设计）中心（创新活动、应用研发等）。

根据测算结果显示，2015 年捷克的工业和信息化增长指数为 100.29，2014 年为 103.34，2013 年为 100.81，2012 年为 99.83，历年数据有所波动，整体略有下降（见表 6-1）。

表 6-1 捷克工业和信息化增长指数

序号	指标	分指标	年份				
			2011 年	2012 年	2013 年	2014 年	2015 年
1	增长	工业增加值增长率	100.00	97.13	93.70	97.99	102.21
		增长指数	100.00	97.13	93.70	97.99	102.21
2	竞争力	制造业各类产品国际市场占有率	100.00	95.02	97.11	103.26	99.71
		贸易竞争力指数	100.00	118.68	127.30	121.90	104.34
		竞争力指数	100.00	112.76	119.76	117.24	103.19
3	创新力	创新能力	100.00	102.50	107.50	115.00	120.00
		创新能力指数	100.00	102.50	107.50	115.00	120.00
4	效率	劳动生产率	100.00	89.79	89.31	90.99	80.43
		效率指数	100.00	89.79	89.31	90.99	80.43
5	信息化	互联网普及率	100.00	104.17	105.14	113.08	115.33
		人均带宽	100.00	131.65	144.65	160.69	168.79
		移动互联网覆盖率	100.00	99.80	100.00	100.00	100.00
		电子商务应用程度	100.00	100.00	98.31	98.31	98.31
		信息化指数	100.00	108.90	112.02	118.02	120.61
6	基础设施	人均发电量	100.00	99.84	99.02	97.55	94.61
		人均铁路里程	100.00	99.85	99.71	99.59	99.44
		港口基础设施质量	100.00	97.87	93.62	85.11	76.67
		基础设施指数	100.00	99.25	97.64	94.53	90.92
工业和信息化增长指数			100.00	99.83	100.81	103.34	100.29

捷克 2015 年各项指标增长情况如图 6-1 所示。

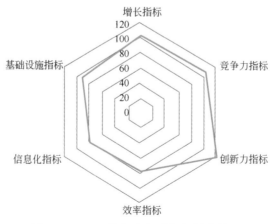

图 6-1 2015 年捷克各项指标增长情况

第三节

捷克工业和信息化各级指标测算

（一）工业增长指标

捷克工业历史悠久，在机械、电子、化工、制药、冶金、环保、能源等行业有着雄厚的基础。许多工业产品，如汽车、纺织机械、机床、电站设备、光学仪器、环保设备、生物制药等在全世界享有盛誉（黄婧，2013）。

捷克工业增长指标经过标准化处理，2012 年为 97.13，2013 年为 93.70，2014 年为 97.99，2015 年为 102.21（见表 6-2）。

表 6-2　捷克工业增长指标情况

指标	分指标	年份				
		2011 年	2012 年	2013 年	2014 年	2015 年
增长	工业增加值增长率	100.00	97.13	93.70	97.99	102.21
	增长指数	100.00	97.13	93.70	97.99	102.21

捷克目前是最依赖工业的欧盟国家，工业产值占整个国民经济总产值的近 1/3。与之相比，在欧盟 28 个成员国中，大多数国家的工业所占比重正在逐年下降，平均不到 1/5。

目前，汽车工业是捷克经济的主要支柱。捷克现有的三大汽车制造商（斯柯达、丰田—标致—雪铁龙、现代）均为外资企业（贾瑞霞，2016），反映了捷克政府的投资激励机制已推动了经济发展，促进了更多投资、现代技术和较高生产率。1993 年，外资企业产值仅占捷克经济总产值的 3%，而到 2013 年，这一数字已增长了近 10 倍。

（二）制造业竞争力指标

对捷克外贸平衡有不利影响的因素有：进出口产品价格受工业原材料国际市场价格猛涨，以及克朗对欧元和美元升值的影响而大幅波动；石油和天然气价格暴涨对贸易平衡造成很大影响，大大降低了捷克外贸整体顺差；欧元区经济增长依然乏力，作为捷克最主要贸易伙伴的德国 2005 年经济增长仅为0.9%；与中国和俄罗斯的巨额贸易逆差进一步增加。

外贸对捷克开放和制造导向型经济的增长起着举足轻重的作用，2005 年货物出口占捷克 GDP 的比重为 64%，进口占捷克 GDP 的比重为 62.6%，净出口对 GDP 增长有决定性影响，它几乎占 GDP 增加额的 3/4。

整体来看，捷克制造业竞争力基础较好，实力很强，但是近年来发展不稳定，具体如表 6-3 所示。

表 6-3　捷克制造业竞争力指标情况

指　标	分 指 标	年　份				
		2011 年	2012 年	2013 年	2014 年	2015 年
竞争力	制造业各类产品国际市场占有率	100.00	95.02	97.11	103.26	99.71
	贸易竞争力指数	100.00	118.68	127.30	121.90	104.34
	竞争力指数	100.00	112.76	119.76	117.24	103.19

在捷克制造业中，较具特色的有以下几个产业。

1. 汽车工业

汽车工业在捷克已有 100 多年的历史，是捷克国民经济的支柱产业，捷克汽车工业产值在制造业产值中占比约为 20%，汽车工业出口额占捷克出口总额的 19% 以上，就业人数超 26 万人。2014 年，捷克汽车产量达 120 万辆，创历史纪录。

捷克有数百家汽车零部件供应商，世界汽车零部件厂商 50 强有一半在捷克投资，并且越来越多的知名汽车厂商将其设计、创新和技术研发中心设在捷克，从而形成密集完整的汽车产业链，使捷克成为世界上汽车制造、设计与研发集中程度最高的国家之一（洪琪，刘雅坤，2011）。为提高汽车产业整体竞争力，捷克投资局专门设立了汽车零部件供应商数据库。

目前，捷克拥有 3 家小汽车整车生产企业，即斯柯达汽车公司、丰田—标致—雪铁龙汽车厂、韩国现代汽车厂。斯柯达汽车公司（1991 年并入德国大众集团）年产量超过 80 万辆，销往世界 80 多个国家和地区，成为捷克的工业龙头和百强企业之首，也是捷克第一大出口企业。该公司在捷克有 3 个生产厂，其技术开发部是大众集团第三大研发中心，可独立开发全新车型。2014 年，斯柯达汽车公司在中国的销售量为 28 万辆，斯柯达汽车公司一直将中国视为目前以及今后相当长时间内最重要的海外市场。太脱拉是捷克越野重卡、军用卡车和特种汽车老牌生产企业，Karosa 客车厂（被 Iveko 集团收购）

是捷克最大的客车生产厂，也是欧洲名列前茅的客车生产厂。

2. 机械制造业

机械制造业是捷克最重要的制造行业之一。机器设备制造在捷克有着悠久的历史与传统，涵盖了电力设备、化工设备、食品机械、建筑机械、农林机械、机床、矿山机械、冶金机械、橡胶塑料加工机械、纺织机械、印刷机械、皮革加工机械、玻璃及烟草机械、军工机械等（黄婧，2013）。经过十多年重组改造及外资大规模进入，捷克机械制造业产品技术水平和质量明显提高。目前，机床、电站设备、锅炉、矿山机械、食品机械、环保设备、纺织机械及军工产品等在国际上有较强竞争力。

（1）机床。捷克机床生产已有150年的历史，TOS、MAS、SKODA、ZPS和DAS等都是捷克知名机床品牌。近年来，捷克机床和成型机行业生产能力、技术含量和产品竞争力稳步增长，优良的质量和独特先进的设计使捷克成为欧洲第七大、世界第十四大机床生产国。捷克机床工业主要研发机构包括布拉格机床、机床加工研究所（VUOSO）和制造技术研究中心（RCMT）。近年受全球金融危机影响，捷克机床出口量开始下降。捷克机床主要出口市场包括德国、俄罗斯和中国等。

（2）发电设备。捷克有120多家生产电力能源设备的企业，产品种类多，技术水平高。捷克发电设备主要产品包括发电机、变压器、输变电设备、热压交换器、电力控制设备、汽轮机、涡轮机、水轮机、电气设备、原子能反应堆等。捷克该行业吸引外资约50亿美元，主要外国投资者包括西门子、ABB等跨国公司。捷克发电设备代表性企业包括斯柯达动力公司等。

（3）采煤技术和设备。捷克是欧盟第四大硬煤生产国，仅次于波兰、英国和德国。捷克硬煤可采储量为20亿吨，其中60%为优质焦煤。捷克采矿技术具有历史传统，90%以上露天和井下煤矿采掘使用本国设备和技术。捷克采矿设备公司拥有开采与处理矿物的丰富经验，包括设计矿场、选择合适的技术、硬件设备的设计、安装和调试等。此外，捷克在矿震预测、预报和预防技术方面形成了一套有效机制和体系，多年来未发生因矿震导致的伤亡事故。

（4）环保技术和设备。捷克在环保技术和设备方面具有较高水平，尤其是污水及工业和城市垃圾处理设备、污水生物处理技术方面有独到之处，其环保技术和设备出口到世界许多国家。另外，捷克农业废料和城市垃圾处理、废物焚烧、工业除尘和脱硫设备工作效率高、运行成本低，有较好性价比。

（5）纺织机械。捷克纺织机械业有悠久历史，曾发明气流纺纱机，并大量对外出口。此外，捷克利贝雷茨市 Elmarco 公司与利贝雷茨技术大学（TUL）合作，成功开发了世界上第一台纳米纤维工业生产设备。该设备可工业化生产纤维直径 200 ～ 500 纳米的无纺布，产品广泛用于过滤、医疗、建筑、汽车、工业制造及化妆品生产等众多领域。

3. 电气电子工业

捷克电气电子工业历史悠久，是捷克最具竞争力的制造产业之一，销售额仅次于交通运输制造业和冶金业，居捷克第 3 位。捷克拥有电气电子企业超过 1200 家，其中 100 名员工以上的企业有 250 家。电气电子工业主要包括：强电流电气技术，计算机，无线电、电视和通信设备，仪器和自动化设备。这四大行业中强电流电气技术行业产值占捷克整个电气电子工业产值 44%。电气电子工业也是捷克制造业第一大出口行业，出口产品主要有强电流设备、计算机设备和电子配件等，出口地包括德国、荷兰、法国和英国等欧盟国家（黄婧，2013）；产品进口则主要来自德国、中国、荷兰和日本，进口产品包括影音设备、电子元件和计算机设备等。

（1）强电流电气技术。此行业电机设备在捷克电气电子工业中的优势地位一直相对稳定，主要产品有：电动机、发电机和变压器，配电设备、开关和控制系统，绝缘电缆和导线，蓄电池和原电池，电源灯和照明类器具等。近年来，外资的大量进入使该领域产品种类扩大，汽车工业电子设备、产品和服务水平也逐步达到先进水平。

（2）计算机设备。近年来，捷克计算机产业迅速发展，主要是为世界知名品牌贴牌生产，产品几乎全部销往跨国公司设在欧洲的分拨中心。计算机设备约占捷克电气电子工业总产值的 24%，但其工作人员数量仅占捷克电气电子工业人员总数的 5%。中国台湾富士康（FOXCONN）、大众（FIC）和华硕（ASUS）3 家计算机企业每年在捷克生产计算机 400 多万台，使捷克成为欧洲最大的计算机生产国之一。

（3）仪器和自动化设备。捷克仪器和自动化设备行业主要生产和销售医疗器械和设备、测量和检测仪器、导航及其他装置和设备、工业过程控制装置、光学及摄影器材和设备、时间测量仪等，同时提供项目设计等服务。该行业从业人员占捷克电气电子工业从业人员的19%。其中，捷克的精密光学仪器在国际上颇具名气，有较强竞争力，主要产品有电子显微镜、扫描电镜、军民用望远镜和夜视仪等。

4. 飞机制造业

飞机制造业在捷克有较长历史，是传统优势产业。除传统的喷气教练机、轻型战斗机之外，捷克主要生产民用、运动和私人小型飞机，是欧洲仅次于德国的超轻型飞机生产国。捷克每年约生产550架轻型飞机、运动飞机及1400个螺旋桨，产品80%以上出口（黄婧，2013）。近年来，快速发展的超轻型飞机与传统喷气教练机、轻型战斗机、运动飞机、滑翔机，以及飞机零部件、雷达设备和机场空管系统，已成为捷克飞机制造业的主流产品。

5. 生物技术

值得一提的是，近年来，捷克在现代生物学领域做出了突出贡献。捷克科学家杨伊·万杰利斯塔·浦肯野创立了胚胎学；格雷戈尔·孟德尔对豌豆植物的遗传性进行了研究，被称为遗传学之父。另外，现代高分子化学家奥托维赫特莱发明了人工聚酰胺纤维、水凝胶和软性隐形眼镜；米兰·哈塞克博士是无性杂交（又被称作免疫耐受性）的共同发现者。2003年，捷克科学院实验医学研究所的科学家们从人类胚胎中提取胚胎干细胞并保持其存活取得了成功，由此创建了一项新技术，并获得专利。

捷克生物技术在过去10年发展迅速，其应用范围涵盖多个领域，包括医疗保健、农业和工业。2005年捷克政府通过法令，将分子遗传学和生物技术列入长期基础研究的优先领域；同时，捷克也是欧洲5个被授权培育、生产转基因粮食作物的国家之一。

捷克拥有完善的生物技术研究机构网络。截至2007年年底，捷克共有308个生物技术研究实体，其中，47%在布拉格，22%在南摩拉维亚地区。大部分研究设施属于捷克科学院、大学和卫生部。捷克生物技术、分子生物学和医药研发中心主要分布在布拉格和奥洛莫茨、赫拉德茨—克拉洛韦、比尔森、布杰约维采、布尔诺等大城市。其中，布尔诺在医学界颇负盛名，尤其在心血管疾病和癌症研究领域。由于具备良好的基础设施、完善的大学和研究机构网络,布尔诺在当地政府的支持与鼓励下,正发展成为生物技术公司的枢纽。

(三)创新力指标

捷克在机械制造、电子、生物技术、纳米技术、化工制药等领域具有良好基础,取得不少科技成果,隐形眼镜、水轮机、气流纺纱机等都是捷克发明的。近年来,捷克的科研创新能力呈现利好趋势。

根据 NRI 的主观打分,捷克近年来的创新能力在逐年递增,2012 年为 102.5,2013 年为 107.50,2014 年为 115.00,2015 年为 120.00。虽然未有大幅度增长,但是发展势头良好,这与捷克政府科学、合理地引导及大力度地投入是分不开的。这也与本节得到的捷克创新能力指数显示的趋势一致,如表 6-4 所示。

表6-4 捷克创新力指标情况

指 标	分 指 标	年 份				
		2011年	2012年	2013年	2014年	2015年
创新力	创新能力	100.00	102.50	107.50	115.00	120.00
	创新能力指数	100.00	102.50	107.50	115.00	120.00

(四)效率指标

效率指标选取了参与工业生产的劳动人口的相关数据,根据测算得分,捷克工业劳动生产率处于稳定下降的基本趋势,下降幅度也较大,具体如表 6-5 所示。

表6-5 捷克效率指标情况

指 标	分 指 标	年 份				
		2011年	2012年	2013年	2014年	2015年
效率	劳动生产率	100.00	89.79	89.31	90.99	80.43
	效率指数	100.00	89.79	89.31	90.99	80.43

(五)信息化指标

捷克的互联网产业近年来发展迅速,然而与其他先进欧盟成员国相比仍有很大的提升空间。因此,捷克需要吸引大量投资用于宽带基础设施建设,争取在 2020 年按照"欧洲数字化议程"实现其国家数字化目标。

信息化指标方面，捷克整体处于增长态势。信息化指标测算结果显示，2012 年为 108.90，2013 年为 112.02，2014 年为 118.02，2015 年为 120.61。其中，互联网普及率和人均带宽虽然 2015 年有所下降，但是整体来看这两个分指标的增速最快（见表6-6）。

表6-6 捷克信息化指标情况

指 标	分 指 标	年 份				
		2011 年	2012 年	2013 年	2014 年	2015 年
信息化	互联网普及率	100.00	104.17	105.14	113.08	115.33
	人均带宽	100.00	131.65	144.65	160.69	168.79
	移动互联网覆盖率	100.00	99.80	100.00	100.00	100.00
	电子商务应用程度	100.00	100.00	98.31	98.31	98.31
	信息化指数	100.00	108.90	112.02	118.02	120.61

（六）基础设施指标

捷克拥有中东欧地区较为发达的交通网络，其地处欧洲中心的地理位置使其成为欧洲过境走廊的天然枢纽。近年来，捷克交通基础设施投资不断增长，2005 年投资总额达 641 亿克朗，同比增长 24%，约占捷克当年 GDP 的 2.2%（不含地方公路和其他城市公共交通设施建设支出）。大部分资金来自国家交通基础设施基金，约占投资总额的 60%；其次来自交通部的国家预算拨款，约占投资总额的 24%。

电力方面，捷克目前是欧洲第二大电力出口国，电力主要出口到德国、奥地利和斯洛伐克等国家。捷克电力供应的 63.7% 是燃煤发电，31.3% 是核能发电。电站总装机容量为 17244.6 兆瓦，其中，热电站装机容量为 10649.7 兆瓦，蒸汽联合循环发电机组装机容量为 733.8 兆瓦，水电站装机容量为 2075.7 兆瓦，核电站装机容量为 3760 兆瓦。目前，捷克有 Dukovany 和 Temelin 两个核电站，预计核发电量占捷克总发电量的比例 2030 年将增至 39%，核电站在捷克能源结构及能源环保政策中占有重要位置。另外，捷克在欧盟资助下于 2006 年在南摩拉维亚地区建设了首座装机容量达 2.7 兆瓦的生物质能电厂。

捷克最大的发电企业是 CEZ 集团，是欧洲第十大电力集团，发电量占捷克发电总量的 70% 左右。该集团燃煤电站装机容量为 6603 兆瓦，核电站装机容量为 3760 兆瓦，水电站装机容量为 1934 兆瓦。除此之外，捷克还有独立的电力企业，约占全国发电量的 28%，其中包括几家外资热电企业。例如，美企 CINERGY 发电量为 1000 兆瓦；英国国际电力 International Power 拥有 3 个电站，发电量为 700 兆瓦；美国联合能源 United Energy 有 3 个电站，发电量为 236 兆瓦；法国 DALKIA 公司有 1 个发电量为 360 兆瓦的热电站。

公路方面，捷克桥梁总计 16373 座，总长 282695 米。其中，高速公路桥梁 532 座，长度 30921 米；一级公路桥梁 3327 座，长度 104836 米；二级公路桥梁 4483 座，长度 65589 米；三级公路桥梁 8031 座，长度 81348 米。

港口方面，捷克现有 10 个内河港，分布在拉贝河中下游、伏尔塔瓦河下游和贝龙卡河沿岸，主要是梅尔尼克、科林、洛沃西采、拉贝河畔乌斯季、杰钦。目前捷克内河水运年货运量达 62 万吨，其中，出口货物约 26 万吨，进口货物约 30 万吨。通过拉贝河航道货物可直达汉堡、鹿特丹和安特卫普等欧洲主要港口。

铁路方面，捷克已铺设铁轨总长 16156 千米，其中，电气化铁轨总长 6426 千米，非电气化铁轨总长 9730 千米。已实际运营的铁路线达 9614 千米，其中，电气化铁路 2982 千米，铁路密度为 12 千米 / 百平方千米。已建成的铁路过境走廊有杰钦—布拉格—捷克特热博瓦—布尔诺—布热茨拉夫、布热茨拉夫—普热罗夫—卡尔维纳彼得维采、普热罗夫—捷克特热博瓦等。铁路年运送旅客 1.8 亿人次，年运输货物 1 亿吨（洪琪，刘雅坤，2011）。

基础设施指标方面，捷克呈现逐年递减的情况（见表 6-7），主要受到了港口质量评估的影响。

表 6-7 捷克基础设施指标情况

指 标	分 指 标	年 份				
		2011 年	2012 年	2013 年	2014 年	2015 年
基础设施	人均发电量	100.00	99.84	99.02	97.70	99.02
	人均铁路里程	100.00	99.85	99.71	99.59	99.44
	港口基础设施质量	100.00	97.87	93.62	85.11	76.67
	基础设施指数	100.00	99.25	97.64	94.58	92.47

第七章　立　陶　宛

立陶宛共和国（Lietuvos Respublika，Republic of Lithuania，简称立陶宛），位于波罗的海东岸，与北方的拉脱维亚和爱沙尼亚并称为波罗的海三国。立陶宛东、南邻白罗斯，西南接俄罗斯的加里宁格勒州和波兰，首都为维尔纽斯。

第一节

国家介绍

立陶宛是一个拥有辉煌文明的历史古国，自古以来与俄罗斯一直在北欧和东欧争雄，后来由于国力衰退，成为俄罗斯帝国的附庸国并最终遭到吞并。第一次世界大战后独立，但在第二次世界大战时又遭苏联吞并，成为苏联加盟共和国之一。1990 年 3 月 11 日，立陶宛宣布脱离苏联再次独立，直到 1991 年 9 月 6 日苏联才承认其独立。立陶宛后来加入欧盟和北约。

立陶宛也是一个发达的资本主义国家，2011 年立陶宛国内生产总值为 428 亿美元，同比增长 5.9%，人均 GDP 约合 13253 美元。食品加工、木材加工、交通物流、生物技术、激光技术是立陶宛的优势产业。

（一）地理位置

立陶宛国土面积为 6.53 万平方千米，位于欧洲东北部（3°54′～56°27′N，20°56′～26°51′W），北与拉脱维亚接壤，东、南与白罗斯毗邻，西南与俄罗斯加里宁格勒州和波兰相邻，西濒波罗的海。立陶宛国境线总长为 1644 千米，海岸线长 90 千米。

（二）自然资源

立陶宛石油、天然气等矿产资源比较贫乏，主要依赖进口。立陶宛的主要资源有西部地区和波罗的海大陆架的石油、泥煤、建筑用石膏、石灰石、黏土和砂石等，东南部有铁矿和花岗岩。此外，立陶宛还有白云石、矿泉水、地热等资源。

立陶宛的森林资源和水资源较丰富。立陶宛面积较大的森林主要集中在南部和东南部，森林面积为 1.97 万平方千米，森林覆盖率为 30% 以上。森林多为针叶林，主要树种是橡树、桦树。森林中的蘑菇、浆果、草药资源也比较丰富。

良好的生态环境为动物提供了良好的栖息地，立陶宛共有 70 多种哺乳动物、13 种飞鼠，还有被列入保护名单的白兔、猞猁，并有狼出没。立陶宛有 330 种鸟类、99 种鱼类（其中 26 种为海鱼），以及 1.5 万种昆虫和无脊椎动物。

（三）气候条件

立陶宛气候介于海洋性气候和大陆性气候之间，冬季较长，多雨雪，日照少；9 月中旬至次年 3 月中旬温度最低，1 月平均气温为 -4 ～ 7℃；夏季较短且凉爽，日照时间较长；6 月下旬至 8 月上旬最温暖，7 月平均气温为 16 ～ 20℃。

（四）人口分布

截至 2015 年 1 月 1 日，立陶宛总人口为 292.19 万，人口密度为 45.1 人 / 平方千米，城镇居民占 2/3。立陶宛华人数量不多，主要集中在维尔纽斯、考纳斯、克莱佩达、首莱和潘涅维日等大城市。

（五）民族

立陶宛族占 85.4%，波兰族占 6.6%，俄罗斯族占 5.4%，白罗斯族占 1.3%，乌克兰、犹太、拉脱维亚等民族占 1.3%。

（六）语言

立陶宛的官方语言为立陶宛语。

（七）宗教

立陶宛居民主要信奉罗马天主教，此外还有东正教、路德教等。

（八）习俗

立陶宛人比较细致、谨慎，其生活方式接近西方国家，注重生活质量，喜欢体育运动，休息日爱好外出旅游。立陶宛人在住宅建筑和装修上都比较注重追求舒适、安逸；穿着方面很注重式样、花色，做工比较考究，注重产品的质量。

立陶宛人在平时谈吐中，使用"请"和"谢谢"等字眼非常普遍，即使对自己非常熟悉的人也不例外。在社交场合很注重"女士优先"。无论是行走，还是乘车等，男士都习惯于对女士给予特殊的优先和照顾。立陶宛人在社交场合与客人相见时，一般握手为礼。立陶宛人对在众人面前耳语的人很反感，认为这是一种失礼行为。用餐时，对餐具任意作响的举止很忌讳，也不愿听到有人在用餐时发出咀嚼食物的声音。参观教堂等宗教场所时应保持肃静。忌讳询问他人工资、年龄、宗教等问题。对数字"13"和"星期五"很反感，"7"则被认为是吉利数字。立陶宛人忌讳在门槛处与人握手，认为这会带来坏运气。

立陶宛人为本国文化感到自豪，交谈时不宜拿立陶宛文化开玩笑。另外，由于苏联时期特殊的历史背景，在与当地人交流时，应尽量避免提及苏联时期的有关敏感问题。

第二节

立陶宛工业和信息化增长指数评估

立陶宛独立后通过企业私有化走向市场经济，经济形势基本平稳。立陶宛国内有 3 个自由经济区：考纳斯、克莱佩达和希奥利艾，那里有良好的投资环境。立陶宛有欧洲标准的公路网、4 个国际机场、不冻港（东波罗的海岸）

和该地区第一个卫星通信系统。工业是立陶宛的支柱产业，主要由矿业和采石业、加工制造业、能源工业三大部门组成。工业门类比较齐全，以食品、木材加工、纺织、化工等为主，机械制造、化工、石油化工、电子工业、金属加工工业等发展迅速，生产的高精度机床、仪表、计算机等产品行销全世界 80 多个国家和地区。立陶宛首都维尔纽斯是全国工业中心，其工业产值占立陶宛工业总产值的 2/3 以上。农业以水平较高的畜牧业为主，占农产品产值的 90% 以上。农作物有亚麻、马铃薯、甜菜和各种蔬菜，谷物产量很低 (李江，2015)。

根据测算结果显示，2015 年立陶宛的工业和信息化增长指数为 111.51，2014 年为 113.54，2013 年为 107.59，2012 年为 101.58，整体上有所进步（见表 7-1）。其中，工业增长较为稳定，持续小幅度稳步发展，而创新力、信息化都出现了一定程度的波动，可见立陶宛工业和信息化发展步伐并不稳健。

表 7-1 立陶宛工业和信息化增长指数

序 号	指 标	分 指 标	年 份				
			2011 年	2012 年	2013 年	2014 年	2015 年
1	增长	工业增加值增长率	100.00	101.61	106.28	112.26	113.71
		增长指数	100.00	101.61	106.28	112.26	113.71
2	竞争力	制造业各类产品国际市场占有率	100.00	103.45	113.33	120.40	103.71
		贸易竞争力指数	100.00	103.79	101.97	101.50	98.10
		竞争力指数	100.00	103.70	104.81	106.22	99.50
3	创新力	创新能力	100.00	103.03	121.21	130.30	139.39
		创新能力指数	100.00	103.03	121.21	130.30	139.39
4	效率	劳动生产率	100.00	96.00	100.71	106.72	89.19
		效率指数	100.00	96.00	100.71	106.72	89.19
5	信息化	互联网普及率	100.00	105.64	107.56	113.34	112.16
		人均带宽	100.00	126.87	167.84	219.38	276.43
		移动互联网覆盖率	100.00	100.00	98.00	100.00	100.00
		电子商务应用程度	100.00	93.55	93.55	95.16	93.55
		信息化指数	100.00	106.52	116.74	131.97	145.53
6	基础设施	人均发电量	100.00	108.11	101.61	100.00	101.61
		人均铁路里程	100.00	101.35	102.38	103.27	110.53
		港口基础设施质量	100.00	106.12	104.08	100.00	99.08
		基础设施指数	100.00	105.15	102.62	101.14	103.97
工业和信息化增长指数			100.00	101.58	107.59	113.54	111.51

　　立陶宛电子工业、纺织和食品加工业较发达，糖、奶、肉制品出口有一定优势。现已基本完成了市场经济转轨，非国有企业产值占 GDP 的 73%。2002 年，立陶宛宏观经济状况进一步好转，金融、税收改革取得成效，私有化进程不断深入，市场供求改善，外资流入增多。立陶宛经济保持较快增长，GDP 增幅为 5.9%；但支柱产业不多，各地区经济发展不平衡，政府对教育、文化、医疗等领域投入有限，失业率居高不下（李江，2015）。

　　立陶宛 2015 年各项指标增长情况如图 7-1 所示。

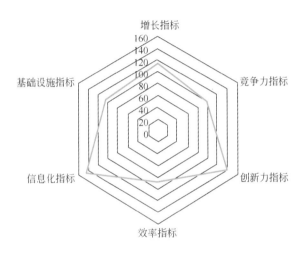

图 7-1　2015 年立陶宛各项指标增长情况

第三节

立陶宛工业和信息化各级指标测算

（一）工业增长指标

　　工业是立陶宛的支柱产业，主要由矿业和采石业、加工制造业、能源工业三大部门组成。立陶宛首都维尔纽斯是其全国工业中心，其工业产值占立陶宛工业总产值的 2/3 以上。立陶宛工业门类比较齐全，以食品、木材加工、纺织、化工等为主，机械制造、化工、石油化工、电子工业、金属加工工业等发展迅速，生产的高精度机床、仪表、计算机等产品行销全世界 80 多个国家和地区（李江，2015）。

根据数据的可得性，工业增长指标选取了立陶宛的工业增加值增长率进行测算。该指标经过标准化处理，2012 年为 101.61，2013 年为 106.28，2014 年为 112.26，2015 年为 113.71（见表 7-2）。

表 7-2 立陶宛工业增长指标情况

指 标	分 指 标	年 份				
		2011 年	2012 年	2013 年	2014 年	2015 年
增长	工业增加值增长率	100.00	101.61	106.28	112.26	113.71
	增长指数	100.00	101.61	106.28	112.26	113.71

由此可见，立陶宛工业水平整体有所进步，呈现稳步增长趋势。经过多年的发展，立陶宛的工业化成就是显著的。然而，这是纵向比较的结果。如果进行横向比较，即与世界工业发展先进水平相比，立陶宛的差距还是很大的。除此之外，立陶宛工业化进程中本身还存在不少问题，如效率低下、产品竞争力不强等，这也是值得注意的问题。

（二）制造业竞争力指标

据统计，2016 年上半年立陶宛制造业税前利润同比增长 24%，达到 7.16 亿欧元。其中，饮料生产行业由于投资增加，税前利润猛增 737%；随着建筑材料需求的增加，矿产制造业税前利润从 280 万欧元快速增加到 1970 万欧元；金属和机械制造业税前利润分别增长 50% 和 200%；纺织业税前利润达到 1630 万欧元，与木材行业接近；皮革制造业显示亏损。

整体来看，立陶宛制造业竞争力还有待加强。历年的数据显示，2012 年后立陶宛竞争力稳步上升，2015 年略有下降，如表 7-3 所示。

表 7-3 立陶宛制造业竞争力指标情况

指 标	分 指 标	年 份				
		2011 年	2012 年	2013 年	2014 年	2015 年
竞争力	制造业各类产品国际市场占有率	100.00	103.45	113.33	120.40	103.71
	贸易竞争力指数	100.00	103.79	101.97	101.50	98.10
	竞争力指数	100.00	103.70	104.81	106.22	99.50

在立陶宛制造业中表现较为亮眼的重点特色产业有以下几个。

1. 纺织服装业

纺织服装业（包括纺织业、服装业、皮革及制品业）是立陶宛历史最悠久、最发达的产业之一，是立陶宛制造业中就业人数最多、产值居第 2 位的产业。立陶宛纺织服装业创造的产值占整个制造业产值的 10%，就业人数（4.37 万人）占整个工业领域就业总人数的 20%。目前，立陶宛共有 1095 家纺织服装企业，其中，纺织企业为 326 家，服装企业为 769 家。

1997 年年初开始立陶宛纺织服装业进入一个持续增长期，2001 年达到历史最高水平。但此后除服装业外，纺织业及皮革工业开始下滑，主要原因是部分生产能力转移至成本较低的邻国。近年来，立陶宛纺织服装企业利用自有资金和外资对生产设备进行更新改造，不少企业的设备已经符合现代化标准。2006 年立陶宛国内企业用于纺织、服装和皮革加工业的投资为 3703 万美元，占立陶宛制造业固定资产投资总额的 4.4%。截至 2006 年年底，立陶宛纺织服装业吸引外资 1.57 亿美元，占立陶宛累计吸引外资的 1.5%，外资主要来自德国、英国、丹麦等国家。

立陶宛纺织服装业拥有良好的专业技术人员培训体系和较强的科研能力，许多培训机构，如考纳斯技术大学（AUTEX 纺织大学联合会成员）、维尔纽斯艺术学院等 8 所院校和职业学校，可以培训专业技术人员。立陶宛纺织研究所与西欧相关机构合作紧密，研制、设计和生产特殊纺织面料和防护服，研发和生产的个人防护装备，以及军警及民用防护服符合 EN、NATO、NIJ 要求。该所拥有现代化的实验室，可以按照 EN、ISO 标准对纺织服装进行分析检测，可以发放欧洲纺织面料证书，立陶宛出口商可比其他国家出口商更快捷、更省钱地获得此类证书。

立陶宛纺织与服装工业企业联合会现有会员企业 170 家，其产量约占本行业全国产量的 80%。该联合会 2001 年 12 月加入欧洲纺织与服装组织 EURATEX。

纺织服装业是立陶宛主要的出口大户之一，出口快速增长是近年来推动立陶宛纺织服装业发展的主要原因。1999 年立陶宛纺织服装企业的出口开始转向西欧、美国市场，同时努力保持在独联体市场多年来的份额，并逐渐形成了有一定竞争力的商品品牌，如 AUDIMAS、UT、LELIJA、3S 等。但是，立陶宛自有品牌的出口只占 10%，其余均为加工或定牌生产，例如，Audimas 公司为 IKEA、NIKE 等公司生产服装；UT 为 H&M、Zara 品牌生产；Lelija 为 C&A 生产；其他企业则为 Laura Ashley、Mc Spencer、CappAhl、Next、4You 等公司定牌生产。

2006 年立陶宛纺织品、服装出口总额为 11.74 亿美元，约占立陶宛出口总额的 8.3%，虽然这一比重呈下降趋势，但仍是立陶宛最主要的出口行业。立陶宛纺织品、服装的外销比例分别占其国内产量的 78.5%、76.4%，主要出口商品是非编织类服装（38.5%）、编织类服装（20.98%）、羊毛（5.77%）、人造纤维（4.67%）、人造定长纤维（4.61%），主要出口市场是欧盟、美国、韩国等地区和国家，其中对欧盟国家的出口占 78.7%。

2. 木材加工业

立陶宛木材加工业历史悠久。近年来，立陶宛依靠丰富的木材资源和相对低廉的劳动力成本，大力发展木材加工业，成效显著。立陶宛森林覆盖率为 32%，约 20.99 万平方千米，木材蓄积量为 39320 万立方米，每年新增木材 1280 万立方米。2005 年立陶宛木材开采量为 723 万立方米。据估计，未来 10 年内立陶宛木材年采伐量将达 751 万立方米，今后有可能达 834 万立方米，私有林木的开采比重将达 50%。立陶宛主要树木品种是松树（35%）、云杉（22%）、白桦（21%）、桤木（13%）。

目前，木材加工业已成为立陶宛发展最快、前景最好的制造业之一，其增长速度远远超过整个制造业的平均水平，是立陶宛制造业的重要支柱。2005 年木材加工业产值占立陶宛工业总产值的 11%，占 GDP 的 5.6%。立陶宛木材加工业主要包括木材及制品业、家具业、造纸业，主要产品是锯木、胶合板、木质板材、家具、木箱、木制构件、瓦楞纸板、纸箱等。2005 年全行业销售总额为 11.581 亿欧元，其中，木材及制品业销售额为 5.98 亿欧元，家具行业销售额为 4.57 亿欧元，纸制品业销售额为 1.02 亿欧元。

立陶宛共有 2478 家（含个体生产者）各类木材加工企业，其中绝大多数是 50 人以下的小企业，木材加工业职工超过了 5.5 万人。为适应市场竞争的需要，近年来立陶宛木材加工业出现了组建控股集团公司的趋势，形成了一些由木材加工、家具生产企业等组成的企业集团，如 SBA 集团、LIBROS 集团、VAKARU MEDIENOS 集团、BALTIJOS BALDU 集团等。2005 年这些控股集团公司的销售额占全行业销售总额的 25%。目前，立陶宛大部分生产企业均已获得 ISO 9001 和 ISO 14000 质量管理证书，家具等产品符合欧盟质量和设计要求，价格很有竞争力，出口额增长迅速，许多大企业 90% 以上的产品用于出口。

（1）木材及制品业：1999—2005 年立陶宛木材及制品业增长迅速，2005 年销售额为 5.98 亿欧元，占立陶宛木材加工业总产值的 51.7%。2005 年年底立陶宛共有木材及制品加工企业 1591 家，职工约 2 万人。其中，仅 28 家企业职工超过 100 人，90% 的企业职工少于 50 人，1/3 以上企业的职工不足 10 人；占企业总数 10% 的 50 人以上企业的产值占全行业产值的 2/3。

（2）家具行业：家具行业是立陶宛增长最快、最有活力的行业之一，2004 年、2005 年家具销售额增长速度分别达 33%、13%。家具行业销售额由 1999 年的 1.436 亿欧元增至 2005 年的 4.57 亿欧元。立陶宛家具产品品种多，主要有厨房家具、卧室家具、办公家具、定制家具、宾馆家具及各种配件等，出口至欧盟、美国、日本等地区和国家。2005 年年底共有家具企业 791 家，现有职工约 1.5 万人，其中，约 1/3 的企业职工少于 20 人，一半以上的企业职工为 20 ～ 99 人，15% 的企业职工超过 100 人。另外，100 人以上的大企业销售额占家具行业销售总额的 3/4。

（3）纸制品业：立陶宛纸制品业销售额由 1999 年的 6220 万欧元增至 2005 年的 1.02 亿欧元。其中，纸板生产增长最快，2005 年产量超过 11.26 万吨，瓦楞纸和纸箱产量则趋于下降。立陶宛纸制品业生产企业有 96 家，职工约 1 万人。

立陶宛木材加工业严重依赖国外市场，绝大部分产品供出口。2005 年立陶宛木材加工业出口额达 10.45 亿欧元，占全行业产值的 90%，其中，木材及制品加工额为 4.3 亿欧元，家具及配件加工额为 5.25 亿欧元，纸制品加工额为 0.90 亿欧元，主要出口德国（18%）、瑞典（14%）、英国（12%）、丹麦（7%）、美国（7%）。

近几年，立陶宛逐渐形成了十二大木材产品出口企业，2005 年这 12 家企业的出口额为 2.75 亿欧元，占全行业出口总额的 26.7%。这 12 家企业为 Dominga Mill（2005 年出口额为 4272 万欧元）、Klaipedos Mediena（2005 年出口额为 3522 万欧元）、Vilniaus Baldai（2005 年出口额为 3125 万欧元）、

Pajurio Mediena（2005 年出口额为 2783 万欧元）、Klaipedos Baldai（2005 年出口额为 2780 万欧元）、Freda(2005 年出口额为 2242 万欧元)、Venta(2005 年出口额为 1683 万欧元）、Klaipedos Kartonas（2005 年出口额为 1674 万欧元）、Ochoco Lumber（2005 年出口额为 1581 万欧元）、Silutes Baldai（2005 年出口额为 1477 万欧元）、Grigiskes（2005 年出口额为 1205 万欧元）、Narbutas Ir Ko（2005 年出口额为 1193 万欧元）。

3. 光学（激光）产业

立陶宛的光学研究历史悠久。建立于 1579 年的维尔纽斯大学是欧洲最古老的教育机构之一，在 17 世纪最初的 30 多年里该大学教授们就草拟并签署了立陶宛最早的一些光学研究协议。

立陶宛的现代光学及光工程学是在苏联建立的框架内形成的，研究的主要方向也是在苏联时期确立的，包括量子电子学、非线性光学、超高速光电子学等。1967 年维尔纽斯大学就成功研制出了自己的激光发生器。此后，立陶宛在激光学领域一直保持世界领先地位。2001 年，立陶宛皮斯卡尔斯卡斯教授荣获了欧洲量子电子学和光学奖，这标志着立陶宛激光物理学家在该领域内的顶尖地位已经得到了欧洲物理学界的承认。

立陶宛不仅有优秀的激光专家，而且有优秀的激光企业。立陶宛政府也把激光行业定位为优先发展的行业。科研与生产紧密结合，使得立陶宛企业在该领域保持着主要竞争优势和世界领先地位，也使立陶宛激光行业在国际市场上占有重要地位。立陶宛激光技术公司的总产值已经达到了 2000 万欧元，90% 的激光技术和产品设备出口欧盟、以色列、瑞士、日本和美国，销售网络遍及全球近 100 个国家。出口皮可秒激光器的 Ekspla 公司和生产超高速参数发生器的 Light Conversion Ltd. 公司分别占全球市场份额的 50% 和 60%。世界上不少享有国际声誉的尖端科研机构都是这些公司的重要用户，如剑桥大学、加州伯克立大学、康奈尔大学、北卡罗来纳大学、Rutherford Appleton 实验室激光研究中心、日本和以色列核子研究中心、IBM Thomas J. Watson 研究中心等都在使用立陶宛制造的激光设备。

立陶宛主要光学科研机构有维尔纽斯大学量子电子学系（QED，www.ff.vu.lt）、维尔纽斯大学激光研究中心（www.lasercenter.vu.lt）、立陶宛半导体物理研究所（SPI，www.pfi.lt）、立陶宛物理研究所（IP，www.fi.lt）。立陶宛激光和光科学技术协会成员包括维尔纽斯大学、立陶宛物理研究所、

EKSPLA 公司、EKSMA 公司、LIGHT CONVERSION 公司、STANDA 公司、OPTIDA 公司、ALTECHNA 公司和 COLOR TECHNOLOGIES 公司。该协会制定了立陶宛激光工业发展战略计划目标：使立陶宛激光工业产值在未来7～10 年内至少达到立陶宛 GDP 的 1%。

立陶宛的主要光学企业有 EKSPLA 公司（产品包括电晶体激光、激光系统及附件、光学变量振荡器、多用途 EKSMA 牌光学部件、EKSMA 牌非线性和激光石英片、EKSMA 牌机械和光学机械部件等，http://www.ekspla. com）、LIGHT CONVERSION 公司（在光学参数发生和放大领域技术雄厚，可产生持续可调波长超速光源的 TOPAS 系列光学参数放大器和混频器在世界上居领先地位，http://www.lightcon.com）、STANDA 公司（产品有机动、手动平移和旋转镜台、运动控制器、光学台、隔振系统、光学载片、光学仪器，目前主要致力于二极管激光器的研发，http://www.standa.lt）。

4. 生物技术

立陶宛在生物技术领域是中东欧国家中的领先者，该国的生物技术专家已在东欧和远东地区享有一定的声誉，现在他们正依靠遗传工程药品及遗传工程相关的生物化学和化学媒介进入西方市场。立陶宛的生物技术公司向许多国家出口产品，并且发展迅猛。在国际市场上，立陶宛在分子生物方面取得的成就和开发的不同生物技术应用获得了极高的评价。

立陶宛主要生物科研机构是立陶宛生物化学研究所、立陶宛生物技术研究所。

立陶宛生物化学研究所（http://www.bchi.lt）成立于 1967 年，主要研究方向为：①基因结构和基因表达及细胞新陈代谢系统调节的研究；②真核细胞信号系统的运作与调节；③酶的结构、功能及应用；④氨基酸、碳水化合物、杂环的生化过程中调节物的研究与合成。

立陶宛生物化学研究所对氨基酸或肽的细胞活性衍生物及磷酸（硫磷酸）的合成和立体异构化取得了成功，抗癌和抗白血病化合物的研究也达到了预期的效果，4 种人造化合物（Lophenal、Hexaphosphamide、Paphensyl、Phenalon）经临床验证对治疗肿瘤有疗效，已由立陶宛化学和制药企业投入生产。

在生物催化剂研究的基础上，立陶宛生物化学研究所又开始了生物传感器的开发和应用，创造出超过 30 种生物传感器及其构造变量，以用于测定葡萄糖、胆固醇、乳酸、乙醇、尿素和其他重要的生化物。其中，葡萄糖生物传感器被用于一种名为 Eksan-G 的葡萄糖高速分析仪。

立陶宛生物技术研究所（http://www.ibt.lt）建于 1975 年，现主要从事 DNA 限制—变化现象的基因和分子研究，以及重组生物医学蛋白质基础理论和开发应用的研究。立陶宛生物技术研究所下设 4 家子公司，主要从事生物技术产业化生产。

（三）创新力指标

立陶宛投资署重点吸引生产型企业进入立陶宛，而具有新技术的创新型项目亦是引资重点。据初步统计，2015 年立陶宛投资署新引进 31 个投资项目，创造 2600 多个就业岗位。立陶宛投资署署长表示，目前，对立陶宛投资最多的国家仍为北欧各国、英国、美国（刘馨蔚，2016）。另外，由于白罗斯和乌克兰经济形势不尽人意，当地企业越来越多地选择其他发展方向，伦敦是其首选，而立陶宛得益于距离近、易沟通等因素，对东欧投资者的吸引力日益增加。

据 NRI 的主观打分，立陶宛近年来的创新能力在逐年递增，并且有了大幅度增长。其中，2012 年为 103.03，2013 年为 121.21，2014 年为 130.30，2015 年为 139.39（见表 7-4）。对比 2015 年和 2012 年可以看出，4 年内立陶宛的创新能力增幅将近 40%。

表 7-4　立陶宛创新力指标情况

指 标	分 指 标	年 份				
		2011 年	2012 年	2013 年	2014 年	2015 年
创新力	创新能力	100.00	103.03	121.21	130.30	139.39
	创新能力指数	100.00	103.03	121.21	130.30	139.39

（四）效率指标

效率指标选取了参与工业生产劳动人口的相关数据，根据测算得分，立陶宛工业劳动人口生产率处于逐年递增的基本趋势。其中，2012 年为 96.00，2013 年为 100.71，2014 年为 106.72，2015 年为 89.19（见表 7-5）。总体上可以看出，工业劳动生产率随着工业产值的上升而递减，这说明立陶宛劳动力方面基础不稳定。

表 7-5　立陶宛效率指标情况

指　标	分　指　标	年　份				
		2011 年	2012 年	2013 年	2014 年	2015 年
效率	劳动生产率	100.00	96.00	100.71	106.72	89.19
	效率指数	100.00	96.00	100.71	106.72	89.19

（五）信息化指标

立陶宛的信息和通信技术行业正在高速发展。越来越多的公司已经登陆这个国家，这些公司受到了立陶宛基础设施、人才和商业友好环境的吸引。因此，立陶宛有了全欧洲最快、最实惠的互联网连接及精通技术的专业人才——在全球信息和通信技术能力方面排名第 16 位，立陶宛最近吸引了谷歌、纳斯达克和 AIG 这样的巨头开立分支机构。

信息化方面，立陶宛近年来增长幅度较大，互联网普及率和电子商务应用程度都有较好体现。总体来说，立陶宛信息化指标测算结果是，2012 年为 106.52，2013 年为 116.74，2014 年为 131.97，2015 年为 145.53（见表 7-6）。其中，人均带宽和互联网普及率的增速最快，电子商务应用程度表现较好，这体现了立陶宛不仅信息化发展迅速，应用普及也较有成效。

表 7-6　立陶宛信息化指标情况

指　标	分　指　标	年　份				
		2011 年	2012 年	2013 年	2014 年	2015 年
信息化	互联网普及率	100.00	105.64	107.56	113.34	112.16
	人均带宽	100.00	126.87	167.84	219.38	276.43
	移动互联网覆盖率	100.00	100.00	98.00	100.00	100.00
	电子商务应用程度	100.00	93.55	93.55	95.16	93.55
	信息化指数	100.00	106.52	116.74	131.97	145.53

波罗的海诸国中，20 家最大的 IT 公司有 13 家在立陶宛，IT、激光技术、生物技术、纳米技术和材料科学几乎占立陶宛 GDP 的 25%，占出口额的 80%。立陶宛的经济在 2014 年增长了 2.9%。更重要的是，2014 年 1 月立陶宛成了欧元区的一部分。

Invest Lithuania 是一家吸引外国投资的政府机构，该机构的总经理 Mantas Katinas 告诉 ZDNet："在信息和通信技术领域的外国投资在 2008—

2013 年增长了 70%，企业的数量在此期间增长了 10.5%。"

近年来，立陶宛对于科技公司和其他需要科技专业知识的企业来说越来越具有吸引力。谷歌最近在立陶宛首都维尔纽斯设立了销售办事处，纳斯达克也在同一座城市开设了绩优中心。另外，总部位于芝加哥的 Devbridge 也计划扩大其设在立陶宛的两个办事处，将员工扩充到 150 名，这是一家软件、网络和移动开发企业。

Katinas 表示："对于一些企业来说，IT 不是它们的主营业务，但是由于人才和成本质量比的影响，他们选择在立陶宛进行 IT 开发。"他强调了这样一个例子，医疗和应急响应系统供应商 Intermedix，选择在立陶宛的第二大城市考纳斯设立其第一家办事处，该公司目前拥有超过 200 名 IT 人员。

扩张到立陶宛的公司包括：Bentley Systems——该公司在维尔纽斯设立了其第一家办事处，但是在考纳斯又设立了一家办事处；AIG——该公司选择在维尔纽斯设立东欧及北欧服务中心；Western Union 的金融服务企业在立陶宛已经经营了很长时间。

（六）基础设施指标

由于交通体系完备，立陶宛铁路网与欧洲连成一体，并拥有发达的公路网，正筹建与欧洲交通网联网的"环波罗的海"铁路和公路。立陶宛国内交通运输以公路、铁路为主，克莱佩达港是立陶宛最大的海港，与世界 200 多个港口通航。

基础设施指标方面，立陶宛呈现不断波动的情况，人均发电量、人均铁路里程和港口基础设施质量增长或下降的趋势并不明显，如表 7-7 所示。这说明在发展经济的同时，立陶宛的相关基础设施还未做好相对完备的保障，而立陶宛每年迅猛增长的人口也为基础设施水平的评估造成了影响。

表 7-7 立陶宛基础设施指标情况

指 标	分 指 标	年 份				
		2011 年	2012 年	2013 年	2014 年	2015 年
基础设施	人均发电量	100.00	108.11	101.61	100.00	101.61
	人均铁路里程	100.00	101.35	102.38	103.27	110.53
	港口基础设施质量	100.00	106.12	104.08	100.00	99.08
	基础设施指数	100.00	105.15	102.62	101.14	103.97

立陶宛与俄罗斯及其他独联体国家交通十分方便。目前，立陶宛境内铁路铺轨里程达 2188.7 千米，运营里程为 1767.6 千米，其中，1520 毫米宽轨里程为 1745.8 千米，1435 毫米窄轨里程为 21.8 千米。宽轨连接波罗的海及独联体国家，窄轨则连接波兰并通过波兰连接西欧国家。纵贯南北的 1 号铁路干线和横跨东西的 9 号铁路干线铁路网使立陶宛成为连接东西欧的重要货物运输走廊。

立陶宛具备较好的海运基础，克莱佩达港位于立陶宛西部，地理位置优越，是波罗的海东岸最北的不冻港之一，全年无休。该港与东部内陆最重要的工业地区（俄罗斯、白罗斯、乌克兰）距离最短，是俄罗斯、白罗斯、哈萨克斯坦等独联体国家的主要出海口之一，也是东西方海运、公路、铁路运输的主要枢纽之一。

第八章　马来西亚 08

马来西亚联邦（Federation of Malaysia，简称马来西亚），首都为吉隆坡。马来西亚国土被中国南海分隔成东、西两部分。西马来西亚位于马来半岛南部，北与泰国接壤，南与新加坡隔柔佛海峡相望，东临中国南海，西濒马六甲海峡；东马来西亚位于加里曼丹岛北部，与印度尼西亚、文莱相邻。

第一节

国家介绍

起初，马来半岛有羯荼、狼牙修等古国。15 世纪初，以马六甲为中心的满剌加王国统一了马来半岛的大部分。16 世纪开始，马来半岛先后被葡萄牙、荷兰、英国占领。20 世纪初，马来半岛完全沦为英国殖民地。加里曼丹岛沙捞越、沙巴历史上属文莱，1888 年两地沦为英国"保护地"。在第二次世界大战中，马来半岛、沙捞越、沙巴被日本占领。第二次世界大战后，英国恢复对其殖民统治。1957 年 8 月 31 日，马来亚联合邦宣布独立。1963 年 9 月 16 日，马来亚联合邦同新加坡、沙捞越、沙巴合并组成马来西亚（1965 年 8 月 9 日，新加坡退出）。

（一）地理位置

马来西亚地处东南亚（1°～7°N,100°～119°E），国土被中国南海分隔为东、西两部分。西马来西亚位于马来半岛南部，北与泰国接壤，南与新加坡隔柔佛海峡相望，东临中国南海，西濒马六甲海峡；东马来西亚位于加里曼丹岛北部，与印度尼西亚、文莱相邻；西马来西亚和东马来西亚最近处相距1111.2千米。马来西亚国土总面积约33万平方千米，其中，西马来西亚13.2万平方千米，东马来西亚19.8万平方千米。马来半岛地形北高南低，山脉由北向南纵贯，将半岛分成东海岸和西海岸两部分，沿海为冲积平原，中部为山地。东马来西亚主要是森林覆盖的丘陵和山地。

（二）自然资源

马来西亚自然资源丰富。马来西亚的主要农产品有棕榈油、橡胶、可可、木材和胡椒等，是世界第二大棕榈油及相关制品的生产国和出口国、世界第三大天然橡胶出口国。马来西亚石油和天然气储量丰富，此外还有铁、金、钨、煤、铝土、锰等矿产。

（三）气候条件

马来西亚为热带雨林气候，终年高温多雨，白天平均气温为31～33℃，夜间平均气温为23～28℃，高原地区的夜间气温可低至16～18℃。马来西亚年均降雨量为2000～2500毫米，每年10月至次年3月刮东北季风，为雨季，降雨较多；4—9月刮西南季风，为旱季，降雨较少。

（四）人口分布

马来西亚统计局公布的统计数据显示，截至2014年，马来西亚总人口约3026.17万。其中，男性约1559.43万，女性约1466.74万。马来西亚人口位居前5位的州是雪兰莪州（586.64万，占全国人口的19.4%）、沙巴州（354.03万，占11.7%）、柔佛州（353.28万，占11.7%）、沙捞越州（263.31万，占8.7%）和霹雳州（245.99万，占8.1%）。马来西亚首都吉隆坡的人口约173.25万，是马来西亚人口最多的城市。

（五）民族

马来西亚是个多民族国家，全国有32个民族。马来半岛以马来人、华人、印度人为主，沙捞越州以达雅克人、马来人、华人为主，沙巴州以卡达山人、华人、马来人为主（徐罗卿，2007）。

（六）语言

马来语是马来西亚国语，但马来西亚通用英语。马来西亚华人基本上能用普通话或方言交谈，普遍使用的方言有粤语、闽南语、客家话、潮州话、海南话、福州话等。印度族群常用泰米尔语交谈。

（七）宗教

伊斯兰教为马来西亚国教，马来西亚其他主要宗教有佛教、道教、印度教、基督教、锡克教、天主教。一般来讲，马来人信奉伊斯兰教，华人信奉佛教，印度人信奉印度教，小部分华人、欧亚混血人和沙巴、沙捞越的少数民族信奉基督教或天主教。

（八）习俗

马来人视左手为不洁，因此见面握手时，一定要用右手，平时接、递东西时，也必须用右手。对女士不可先伸出手要求握手，除非女士主动握手。头被认为是神圣的部位，在亲近儿童时，不可触摸他的头部，否则会引起不快。和伊斯兰教徒共餐时，不要劝酒，要避免点猪肉做的菜肴。无论是进入马来人的清真寺，还是进入华人或印度人的寺庙，进门前都要先脱掉鞋子，穿着必须整洁、适宜，凡是穿着短裙、短裤及半袖衫的人禁止进入清真寺。

第二节

马来西亚工业和信息化增长指数评估

20世纪70年代以前，马来西亚经济以农业为主，依赖初级产品出口。20世纪70年代以来，马来西亚不断调整产业结构，大力推行出口导向型经济，电子业、制造业、建筑业和服务业发展迅速。同时，实施马来族和原住民优先的"新经济政策"，旨在实现消除贫困、重组社会的目标。

自1987年起，马来西亚的经济连续10年保持8%以上的高速增长。1991年，马来西亚提出"2020宏愿"的跨世纪发展战略，旨在于2020年将马来西亚建成发达国家。马来西亚重视发展高科技，启动了"多媒体超级走廊""生物谷"等项目。1998 年，受亚洲金融危机的冲击，马来西亚经济出现负增长。马来西亚政府采取稳定汇率、重组银行企业债务、扩大内需和出口等政策，经济逐步恢复并保持中速增长。2008 年下半年以来，受国际金融危机影响，马来西亚国内经济增长放缓，出口下降，马来西亚政府为应对危机相继推出 70 亿林吉特和 600 亿林吉特刺激经济措施。2009年纳吉布总理就任后，采取了多项刺激经济和内需增长的措施。目前，马来西亚经济逐步摆脱了金融危机影响，企稳回升势头明显。2010 年马来西亚公布了以"经济繁荣与社会公平"为主题的第十个五年计划，并出台了"新经济模式"，继续推进经济转型。

2014 年，马来西亚投资总额为 2280.89 亿林吉特；消费总额为 5489.51 亿林吉特；出口总额为 7413.33 亿林吉特。农业、矿业、制造业、建筑业和服务业在 GDP 中所占比例分别为 6.9%、7.9%、24.6%、3.9% 和 55.3%。

根据测算结果，2015 年马来西亚的工业和信息化增长指数为 109.63，2014 年为 105.09，2013 年为 93.83，2012 年为 97.10（见表 8-1）。其中，工业、信息化增长较为稳定，制造业竞争力波动较大。

表 8-1　马来西亚工业和信息化增长指数

序 号	指 标	分 指 标	年 份				
			2011 年	2012 年	2013 年	2014 年	2015 年
1	增长	工业增加值增长率	100.00	104.94	108.71	115.38	121.43
		增长指数	100.00	104.94	108.71	115.38	121.43
2	竞争力	制造业各类产品国际市场占有率	100.00	98.64	95.65	97.45	96.44
		贸易竞争力指数	100.00	50.22	3.46	41.25	95.39
		竞争力指数	100.00	62.32	26.50	55.30	95.65
3	创新力	创新能力	100.00	106.98	113.95	120.93	127.91
		创新能力指数	100.00	106.98	113.95	120.93	127.91
4	效率	劳动生产率	100.00	102.51	99.40	103.45	86.94
		效率指数	100.00	102.51	99.40	103.45	86.94
5	信息化	互联网普及率	100.00	107.87	93.54	104.37	116.50
		人均带宽	100.00	93.86	143.86	258.77	238.60
		移动互联网覆盖率	100.00	101.26	101.89	100.21	100.42
		电子商务应用程度	100.00	93.10	93.10	98.28	101.72
		信息化指数	100.00	99.02	108.10	140.41	139.31

续表

序 号	指 标	分 指 标	年 份				
			2011 年	2012 年	2013 年	2014 年	2015 年
6	基础设施	人均发电量	100.00	102.34	103.78	99.98	103.78
		人均铁路里程	100.00	111.48	109.81	108.20	106.67
		港口基础设施质量	100.00	96.49	94.74	98.25	97.65
		基础设施指数	100.00	99.42	99.26	99.11	100.71
工业和信息化增长指数			100.00	97.10	93.83	105.09	109.63

马来西亚 2015 年各项指标增长情况如图 8-1 所示。

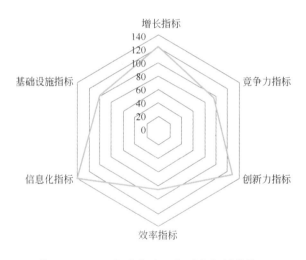

图 8-1　2015 年马来西亚各项指标增长情况

第三节

马来西亚工业和信息化各级指标测算

（一）工业增长指标

　　马来西亚政府鼓励以本国原料为主的加工工业，重点发展电子、汽车、钢铁、石油化工和纺织品等。2006 年，马来西亚制造业销售收入 5113 亿林吉特，同比增长 11.2%；就业人数达 108 万。马来西亚的工业主要是原料主导型的加工工业，近些年来，在电子、汽车及钢铁方面发展非常迅猛。马来西亚工业发展很快，从事工业的就业人数也逐渐增多。如今，马来西亚将出口导向型作为发展经济的重中之重，将工业发展成为技术密集型工业，增加工业产品的附加值，因此，建筑业、制造业和电子业都取得长足发展。

马来西亚是生产及出口半导体、视听器材、空调、橡胶产品及人造油产品，并居于全球领导地位的国家。经过多年的高速发展，马来西亚工业已经形成了规模完整的工业体系。马来西亚的汽车、电子、机械制造等比较发达。马来西亚生产的小汽车在东亚地区享有盛誉。马来西亚还把重点放在推介资讯科技上，它以多媒体超级走廊宏愿计划大举开放通信市场、网上资讯服务、电子商务、数码广播科技等。

根据数据的可得性，工业增长指标选取了马来西亚的工业增加值增长率进行测算。该指标经过标准化处理，2012 年为 104.94，2013 年为 108.71，2014 年为 115.38，2015 年为 121.43，如表 8-2 所示。

表 8-2　马来西亚工业增长指标情况

指　标	分 指 标	年　份				
		2011 年	2012 年	2013 年	2014 年	2015 年
增长	工业增加值增长率	100.00	104.94	108.71	115.38	121.43
	增长指数	100.00	104.94	108.71	115.38	121.43

（二）制造业竞争力指标

马来西亚制造业是马来西亚最大的生产部门，近 30 年来，马来西亚制造业发展迅速，2010 年制造业总产值约为 2641.7 亿美元，增加值为 539.1 亿美元，占 GDP 的比重达 22.5%。马来西亚制造业以食品制造业、电气电子业、木制品业、炼油业、橡胶产品业和非金属矿产品业为主。

在制造业各行业中，精炼石油产品、化工产品、电子元件和电路板制造、动植物油脂制造（主要指棕油制品）是马来西亚 GDP 的主要贡献行业。这 4 个行业的工业增加值为 238.7 亿美元，占制造业的比重达到 44.2%。

整体来看，马来西亚制造业竞争力还有待加强。历年的数据显示，自 2012 年后马来西亚制造业竞争力开始走下坡路，至 2014 年才有大幅度回升，如表 8-3 所示。

表 8-3　马来西亚制造业竞争力指标情况

指　标	分　指　标	年　份				
		2011 年	2012 年	2013 年	2014 年	2015 年
竞争力	制造业各类产品国际市场占有率	100.00	98.64	95.65	97.45	96.44
	贸易竞争力指数	100.00	50.22	3.46	41.25	95.39
	竞争力指数	100.00	62.32	26.50	55.30	95.65

马来西亚制造业中较具特色的有以下几个领域。

1. 电子制造业

马来西亚电子制造业发展迅速，已经成长为国民经济的重要支柱产业。马来西亚电子制造业主要涵盖电子元件和电路板制造、消费电子产品制造、计算机和周边设备制造、通信设备制造等领域。2010 年，马来西亚电子制造业总产值为 539.7 亿美元，增加值为 96.4 亿美元，占制造业的比重为 17.9%，从业人员达 31.4 万人。其中，电子元件和电路板制造产业总产值为 284.1 亿美元，消费电子产品制造产业总产值为 125.8 亿美元，计算机和周边设备制造产业总产值为 94.1 亿美元，通信设备制造产业总产值为 35.7 亿美元。世界上有 1/3 的半导体是在马来西亚的槟城装配的，众多的电子供应商、采购商和制造商聚集在槟城，使今日的槟城有"东方硅谷"之称。

2. 汽车工业

在马来西亚，汽车工业被认为是最重要、最具战略意义的行业之一。2011 年，马来西亚汽车销量达到 60 万辆，位居印度尼西亚、泰国之后，是东盟第三大汽车市场。马来西亚主要有 3 个汽车制造商：宝腾（Proton）、派洛多（Perodua）和韩国 KIA。其中，宝腾是马来西亚民族汽车工业的标志，是马来西亚最大的汽车公司；派洛多是马来西亚于 1993 年成立的，主要同日本的大发、丰田合作，是马来西亚第二大民族汽车品牌。马来西亚汽车市场是由马来西亚民族汽车控制的，宝腾和派洛多每年占据 90% 的汽车市场份额，这是马来西亚汽车市场的一大特点。此外，马来西亚汽车市场的另一大特点是乘用车销量远高于商用车，2011 年马来西亚乘用车销量达 53.5 万辆，而商用车销售仅为 6.5 万辆。数据显示，2010 年马来西亚汽车工业总产值达到 70.3 亿美元，其中，乘用车总产值为 69.7 亿美元，商用车总产值为 0.6 亿美元。

（三）创新力指标

马来西亚在依靠科技创新实现产业结构转型升级时遇到了科研人才不足的问题。马来西亚虽然教育普及，然而对高科技人才、研发人才、专业人才的培训不足。此外，马来西亚人才外流现象严重，也导致高端技术人才严重缺失。根据世界银行的统计，2011 年居住和工作在国外的马来西亚人约为 150 万，占马来西亚总人口的 5.3%。这些人中绝大多数是接受过高等教育的技术工人和专业人才。马来西亚中小型企业面临着工程师和技术员严重短缺的问题。马来西亚政府公开承认马来西亚存在严重的人力资本赤字。

马来西亚研发投入不足，造成企业自主创新动力匮乏。根据《世界竞争力年鉴》，2009 年马来西亚研发经费投入约 11 亿美元，只占马来西亚国内生产总值的 0.64%，远远低于其他亚洲新兴工业化国家对科技创新的投入。2009 年马来西亚获得美国专利和商标局授予的专利数仅为 181 件，同期新加坡和韩国获得的专利数分别为 493 件和 9566 件。可以看出，马来西亚企业自主创新能力薄弱，企业的技术自给率很低。

NRI 的主观打分显示，马来西亚科研创新能力表现较为稳定，2012 年为 106.98，2013 年为 113.95，2014 年为 120.93，2015 年为 127.91，如表 8-4 所示。

表 8-4　马来西亚创新力指标情况

指　标	分 指 标	年　份				
		2011 年	2012 年	2013 年	2014 年	2015 年
创新力	创新能力	100.00	106.98	113.95	120.93	127.91
	创新能力指数	100.00	106.98	113.95	120.93	127.91

（四）效率指标

马来西亚的劳动力市场为劳动密集型产业提供了良好的发展前景，有助于该国贸易结构的改善和制造业的健康发展。相较于马来西亚的平均工资水平，该国劳动生产力水平较高，劳动力普遍识字，且含有大量的外来移民人口。同时，随着区域一体化的进程不断深入，劳动力流动性提高，有利于企业实现跨国招聘。此外，马来西亚劳动法规相对灵活，工会组织影响力有限，有助于减小劳动纠纷的风险。

但是，从中短期来看，由于马来西亚教育体系的结构性缺陷，加之政府近来持续收紧外籍员工政策以鼓励企业聘用本地劳动力，投资者将会继续面临"技工荒"的问题。总体而言，马来西亚劳动力市场还是具有一定吸引力的，在其所处的东亚和东南亚地区居于中间层次。

效率指标选取了参与工业生产劳动人口的相关数据，根据测算得分，马来西亚工业劳动人口生产率正处于波动的状态。其中，2012 年为 102.51，2013 年为 99.40，2014 年为 103.45，2015 年为 86.94（见表 8-5）。

表 8-5　马来西亚效率指标情况

指　标	分　指　标	年　份				
		2011 年	2012 年	2013 年	2014 年	2015 年
效率	劳动生产率	100.00	102.51	99.40	103.45	86.94
	效率指数	100.00	102.51	99.40	103.45	86.94

（五）信息化指标

马来西亚近年来的数据显示，互联网及移动互联网覆盖程度较其他发展中国家发展较好，但是，网络的应用和建设还有待进一步提升。

信息化方面，马来西亚近年来增长幅度较大，尤其是人均带宽方面有较好表现。总体来说，马来西亚信息化指标测算结果是，2012 年为 99.02，2013 年为 108.10，2014 年为 140.41，2015 年为 139.31，如表 8-6 所示。

表 8-6　马来西亚信息化指标情况

指　标	分　指　标	年　份				
		2011 年	2012 年	2013 年	2014 年	2015 年
信息化	互联网普及率	100.00	107.87	93.54	104.37	116.50
	人均带宽	100.00	93.86	143.86	258.77	238.60
	移动互联网覆盖率	100.00	101.26	101.89	100.21	100.42
	电子商务应用程度	100.00	93.10	93.10	98.28	101.72
	信息化指数	100.00	99.02	108.10	140.41	139.31

截至 2013 年年底，马来西亚固定电话用户为 374.6 万户，固定电话普及率为 32.4%。固定电话运营商是马来西亚电信公司（TM）。马来西亚移动电话网络覆盖全国大部分地区，2013 年年底移动电话用户达到 4296 万户，普及

率为 143.6%；主要移动电话运营商是 Celecom、Maxis 和 DiGi。

截至 2013 年年底，马来西亚共有宽带互联网用户 637 万户，宽带普及率为 22.6%。其中，237 万用户利用 ADSL、SDSL、光纤或卫星技术等有线网络上网，389 万用户通过移动宽带等无线技术上网，19 万用户通过"一个马来西亚上网本计划"上网。

（六）基础设施指标

马来西亚的基础设施比较完善，政府向来重视对高速公路、港口、机场、通信网络和电力等基础设施的投资和建设。马来西亚现有的基础设施能较好地为各类投资者服务。同时，马来西亚政府未来的基础建设计划也为外国投资基础设施建设和开展工程承包提供了契机。

在基础设施指标方面，马来西亚表现比较稳定，测算结果显示 2012—2015 年基础设施指标在 100 左右波动（见表 8-7）。

表 8-7 马来西亚基础设施指标情况

指　标	分 指 标	年　份				
		2011 年	2012 年	2013 年	2014 年	2015 年
基础设施	人均发电量	100.00	102.34	103.78	99.98	103.78
	人均铁路	100.00	111.48	109.81	108.20	106.67
	港口基础设施质量	100.00	96.49	94.74	98.25	97.65
	基础设施指数	100.00	99.42	99.26	99.11	100.71

马来西亚的电力由公共能源公司［占 98%，包括国家能源公司（TNB）和州立能源公司］和独立的私人发电厂（占 2%）提供，2013 年发电量约为 1318.5 亿千瓦时，其中，燃气机组占 45.3%，燃煤机组占 38.5%，水电机组占 10.6%，柴油机组占 5.4%，其他占 0.2%。全年装机容量为 2605.5 万千瓦，电力需求峰值为 1958.9 万千瓦，备用余量达 33.0%。

马来西亚 95% 的贸易通过海运完成，主要国际港口包括巴生港、槟城港、柔佛港、丹绒柏勒巴斯港、关丹港、甘马挽港、民都鲁港等。2014 年，马来西亚水运量为 5.39 亿吨。巴生港濒临马六甲海峡，是马来西亚最大的港口，集装箱年处理能力约 500 万标准箱，是东南亚集装箱的重要转运中心，其西港有良好的深水码头，可以停靠世界最大吨位的货船。

马来西亚铁路网贯穿马来半岛南北，负责运营的是马来西亚铁道公司（KTMB），该公司具备运送多种货物的能力。2014 年前三季度，马来西亚铁路共运载旅客 167.7 万人次、货物 608.4 万吨。

马来西亚第十个五年规划指出，为了进一步提高生产力，2011—2015 年马来西亚将对包括宽带网络、港口、双轨铁路、机场在内的国家基础设施领域加大投资，目标是建设世界级的基础设施。

第九章 泰国

泰王国（The Kingdom of Thailand，简称泰国），首都为曼谷，是位于东南亚的君主立宪制国家。泰国位于中南半岛中部，其西部、北部与缅甸、安达曼海接壤，东北部毗邻老挝，东南部接壤柬埔寨，南部狭长的半岛与马来西亚相连。

第一节

国家介绍

泰国有 700 多年的历史和文化。泰国古称暹罗，公元 1238 年建立了素可泰王朝，开始形成较为统一的国家。到目前为止，泰国先后经历了素可泰王朝、大城王朝、吞武里王朝和曼谷（节基）王朝。从 16 世纪起，泰国先后遭到葡萄牙、荷兰、英国和法国等殖民主义者的入侵。19 世纪末，曼谷王朝拉玛四世王注重汲取西方经验进行社会改革。1896 年，英、法签订条约，规定暹罗为英属缅甸和法属印度支那之间的缓冲国，使暹罗成为东南亚唯一没有沦为殖民地的国家。1932 年 6 月，拉玛七世王执政，人民党发动政变，废除君主专制政体，建立君主立宪政体。1939 年 6 月更名为泰国，意为"自由之地"。

1941 年被日本占领后，泰国宣布加入轴心国。1945 年恢复暹罗国名。1949
年 5 月又改称泰国（陈铁军，2012）。

（一）地理位置

泰国地处中南半岛中部（5°30′～21°N，97°30′～105°30′E），东南部
临太平洋泰国湾，西南部濒临印度洋安达曼海，西部及西北部与缅甸交界，东
北部与老挝毗邻，东部连柬埔寨，南部接马来西亚。泰国国土面积为 51.3 万
平方千米，在东南亚地区仅次于印度尼西亚、缅甸（吕晶晶，廖锦超，2011）；
泰国 50% 以上的国土为平原和低地。泰国地势北高南低，由西北向东南倾斜。
按地形分为肥沃广袤的中部平原、山峦起伏的东北部高原、丛林密布的北部山
区、风光迷人的南部半岛。

（二）自然资源

泰国的自然资源主要有钾盐、锡、褐煤、油页岩、天然气，以及锌、铅、
钨、铁、锑、铬、重晶石、宝石和石油等。其中，钾盐储量为 4367 万吨，居
世界第 1 位；锡储量约 120 万吨，占世界总储量的 12%；油页岩储量约 187
万吨；褐煤储量约 20 亿吨；天然气储量约 4643.9 亿立方米；石油储量为
1500 万吨。泰国森林总面积为 144 万平方千米，覆盖率为 25%。

（三）气候条件

泰国大部分地区属热带季风气候，全年明显分为热季（2—5 月中旬）、雨
季（6—10 月中旬）和凉季（11 月至翌年 2 月）3 个时期。全年平均气温为
27.7℃，最高气温可达 40℃以上。泰国年平均降水量为 1100 毫米，平均湿度
为 66%～82%。

（四）人口分布

泰国总人口为 6895 万（2013 年人口普查数据），就业人口为 3970 万，
其中，农业就业人口为 1382 万。

（五）民族

泰国第一大民族为傣族，占人口总数的 40%，其余为老挝族、华族、马
来族、高棉族，以及苗、瑶、桂、汶、克伦、掸、塞芒、沙盖等山地民族（程
宇航，2016）。

（六）语言

泰语为泰国国语，泰国官方语言为泰语和英语。泰国每个地区都有自己的方言，但以中部曼谷地区的方言为标准语。潮州话、海南话、广东话在泰籍华人中使用较为普遍，此外还有马来语和高棉语。

（七）宗教

泰国宗教主要有佛教、伊斯兰教、天主教和印度教。佛教是泰国的国教，是泰国宗教和文化的重要组成部分，对当地政治、经济、社会生活和文化艺术等领域有重大影响，在泰国享有崇高地位。佛教为泰国人塑造了崇尚忍让、安宁及爱好和平的道德风尚。泰国 95% 的人口信奉佛教；伊斯兰教是泰国第二大宗教，占泰国人口的 3.8%，主要信徒为马来人。泰国穆斯林中 99% 是逊尼派，1% 是什叶派。

（八）习俗

泰国是一个礼仪之邦，被誉为"微笑国度"。泰国人性情温和，注重礼仪，尊重长辈。人们见面时通常将双手合十于胸前，互致问候，合十后也可不再握手。泰国人觐见王室成员时一般鞠躬致敬；见僧侣时一般均以合十回礼，女性不得与僧侣握手或递送物品。泰国人视头部为最神圣的部位，忌讳别人触摸。长辈或上级在座时，晚辈或下级必须绕道或弯腰穿行。忌用左手传递东西、接拿物品。谈话时，忌用手指指对方。到寺庙烧香拜佛或参观时，须衣冠整洁、脱鞋。泰国人着装考究，出席正式场合和庄重的仪式，男士穿西装或民族服装，女士穿过膝裙服，一般不着长裤；政府官员出席有王室成员出席或主持的活动时，须着白色文官服。

第二节

泰国工业和信息化增长指数评估

泰国是中等收入的发展中国家，实施自由经济政策，属外向型经济。历史上泰国是农业国，19 世纪中叶，西方国家打开泰国市场后，对大米、橡胶、锡和其他原料的需求刺激了泰国的经济发展，但经济格局单一，基础落后。第二次世界大战前，除小规模和低技术水平的碾米、锯木和采矿业外，泰国几乎没有什么工业。第二次世界大战后，美国开始对泰国投资，泰国工业得到发展。20 世纪 50 年代，泰国政府开始大力发展工业，力图以工业化为中心带动整个经济的发展，并取得成效。1959 年，泰国设立国家经济发展委员会（1972 年更名为国家经济和社会发展委员会，NESDB），开始制定全国经济发展计划。20 世纪 80 年代，泰国开始积极调整工业结构，引进技术密集型和附加值高的中轻型工业，寻求适合泰国的工业发展模式，取得了良好效果。电子工业等制造业发展迅速，经济持续增长。20 世纪 90 年代以后，泰国政府加强农业基础投入，促进制造业和服务业发展，1996 年人均 GDP 达 3035 美元，成为中等收入国家。

1997 年从泰国开始爆发的亚洲金融危机使泰国经济受到沉重打击，1998 年经济下降 10.8%，1999 年经济开始复苏。进入 21 世纪后，泰国政府将恢复和振兴经济作为首要任务，采取积极的财政政策和货币政策，扩大内需，刺激出口，并全面实施"三年缓偿债务""农村发展基金""一乡一产品""30 铢治百病"等扶助农民计划，经济持续好转。2003 年 7 月，泰国提前两年还清金融危机期间向国际货币基金组织（IMF）借贷的 172 亿美元贷款。

2006 年 10 月，泰国开始实施第十个社会经济发展五年计划，制定了发展"绿色与幸福社会"的目标，以泰国国王倡导的"适度经济"为指导原则，在全国创建和谐及持续增长的环境，提高泰国抵御风险的能力。2008 年全球金融危机对外向型的泰国经济影响颇深，加之国内政局动荡，使泰国经济出现近年来最大幅度的衰退，2009 年泰国 GDP 下降 2.3%。2010 年，泰国经济全面复苏，尽管经历了政局问题和自然灾害等负面因素影响，但仍实现了 7.8% 的高增长。

2011 年前三季度泰国经济仍然保持了 3.1% 的增长，第四季度受特大洪灾影响，工业、农业、旅游业均受冲击，当季 GDP 负增长 9%，拖累泰国全年经济增速减至 0.1%。据世界银行估算，洪灾造成泰国经济损失达 1.4 万亿泰铢。泰国从 2012 年起开始实施第十一个社会经济发展五年计划。该计划继续贯彻泰国国王倡导的"适度经济"原则，力求经济、社会、环境的和谐、可

持续发展，提高泰国民众及经济对内、外部因素变化所造成风险的抵抗能力
（孙春莲，2013）。

根据测算结果，2015 年泰国的工业和信息化增长指数为 119.50，2014 年
为 114.47，2013 年为 113.59，2012 年为 109.35，一直处于增长的态势，如
表 9-1 所示。其中，工业增长较为稳定，持续小幅度稳步发展，而创新力和
信息化指标表现突出，尤其是人均带宽，增长了 55% 左右。

表 9-1　泰国工业和信息化增长指数

序　号	指　标	分　指　标	年　份				
			2011 年	2012 年	2013 年	2014 年	2015 年
1	增长	工业增加值增长率	100.00	107.28	108.76	108.40	110.81
		增长指数	100.00	107.28	108.76	108.40	110.81
2	竞争力	制造业各类产品国际市场占有率	100.00	105.09	104.53	103.61	106.47
		贸易竞争力指数	100.00	97.40	99.12	104.40	104.47
		竞争力指数	100.00	99.32	100.47	104.20	104.97
3	创新力	创新能力	100.00	93.75	106.25	115.63	128.13
		创新能力指数	100.00	93.75	106.25	115.63	128.13
4	效率	劳动生产率	100.00	103.83	108.51	92.75	84.33
		效率指数	100.00	103.83	108.51	92.75	84.33
5	信息化	互联网普及率	100.00	111.79	122.26	147.40	166.10
		人均带宽	100.00	227.78	246.30	346.30	507.41
		移动互联网覆盖率	100.00	264.55	264.55	264.55	256.61
		电子商务应用程度	100.00	94.12	96.08	96.08	100.00
		信息化指数	100.00	174.56	182.30	213.58	257.53
6	基础设施	人均发电量	100.00	106.54	105.36	100.49	105.37
		人均铁路里程	100.00	99.61	99.19	98.78	98.45
		港口基础设施质量	100.00	97.87	95.74	95.74	95.54
		基础设施指数	100.00	101.52	100.32	98.47	100.00
工业和信息化增长指数			100.00	109.35	113.59	114.47	119.50

泰国 2015 年各项指标增长情况如图 9-1 所示。

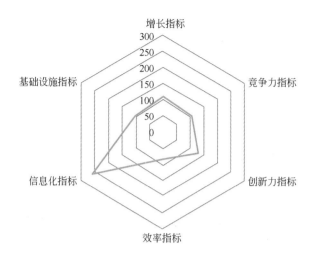

图 9-1　2015 年泰国各项指标增长情况

第三节

泰国工业和信息化各级指标测算

(一) 工业增长指标

泰国是东盟十国中的第二大经济体,制造业和服务业占 GDP 产业组成结构的 76%。泰国从中国进口计算机及零部件、机械设备及零配件、家用电器、化工产品、纺织品、金属制品、钢铁产品、化肥农药等;向中国出口的主要产品为自动数据处理设备、天然橡胶、化工产品、木薯、塑胶粒、电子集成电路、成品油、木材等。除中国外,泰国还与美国、日本等国家有贸易往来。

泰国的工业增长指标经过标准化处理后,2012 年为 107.28,2013 年为 108.76,2014 年为 108.40,2015 年为 110.81(见表 9-2)。

表 9-2　泰国工业增长指标情况

指　标	分指标	年　份				
		2011 年	2012 年	2013 年	2014 年	2015 年
增长	工业增加值增长率	100.00	107.28	108.76	108.40	110.81
	增长指数	100.00	107.28	108.76	108.40	110.81

泰国工业虽然不强势，但其采矿业较具特色。泰国的采矿业曾是国民经济的重要组成部分，但近几年日渐衰落。作为换汇大户的锡资源也因世界市场价格趋低受到很大冲击。另外，泰国国内需求的不断增长也导致部分矿产品出口量的下降，甚至没有余量出口。泰国采矿业中前景乐观的首推石油开采（龚洪，2014）。

（二）制造业竞争力指标

制造业已成为泰国比重最大的产业，也是主要出口产业之一。泰国工业化进程的一大特征是充分利用其丰富的农产品资源发展食品加工及其相关的制造业。这种以农业资源为基础的工业发展模式在过去20多年取得了显著成就，并将在今后发挥更大的作用（龚洪，2014）。

2014年泰国制造业产值为1550亿美元，占GDP的42.0%。制造业主要门类有采矿、纺织、电子、塑料、食品加工、玩具、汽车装配、建材、石油化工等。2014年泰国汽车产量达200万辆，跻身全球十大汽车生产国。

整体来看，泰国制造业竞争力波动较大。历年的数据显示，自2012年后泰国制造业竞争力开始走下坡路，2014年则有大幅度回升（见表9-3）。

表9-3　泰国制造业竞争力指标情况

指　标	子指标	年　份				
		2011年	2012年	2013年	2014年	2015年
竞争力	制造业各类产品国际市场占有率	100.00	105.09	104.53	103.61	106.47
	贸易竞争力指数	100.00	97.40	99.12	104.40	104.47
	竞争力指数	100.00	99.32	100.47	104.20	104.97

泰国制造业中较具特色的产业是汽车工业。汽车工业是泰国第一大支柱工业，拥有劳动力20万人。泰国汽车工业的发展始于20世纪60年代，目前泰国已成为东南亚汽车制造中心和东盟最大的汽车市场。目前，泰国有10多条汽车生产线，包括日本的丰田、铃木、尼桑、三菱、本田、马自达等，以及欧美的奔驰、宝马、福特、通用、沃尔沃等（陈铁军，2012）。同时，泰国国内超过1000家汽车零配件厂保证了汽车生产规模的不断扩大。

（三）创新力指标

近年来泰国政府出台的主要国家科技发展战略、规划和政策如下。

（1）《科技与创新基本法》（*National Science, Technology and Innovation Act*），明确国家科技创新发展的方向，包括：科技创新人力资源开发，科研人员的职业发展、国内外交流及引进科技专家，研究机构、教育机构、公共和私营部门之间的合作网络，知识产权保护，公共部门采取财政、金融措施和采购机制来创造或扩大由研发成果转化而来的产品或服务市场，国有机构、私营部门和民间部门合作推动技术转移，国家的重大投资项目服务于科技创新，提升科技创新基础设施，科技奖励。该法案还确定了国家科技与创新政策委员会（NSTIC）及其执行机构——国家科技创新办公室（STI）的组成和职责。

（2）《国家科技战略计划》（*National Science and Technology Strategic Plan*），重点在发展国家创新体系和产业创新集群。科技发展5项战略包括：①增强科技创新人力资源；②提升公众尤其是青年的科技创新意识，在泰国发展科技知识社会；③通过研发和创新提升科技竞争力，增强国家创新体系；④通过技术转移和知识共享提升商业生产率并为社会服务；⑤通过对科学基础设施、研究资助体系、科学政策的制定和科技管理的能力建设，使其更及时、更有效。

（3）《国家科技与创新计划》（*National STI Master Plan*），该计划由泰国国家科技创新办公室（STI）制定发布，主旨为绿色创新。该计划认为东盟地区融合、社会和人口变化、能源和环境安全、技术和创新趋势将是未来泰国实现平衡的可持续经济增长和品质社会的4项主要驱动力。该计划确定了5项发展战略：社会和本地社区赋权，增强经济竞争力和灵活性，确保能源、资源和环境安全，开发和增强科技创新人力资本，提升和支持科技创新基础设施。12个经济领域被确定为绿色产品和服务的重点领域：水稻、橡胶、生物燃料、食品加工、塑料和石油化工、电子、汽车、时尚产业、创意和电子产业、物流、建筑及相关服务、旅游。

近年来，泰国研发投入、科研人员数量、专利申请、学术论文发表数量均保持稳定增长态势。根据2011年泰国研发普查结果，2011年泰国研发投入（GERD）为408.7亿泰铢，占GDP比例为0.4%。其中，私营部门投入约占 51%，政府、学术界、非营利机构投入约占 49%。在泰国政府 2012 年财政年度预算中，全年用于科技和创新的总投入为 177.3 亿泰铢，占政府年度财政预算的 0.8%，其中，支持科技与创新发展项目的投入为 71.6 亿泰铢，支持研究人员项目费用为 105.7 亿泰铢。2011 年泰国共有科研人员 91473 人，全时工作当量（FTE）为 53122 人年。其中，私营部门有科研人员 24938 人，全时工作当量为 22245 人年；政府、学术界、非营利组织有科研人员 66535 人，全时工作当量为 30877 人年。2012 年泰国专利申请数为 10227 件，批准 3115 件。其中，本国人申请 3360 件，获批 1212 件；外国人申请 6867 件，获批 1903 件。泰国本国专利申请注重外观设计，发明专利申请多为外国人提出。

世界经济论坛（WEF）《全球竞争力报告 2013—2014》将泰国列为第二发展阶段国家，属于效率驱动（第一发展阶段为要素驱动，第三发展阶段为创新驱动），在 148 个经济体中整体排名第 37 位；在 12 类指标中，技术就绪类指标排名第 78 位，创新类指标排名第 66 位。根据洛桑国际管理学院（IMD）《世界竞争力年鉴 2013》，泰国在 60 个经济体中排名第 27 位，在 20 类指标中，技术基础设施类指标排名第 47 位，科学基础设施类指标排名第 40 位。世界知识产权组织（WIPO）等发布的 2013 年全球创新指数显示，泰国在 142 个经济体中排名第 57 位。

泰国科研重点为事关国家经济发展和民生的领域，主要是农业和食品、生物与医药卫生、能源与环境、社区和农村实用技术等。泰国科技界在水稻、木薯、橡胶、热带水果的品种改良和品质提升方面取得了很多成绩。

根据 NRI 的主观打分，泰国近年来的创新能力在逐年递增，并且有了大幅度增长，2012 年为 93.75，2013 年为 106.25，2014 年为 115.63，2015 年为 128.13，具体如表 9-4 所示。

表 9-4　泰国创新力指标情况

指标	分指标	年份				
		2011 年	2012 年	2013 年	2014 年	2015 年
创新力	创新能力	100.00	93.75	106.25	115.63	128.13
	创新能力指数	100.00	93.75	106.25	115.63	128.13

（四）效率指标

效率指标选取了参与工业生产劳动人口的相关数据，根据测算得分，泰国工业劳动人口生产率处于逐年递减的基本趋势。其中，2012年为103.83，2013年为108.51，2014年为92.75，2015年为84.33（见表9-5）。

表9-5　泰国效率指标情况

指 标	分 指 标	年 份				
		2011年	2012年	2013年	2014年	2015年
效率	劳动生产率	100.00	103.83	108.51	92.75	84.33
	效率指数	100.00	103.83	108.51	92.75	84.33

（五）信息化指标

泰国电信业比较发达，目前各种形式的电信网络已覆盖全国各地，包括固定电话、移动电话、ADSL宽带互联网、卫星调制解调器及拨号入网服务等。泰国主要的电信服务商包括国有的CAT、TOT，以及民营的AIS、DTAC、TRUE等。根据泰国统计局在2011年对泰国6周岁以上国民的调查，计算机使用者达1990万人，占被调查人口的32%左右；互联网使用者为1480万人，占被调查人口的23.7%左右；移动电话使用者达4140万人，占被调查人口的66.4%左右。

信息化方面，泰国近年来虽然增速不等，但整体而言增加的幅度很大。泰国信息化指数测算结果是，2012年为174.56，2013年为182.30，2014年为213.58，2015年为257.53，如表9-6所示。其中，人均带宽的增速最快，而互联网普及率表现良好。

表9-6　泰国信息化指标情况

指 标	分 指 标	年 份				
		2011年	2012年	2013年	2014年	2015年
信息化	互联网普及率	100.00	111.79	122.26	147.40	166.10
	人均带宽	100.00	227.78	246.30	346.30	507.41
	移动互联网覆盖率	100.00	264.55	264.55	264.55	256.61
	电子商务应用程度	100.00	94.12	96.08	96.08	100.00
	信息化指数	100.00	174.56	182.30	213.58	257.53

（六）基础设施指标

基础设施指标方面，泰国呈现波动递减的情形，3 项分指标的下降幅度都不大，说明泰国政府在基础设施方面推出的发展计划并未有太大成效，还需要进一步推进相关政策措施的实施，如表 9-7 所示。

表 9-7　泰国基础设施指标情况

指　标	分　指　标	年　份				
		2011 年	2012 年	2013 年	2014 年	2015 年
基础 设施	人均发电量	100.00	106.54	105.36	100.49	105.37
	人均铁路里程	100.00	99.61	99.19	98.78	98.45
	港口基础设施质量	100.00	97.87	95.74	95.74	95.54
	基础设施指数	100.00	101.52	100.32	98.47	100.00

发电量方面，泰国自身发电能力基本能满足国内需求，但伴随着经济发展，电力供需矛盾日益突出。据泰国能源部门测算，泰国近年来 GDP 每增加 1%，相应的电力需求就增加 1.4%。如果泰国经济维持在 4% ～ 5% 的增长率，则每年电力需求增长将达到 5.8% 左右。泰国政府预计在第十一个五年计划期间（2012—2016 年）投资共 816 亿泰铢，以应对电力供应不足的局面。泰国正与老挝、缅甸等周边国家积极开展合作，以期不断满足本国日益上涨的电力需求。2013 年泰国国内发电装机容量为 34251 兆瓦，外购电力合同量为 3045 兆瓦。天然气发电量占泰国总发电量的 65%，其中自缅甸进口的天然气占泰国发电用天然气的 28%。泰国的民用供电系统为交流电压 220 伏 /50 赫兹，工业用电为交流电压 380 伏 /50 赫兹，电费采用分时段费率计收。

泰国的水运包括海运和河运。目前泰国已有 122 个港口码头，包括 8 个国际深水港，分别位于曼谷（Khlong Toei Port/Bangkok Port）、东海岸的廉差邦（Laem Chabang Port）和马达朴，以及南海岸的宋卡、沙敦、陶公、普吉和拉农等府，年吞吐量超过 450 万标准集装箱。曼谷是最重要的港口，承担泰国 95% 的出口和几乎全部进口商品的吞吐（张晓华，2013）。湄公河和湄南河为泰国两大水路运输干线，内陆水道约 4000 千米。泰国重要港口包括清盛港（Chiang Saen Port）、清孔港（Chiang Khong Port）等。

泰国铁路系统相对较落后，铁路网里程约 443 千米，均为窄轨，覆盖全国 47 府。4 条主要铁路干线以曼谷为中心向北部、东部、南部、东北部延伸。

北部到清迈，东部到老挝边境，南部到马来西亚国境。目前，从中国云南昆明到越南、柬埔寨、泰国、马来西亚和新加坡的铁路大部分路段由现有的铁路连接而成。

2012 年 3 月，《基础设施发展规划（2012—2016）》获得泰国重建和发展战略委员会的一致通过；为顺利实施该计划，泰国政府从财政划拨 22700 亿泰铢用于基础设施项目建设，包括：新建一条贯通南北的高速铁路和改建全国铁路，改善制造业及服务业的基础设施，对空置闲地进行经济开发利用，制定基础设施战略发展规划，提高防御自然灾害的能力，进一步加强对水资源的保护。如果该规划能够高效、顺利完成，良好的基础设施将对泰国未来经济保持稳定增长添加积极因素。2013 年年底泰国政局动荡后，2014 年 3 月判决总投资 22700 亿泰铢的基础设施建设项目违宪，所涉及的项目被暂停。泰国军政府上台后表示，将重新评估涉及的项目，如有实施必要将重新启动。

第十章 土耳其

　　土耳其共和国（The Republic of Turkey，简称土耳其），是横跨欧、亚两洲的国家，北临黑海，南临地中海，东南与叙利亚、伊拉克接壤，西临爱琴海，东部与格鲁吉亚、亚美尼亚、阿塞拜疆和伊朗接壤（黄婧，2014）。土耳其地理位置和地缘政治战略意义极为重要，是连接欧、亚两洲的十字路口，首都为安卡拉。

第一节

国家介绍

　　土耳其史称突厥，8世纪起从阿尔泰山一带迁入小亚细亚。1299年，突厥人建立奥斯曼帝国。1453年，奥斯曼帝国攻陷君士坦丁堡，消灭东罗马帝国；16世纪达到鼎盛，统治区域地跨欧洲、亚洲、非洲；17世纪开始衰落。在第一次世界大战中，土耳其加入同盟国作战；1918年，因战败而沦为半殖民地。1919年，凯末尔发动民族解放战争；1923年10月29日，土耳其共和国成立。

（一）地理位置

　　土耳其位于亚洲最西部，横跨欧、亚两大洲，国土面积为78.36万平方千米，其中，97%的国土位于亚洲的小亚细亚半岛（又称安纳托利亚半岛）；3%的国土位于欧洲的巴尔干半岛，称为东色雷斯。土耳其三面环海，北为黑海，西为爱琴海和马尔马拉海，南为地中海，海岸线长达7200千米。土耳其与亚洲、欧洲的8个国家相邻，陆地边境线长2648千米。东有格鲁吉亚、亚美尼亚、阿塞拜疆、伊朗；东南有伊拉克、叙利亚；西有保加利亚、希腊；北部隔海与罗马尼亚、俄罗斯、乌克兰相望；南部隔海与塞浦路斯相对。

（二）自然资源

土耳其矿产资源丰富，主要有大理石、硼矿、铬、钍和煤等，总值超过2万亿美元。其中，大理石储量占世界大理石总储量的40%，品种、数量均居世界第1位；三氧化二硼储量为7000万吨，价值3560亿美元；钍储量占全球总储量的22%；铬储量达1亿吨，居世界前列。此外，黄金、白银、煤储量分别为450吨、1100吨、85亿吨；但石油、天然气资源匮乏，需要大量进口。土耳其主要河流有底格里斯河和幼发拉底河的上游及其支流、萨卡里亚河、克孜勒河等，重要湖泊有东部的凡湖、中部的图兹湖等。土耳其内陆河流湍急，落差很大，适宜发电，不适宜航运。土耳其水资源短缺，人均水资源拥有量仅1430立方米。

（三）气候条件

土耳其西部及南部沿海地区属典型的地中海气候，夏季炎热、少雨，冬季则温和、多雨；南部沿海地区夏季极端气温达40℃以上；北部沿黑海地区终年温和、多雨；中部和东部等非沿海地区为大陆性高原气候，夏季炎热、干燥，冬季寒冷；东部极端气温达-40℃。

（四）人口分布

据土耳其政府公布的数据，截至2014年年底，土耳其人口达7770万，同比增长1.3%。其中，男性人口占50.2%，女性人口占49.8%。劳动年龄人口（15～64岁）数量同比增长1.4%，占总人口数量的67.8%。土耳其人口最多的3个省（包括常住外国人）分别为：伊斯坦布尔省，人口1438万，占全国人口的18.5%；安卡拉省，人口515万，占全国人口的6.6%；伊兹密尔省，人口411万，占全国人口的5.3%。

（五）民族

土耳其80%为土耳其族，15%为库尔德族（主要分布在土耳其东部及东南部），另有阿拉伯族、亚美尼亚族和希腊族等少数民族。

（六）语言

土耳其官方语言为土耳其语，少数民族同时使用库尔德语、阿拉伯语、亚美尼亚语和希腊语等。

（七）宗教

土耳其 99.8% 的居民信仰伊斯兰教，其中，85% 属逊尼派，其余为什叶派；0.2% 的人信仰东正教、天主教、犹太教等。土耳其宗教气氛相对宽松，与其他西亚地区伊斯兰国家迥异，在男女握手、饮酒等方面无特殊禁忌，但禁食猪肉。

（八）习俗

土耳其社会风气比较多元、开放，由于地理位置、历史渊源、申请加入欧盟等原因，当地人习惯将自己视为欧洲人而非亚洲人。土耳其服饰也是西式服装与伊斯兰教传统服装交杂，大多数人特别是受过高等教育的人和年轻人喜欢穿西式服装，大多数女士不戴头巾。在商务活动场合宜穿正装西服，女性忌穿无袖衣服。家人、朋友、同事见面或分手时多行贴面礼，左右面颊分别互贴一下，相互亲近的人还会在贴面时发出轻微的亲吻声。拜访客人宜提前预约，并准时赴约。初次到别人家或公司拜访，宜带甜点或小礼物作为见面礼。喜食牛、羊肉，忌吃猪肉，忌用猪、猫、熊猫作为宣传图案。

第二节

土耳其工业和信息化增长指数评估

土耳其是一个混合经济国家。20 世纪 80 年代以前，土耳其政府执行进口替代政策，着力兴建和保护本国企业，其出口商品主要是农产品。20 世纪 80 年代，由于石油危机的爆发、国际市场农产品价格暴跌造成的贸易逆差，以及 1974 年土耳其出兵塞浦路斯引致国际制裁和援助停止，土耳其出现了严重的经济危机，特别是财政赤字的上升，外债负担的加重，土耳其中央银行因外汇奇缺而暂停支付（姜明新，2010）。

20 世纪 80 年代土耳其实施对外开放政策以来，经济实现跨越式发展，由经济基础较为落后的传统农业国向现代化的工业国快速转变。2002 年以来，土耳其加大基础设施建设投入，不断改善投资环境以吸引外资，大力发展对外贸易，经济建设取得较大成就。2008 年，受全球金融危机影响，土耳其经济发展速度明显放缓，出口萎缩，失业率攀升，外国投资减少。土耳其政府采取多项举措应对金融危机，以减税和提供补贴等方式扶持制造业等支柱产业。2010 年年底，土耳其经济出现强劲复苏势头，通胀率和失业率较金融危机初期大幅下降。土耳其是继中国、俄罗斯、印度、巴西和南非等"金砖国家"之后又一蓬勃发展的新兴经济体，在国际社会享有"新钻国家"的美誉，已成为"经济安理会"20 国集团的成员。2015 年，土耳其国内生产总值（GDP）为 7199.7 亿美元，按固定价格核算为 1313 亿里拉，如表 10-1 所示。

表 10-1 2010—2015 年土耳其宏观经济统计

年 份	GDP（亿里拉）	经济增长率（%）	人均 GDP（美元现值）
2010 年	1059	9.2	10079
2011 年	1152	8.8	10444
2012 年	1176	2.1	10504
2013 年	1226	4.2	10782
2014 年	1263	2.9	10395
2015 年	1313	4.0	9261

资料来源：土耳其统计局。

土耳其工业、农业均有一定基础，轻纺业、食品工业发达，矿产资源丰富。随着国民经济的快速发展，土耳其对外贸易总值不断增加。土耳其主要进口商品为原油、天然气、化工产品、机械设备、钢铁等，主要出口产品为农产品、食品、纺织品、服装、金属产品、车辆及零配件等。近年来，钢铁、汽车、家电、机械产品等逐步进入国际市场。

根据测算结果，2015 年土耳其的工业和信息化增长指数为 106.59，2014 年为 110.94，2013 年为 108.45，2012 年为 105.80，整体来看略有进步，如表 10-2 所示。其中，工业和信息化增长较为稳健，而制造业竞争力、创新力和劳动效率下滑。

表 10-2　土耳其工业和信息化增长指数

序　号	指　标	子　指　标	年　份				
			2011 年	2012 年	2013 年	2014 年	2015 年
1	增长	工业增加值增长率	100.00	101.60	105.74	109.48	113.10
		增长指数	100.00	101.60	105.74	109.48	113.10
2	竞争力	制造业各类产品国际市场占有率	100.00	111.69	109.66	112.00	109.75
		贸易竞争力指数	100.00	110.51	103.09	108.04	107.40
		竞争力指数	100.00	110.81	104.73	109.03	107.99
3	创新力	创新能力	100.00	113.33	126.67	123.33	126.67
		创新能力指数	100.00	113.33	126.67	123.33	126.67
4	效率	劳动生产率	100.00	98.99	97.57	88.17	77.37
		效率指数	100.00	98.99	97.57	88.17	77.37
5	信息化	互联网普及率	100.00	104.79	107.39	118.52	124.80
		人均带宽	100.00	177.49	212.57	342.93	224.61
		移动互联网覆盖率	100.00	100.00	100.00	100.00	98.00
		电子商务应用程度	100.00	92.16	96.08	96.08	94.12
		信息化指数	100.00	118.61	129.01	164.38	135.38
6	基础设施	人均发电量	100.00	102.55	100.97	103.53	102.61
		人均铁路里程	100.00	98.22	97.21	99.21	98.19
		港口基础设施质量	100.00	104.76	102.38	104.76	106.87
		基础设施指数	100.00	101.70	100.08	102.39	102.34
工业和信息化增长指数			100.00	105.80	108.45	110.94	106.59

土耳其 2015 年各项指标增长情况如图 10-1 所示。

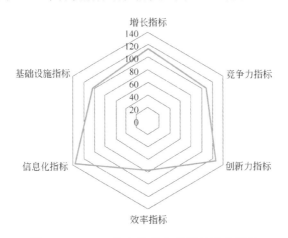

图 10-1　2015 年土耳其各项指标增长情况

第三节

土耳其工业和信息化各级指标测算

(一) 工业增长指标

土耳其的工业有一定基础，以前高度集中于邻近欧洲、交通便利、农业发达的沿海地区，主要经济中心有伊斯坦布尔、伊兹密尔等，内地仅限于首都安卡拉。近30年来，土耳其挖掘本国资源，在一些原先比较落后的地区建设了一批新兴城市，形成了以宗乌尔达克、卡腊比克、埃雷利为主的北部工业区及以梅尔辛—阿达纳—伊斯肯德伦三角为主的东南部工业区，以及以幼发拉底河上游克班水电站和锡瓦斯钢铁联合企业为主的东部工业地带。土耳其的工业以加工工业为主，其产值占工业总产值的80%以上。土耳其的加工工业以纺织工业、食品工业、烟草工业、建筑材料工业、钢铁工业和机械工业等部门为主。其中，纺织工业是土耳其加工工业中规模最大、创汇最多的部门。

根据数据的可得性，工业增长指标选取了土耳其的工业增加值增长率进行测算。该指标经过标准化处理，2012年为101.60，2013年为105.74，2014年为109.48，2015年为113.10，如表10-3所示。

表10-3 土耳其工业增长指标情况

指 标	分 指 标	年 份				
		2011年	2012年	2013年	2014年	2015年
增长	工业增加值增长率	100.00	101.60	105.74	109.48	113.10
	增长指数	100.00	101.60	105.74	109.48	113.10

土耳其工业具有一定规模，工业产值占国民生产总值的28%。工业成为土耳其经济发展的主要推动力。纺织业、食品工业发达，能源、化工、钢铁、水泥、汽车等工业发展较快。土耳其近期的目标是加强工业基础，为原材料和机械工业扩大市场。

(二) 制造业竞争力指标

土耳其地处欧、亚两洲交界处，区位优势突出。土耳其现在最大的威斯特公司位于古都马尼萨，与希腊隔海相望。土耳其的地缘战略位置使其具有进入多元化市场的物流优势。

从 1997 年 1 月开始，土耳其已成为欧盟关税同盟成员国，从土耳其输入欧盟市场的任何产品不再需要缴纳任何关税，商品在土耳其和欧盟国家之间流通时没有任何海关限制。同时，土耳其与 22 个国家的自由贸易协定使其在贸易上独占优势。

土耳其的基础设施比较完善，有非常发达的、低成本的海陆运输设施，也有成熟的交通路线和到大部分欧盟国家的直接递送机制，土耳其的铁路运输相对于中欧和东欧更有优势（孙琦子，刘晓宇，2014）。

2015 年，土耳其国内生产总值为 8389.73 亿美元，名列全球第 17 位，进入中等偏上收入国家行列，人力成本偏高。另外，中东局势不稳，叙利亚内战带来的超过 180 万难民也成为土耳其经济发展和社会稳定的巨大负担。

整体来看，土耳其制造业竞争力并不突出。历年的数据显示，2012 年土耳其制造业竞争力有了大幅度增长，但自 2013 年起就一直处于略有下滑的态势（见表 10-4）。

表 10-4　土耳其制造业竞争力指标情况

指　标	分　指　标	年　份				
		2011 年	2012 年	2013 年	2014 年	2015 年
竞争者	制造业各类产品国际市场占有率	100.00	111.69	109.66	112.00	109.75
	贸易竞争力指数	100.00	110.51	103.09	108.04	107.40
	竞争力指数	100.00	110.81	104.73	109.03	107.99

土耳其制造业较具特色的产业有以下几种。

1. 纺织业

土耳其是仅次于中国、欧盟、美国和韩国的世界第五大纺织服装出口国。纺织业在土耳其经济中具有举足轻重的作用，无论是在国内生产总值和工业总产值，还是就业率和出口创汇等方面都做出了巨大的贡献（幸瑜，等，2017）。

据统计，纺织业占土耳其生产总值的 5.5%，占工业总产值的 17.5%，占制造业总产值的 19%，占出口总值的 30% 左右。纺织业就业人数占制造业就业人数的 20% 左右。土耳其纺织业的技术水平居世界领先地位，纺织服装配套行业，如针织、色染、印花及装饰等都很发达。地毯、家纺家居产品和皮草皮革制品，是土耳其纺织业独具特色的产品门类。根据土耳其相关部门统计数据，2013 年，土耳其地毯出口总额约为 21.9 亿美元，同比增长 9.3%，在亚洲地区仅次于中国（任晶晶，2014）；家纺产品出口总额为 31 亿美元，占全球家纺产品产出的 5%；皮草皮革制品出口总额为 19 亿美元，同比增长 16.4%。

2. 汽车工业

近年来，在土耳其政府大量引进整车制造和本地化生产政策的双重推动下，大批国外汽车生产商（如菲亚特、雷诺、奔驰、福特、丰田和现代等）在土耳其设立工厂，或者与土耳其零部件厂商进行技术合作。他们带来了先进的技术和管理经验，有效地促进了土耳其汽车零部件工业整体水平的提高。由于发展迅猛，土耳其汽车工业正在逐步取代纺织业成为土耳其新的龙头产业（黄婧，2014）。根据土耳其出口协会统计数据，2014 年土耳其汽车出口总额为 223 亿美元，同比增长 4.5%，汽车产品已连续第九年成为土耳其第一大出口产品。根据土耳其经济部统计数据，截至 2014 年年底，土耳其境内共有 256 家从事汽车生产的企业。

（三）创新力指标

土耳其近年来强调科技立国，研发（R&D）支出占国内生产总值（GDP）的比重逐年增加。土耳其将国防科技和太空科技放在科技发展的重要位置。

根据 NRI 的主观打分，土耳其近年来的创新能力呈现波动的状态，表现不稳定，2012 年为 113.33，2013 年为 126.67，2014 年为 123.33，2015 年为 126.67，如表 10-5 所示。

表 10-5　土耳其创新力指标情况

指　标	分　指　标	年　份				
		2011 年	2012 年	2013 年	2014 年	2015 年
创新力	创新能力	100.00	113.33	126.67	123.33	126.67
	创新能力指数	100.00	113.33	126.67	123.33	126.67

（四）效率指标

效率指标选取了参与工业生产劳动的相关数据，根据测算得分，土耳其工业劳动人口生产率处于逐年递减的基本趋势。其中，2012 年为 98.99，2013 年为 97.57，2014 年为 88.17，2015 年为 77.37（见表 10-6）。但是，总体上可以看出，土耳其工业劳动生产率随着工业产值的上升而递减，说明土耳其劳动力方面仍需要更多的努力，才不会为工业投资的增加或者产业的拓展带来负担。

表 10-6 土耳其效率指标情况

指标	分指标	年 份				
		2011 年	2012 年	2013 年	2014 年	2015 年
效率	劳动生产率	100.00	98.99	97.57	88.17	77.37
	效率指数	100.00	98.99	97.57	88.17	77.37

(五) 信息化指标

土耳其电信网络在 20 世纪 80—90 年代取得了快速的发展和提升,并完成了数字化改造,但这仍然不能满足土耳其迅速增长的国内需求,在互联网和数据服务领域更是如此。长期以来,国营的土耳其电信公司垄断了土耳其国内的电信服务,截至 2008 年年底,它拥有 1780 万户固话用户,固话覆盖率达 25%。自 2003 年起,土耳其打破了国营土耳其电信公司对固话语音服务及其设施的垄断,其网络向土耳其合法的私营运营商开放。土耳其政府希望通过加强电信领域的竞争迅速提升土耳其的电信水平。2005 年,土耳其电信公司 55% 的股份转售给了沙特·奥吉尔公司,但该公司原来拥有的卫星、闭路电视网络转归土耳其卫星公司经营。

土耳其信息产业主要集中在伊斯坦布尔、安卡拉和伊兹密尔这 3 个大城市 (姜明新,2010)。除土耳其电信公司和 BASARITICARET 公司在安卡拉外,其余销售额超过 1 亿美元的公司都设在伊斯坦布尔。

近年来,土耳其的信息产业发展很快,2007 年年初其主要互联网提供商 (ISP) 土耳其电信公司的 ADSL 用户达到了 300 万户。目前,由于土耳其政府已经宣布电信市场自由化,私营 ISP 们都急于抢占其国内的 ADSL 市场。

土耳其邮政系统完善,各市 (县) 均有邮政局,服务内容包括国内外邮寄、快递、汇兑款、西联汇款、水电气和电话费等的代收业务,以及电报、各类电话卡销售,此外还开通了网上邮政业务。

土耳其电话设施较发达,几乎村村通电话。目前固定电话服务业务主要由国家电信公司经营,移动通信服务商主要有 3 家,分别是 Turkcell、Avea 和 Voldafone 移动通信公司。截至 2014 年年底,土耳其有固定电话线路 1253 万线、移动电话 7189 万部。目前,土耳其政府力推第四代通信技术 (4G),并拟引入第四家移动通信服务商。

土耳其互联网络较成熟,宽带上网较普遍。截至 2014 年年底,土耳其互联网用户达 4127 万户。

信息化方面，土耳其近年来增长幅度较大，互联网普及率和电子商务应用程度都有较好体现。总体来说，土耳其信息化指标测算结果是，2012 年为 118.61，2013 年为 129.01，2014 年为 164.38，2015 年为 135.38（见表 10-7）。其中，人均带宽的增速最快，而互联网普及率和电子商务应用程度表现良好。

表 10-7 土耳其信息化指标情况

指 标	分 指 标	年 份				
		2011 年	2012 年	2013 年	2014 年	2015 年
信息化	互联网普及率	100.00	104.79	107.39	118.52	124.80
	人均带宽	100.00	177.49	212.57	342.93	224.61
	移动互联网覆盖率	100.00	100.00	100.00	100.00	98.00
	电子商务应用程度	100.00	92.16	96.08	96.08	94.12
	信息化指数	100.00	118.61	129.01	164.38	135.38

（六）基础设施指标

土耳其铁路、公路、桥梁、城市轨道交通等基础设施市场容量和前景都十分广阔，加上土耳其在亚、欧之间过境枢纽的地理位置，都对投资者形成了吸引力。此外，埃尔多安 2014 年就任总统以来，曾多次表示土耳其政府将大力推进大型工程建设项目，形成了建筑业发展的利好因素。

2015 年，土耳其基础设施行业仍继续增长。尽管 2014 年下半年以来土耳其经济增速下跌明显，但中长期内土耳其经济前景仍较为乐观。土耳其建筑业 2015 年的增长达到 4.1%，拉动基础设施行业继续增长。

2015—2018 年，受益于已经开工及政府承诺的工程项目的持续推进，土耳其建筑业产值年平均增速保持在 5% 以上，但预计从 2019 年开始，随着里拉贬值引发的金融环境的恶化及政治集权化带来的风险，投资者信心受损，土耳其建筑业也将开始下滑，尤其是土耳其政府大力推动私有化的项目，包括大量采用公私合营 PPP 的项目，私人部门将面临更大的风险。

2014 年，土耳其政府推出政策，承诺为私人企业借贷者提供担保，以帮助承建大型基建项目的公司缓解融资困难。土耳其财政部承担私人企业公共基础设施项目总额达 10 亿里拉的贷款。对于在医疗、教育等领域的投资，土耳其政府提供最低 500 万里拉的财政担保，这一政策使一大批基建项目从中受益。

基础设施指标方面，土耳其呈现波动的情况，但波动的幅度不大，各项指标增长或减小的趋势不明显，如表10-8所示。

表10-8　土耳其基础设施指标情况

指　标	分　指　标	年　份				
		2011年	2012年	2013年	2014年	2015年
基础设施	人均发电量	100.00	102.55	100.97	103.53	102.61
	人均铁路里程	100.00	98.22	97.21	99.21	97.77
	港口基础设施质量	100.00	104.76	102.38	104.76	106.87
	基础设施指数	100.00	101.70	100.08	102.39	102.19

第十一章　新加坡

新加坡共和国（Republic of Singapore，简称新加坡），是东南亚的一个岛国，首都为新加坡市。新加坡北隔柔佛海峡与马来西亚为邻，南隔新加坡海峡与印度尼西亚相望，毗邻马六甲海峡南口。

第一节

国家介绍

新加坡古称淡马锡。8世纪建国，属室利佛逝王朝，18—19世纪是马来柔佛王国的一部分。1819年，英国人史丹福·莱弗士抵达新加坡，与柔佛苏丹签约，开始在新加坡设立贸易站。1824年，新加坡沦为英国殖民地，成为英国在远东的转口贸易商埠和东南亚的主要军事基地。1942年，新加坡被日本占领。1945年日本投降后，英国恢复其殖民统治，次年划为其直属殖民地。1959年，新加坡实现自治，成为自治邦，英国保留国防、外交、修改宪法、宣布紧急状态等权力。1963年9月16日，新加坡与马来西亚、沙巴、沙捞越共同组成马来西亚联邦。1965年8月9日，新加坡脱离马来西亚联邦，成立新加坡共和国，同年9月成为联合国成员，10月加入英联邦。

(一) 地理位置

新加坡位于马来半岛最南端、马六甲海峡出入口、赤道以北约 137 千米处，位于 1°9′ ~ 1°29′ N、103°36′ ~ 104°25′ E，北隔柔佛海峡与马来西亚相邻，南隔新加坡海峡与印度尼西亚相望。新加坡平均海拔 15 米，最高海拔 163 米；海岸线总长 200 余千米，土地面积 718.3 平方千米，由本岛和 63 个小岛组成，其中新加坡岛占新加坡总面积的 88.5%。

(二) 自然资源

新加坡自然资源比较匮乏，主要工业原料、生活必需品需要进口。岛上保留了部分原生植物群。

(三) 气候条件

新加坡属热带海洋气候，常年高温、潮湿、多雨，一年四季气温无明显变化，年平均气温为 23 ~ 35℃。12 月是一年中最冷的月份，受东北季候风影响及低压带的南移，平均气温为 23 ~ 24℃。新加坡降雨充足，年均降雨量在 2400 毫米左右，每年 11 月至次年 3 月为雨季，受较潮湿的季风影响，雨水较多，平均相对湿度为 65% ~ 90%。

(四) 人口分布

新加坡总人口 546.97 万 (2014 年 6 月)，其中，居民 387.1 万 (包括 334.3 万公民和 52.8 万永久居民)，非本地居民 159.9 万。新加坡总人口增长率为 1.3%，人口密度为 7615 人 / 平方千米。

(五) 民族

截至 2014 年 6 月，华族占 74.3%，马来族占 13.3%，印度族占 9.1%，其他种族占 3.3%。

(六) 语言

新加坡的官方语言为马来语、汉语、泰米尔语和英语。马来语为国语，英语为行政用语。

(七) 宗教

新加坡人信仰的宗教包括佛教、道教、伊斯兰教、印度教、基督教等。佛教是新加坡第一大宗教，信奉佛教者占总人口的 33.3%，伊斯兰教占 14.7%，基督教占 18.3%，道教占 10.9%，印度教占 5.1%，其他宗教占 0.7%，无宗教信仰者占 17%。

(八) 习俗

华人的传统教育比较严格，伦理道德观念较强。马来族宗教思想较浓，风俗习惯与宗教息息相关。印度族生活比较简朴，文化与宗教关系密切。

第二节

新加坡工业和信息化增长指数评估

新加坡面积小、人口少、资源匮乏，是典型的外向驱动型经济体，以电子、石油化工、金融、航运、服务业为主，高度依赖国际市场。新加坡建国近 50 年来，经济发展取得举世瞩目的成就，多项经济指标在世界上名列前茅，甚至超过许多传统发达国家。新加坡经济长期高速增长，1960—1984 年 GDP 年均增长 9%。1997 年受到亚洲金融危机冲击，但影响并不严重。2001 年受全球经济放缓影响，经济出现 2% 的负增长，陷入最严重衰退。为刺激经济发展，新加坡政府提出"打造新的新加坡"，努力向知识经济转型，并成立经济重组委员会，全面检讨经济发展政策，积极与世界主要经济体商签自由贸易协定（刘东方，2015）。

2008 年受国际金融危机影响，新加坡金融、贸易、制造、旅游等多个产业遭到冲击，经济增长为 1.1%；2009 年新加坡经济增长跌至 -2.1%，新加坡政府采取积极应对措施，加强金融市场监管，努力维护金融市场稳定，提升投资者信心并降低通胀率，还推出新一轮刺激经济政策，经济开始回升。

根据测算结果，2015 年新加坡的工业和信息化增长指数为 115.93，2014 年为 116.06，2013 年为 106.77，2012 年为 99.74，如表 11-1 所示。从新加坡工业和信息化增长指数测评结果来看，新加坡工业和信息化近年来并未有较大的提升，但是由于新加坡本身的基础较好，整体工业和信息化生产情况处于一个相对稳定的时期。其中，工业、信息化、科研创新等增长较稳定，而劳动效率却出现了一定程度的下降，可见新加坡劳动人员效率方面还有待提升。

表 11-1 新加坡工业和信息化增长指数

序号	指标	分指标	年份				
			2011 年	2012 年	2013 年	2014 年	2015 年
1	增长	工业增加值增长率	100.00	102.25	104.76	107.70	104.03
		增长指数	100.00	102.25	104.76	107.70	104.03
2	竞争力	制造业各类产品国际市场占有率	100.00	100.88	100.71	99.32	98.11
		贸易竞争力指数	100.00	91.89	97.56	107.59	108.37
		竞争力指数	100.00	94.14	98.35	105.52	105.80
3	创新力	创新能力	100.00	81.40	111.63	116.28	118.60
		创新能力指数	100.00	81.40	111.63	116.28	118.60
4	效率	劳动生产率	100.00	102.72	104.00	120.22	119.49
		效率指数	100.00	102.72	104.00	120.22	119.49
5	信息化	互联网普及率	100.00	101.41	113.95	111.31	115.64
		人均带宽	100.00	199.59	225.09	337.28	358.01
		移动互联网覆盖率	100.00	99.90	100.00	99.00	100.00
		电子商务应用程度	100.00	89.83	89.83	91.53	93.22
		信息化指数	100.00	122.68	132.22	159.78	166.72
6	基础设施	人均发电量	100.00	99.60	100.08	101.69	100.07
		人均铁路里程	100.00	97.58	96.01	94.77	93.65
		港口基础设施质量	100.00	100.00	100.00	98.53	98.01
		基础设施指数	100.00	99.01	98.63	98.32	97.21
工业和信息化增长指数			100.00	99.74	106.77	116.06	115.93

新加坡 2015 年各项指标增长情况如图 11-1 所示。

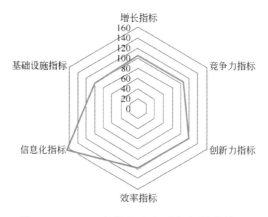

图 11-1 2015 年新加坡各项指标增长情况

第三节

新加坡工业和信息化各级指标测算

（一）工业增长指标

新加坡经济长期高速增长，1960—1984 年国内生产总值年均增长 9%。1997 年，新加坡受到亚洲金融危机冲击，但影响并不严重。2009 年以来，新加坡经济实现持续增长。2014 年新加坡国内生产总值为 3900.89 亿新加坡元，约合 3078.6 亿美元，增长 2.9%；人均 GDP 增长 0.54%，达到 56284 美元，如表 11-2 所示。其中，制造业占 17.4%，批发零售业占 16.5%，商业服务业占 14.9%，金融保险业占 11.8%，运输仓储业占 6.5%（黄嘉瑜，2016）。

表 11-2　新加坡宏观经济数据（2010—2014 年）

年　份	GDP（亿美元）	经济增长率（%）	人均 GDP（美元）
2010 年	2364.2	15.2	46570
2011 年	2753.4	6.2	53117
2012 年	2899.4	3.4	54577
2013 年	3022.5	4.4	55979
2014 年	3078.6	2.9	56284

资料来源：新加坡统计局。

作为一个岛国，新加坡国土狭小，自然资源匮乏。1965 年年初，新加坡政府面临一系列的内忧外患，对此，新加坡政府审时度势，采取了走"工业化道路"的正确经济发展路线。新加坡经济发展经历了由初期的劳动密集型工业，逐步过渡到具有高附加值的资本、技术密集型工业和高科技产业，进而发展到目前的信息产业等知识密集型经济。如今，新加坡已发展为世界电子产品重要制造中心和第三大炼油中心（张亮，2006）。新加坡之所以在工业上能取得如此令人瞩目的成就，主要在于政府在工业发展上扮演了十分重要的角色。新加坡政府始终强力地规划、掌控着新加坡的工业发展。近年来，新加坡工业在经历了金融危机等资本市场动荡后，已经趋于稳定，并逐年小幅度增长。

新加坡的工业增长指标经过标准化处理，2012 年为 102.25，2013 年为 104.76，2014 年为 107.70，2015 年为 104.03（见表 11-3）。

表 11-3　新加坡工业增长指标情况

指 标	分 指 标	年 份				
		2011 年	2012 年	2013 年	2014 年	2015 年
增长	工业增加值增长率	100.00	102.25	104.76	107.70	104.03
	增长指数	100.00	102.25	104.76	107.70	104.03

从上述数据来看，新加坡的工业处于一个稳步增长的阶段。当前，新加坡正处于一个经济环境压力较大的阶段，货币的贬值、劳动力和资源的稀缺都成为工业增长放缓的重要影响因素。

（二）制造业竞争力指标

21 世纪以来，新加坡制造业迅速发展，2000—2012 年制造业年均增长率为 6.5%，高于 6.1% 的工业年均增长率和 5.9% 的 GDP 年均增长率，成为新加坡国民经济快速增长的中坚力量。多年来，新加坡制造业的国际市场占有率和竞争力都有较为稳定的表现，并在逐步攀升（见表 11-4）。

表 11-4　新加坡制造业竞争力指标情况

指 标	分 指 标	年 份				
		2011 年	2012 年	2013 年	2014 年	2015 年
竞争力	制造业各类产品国际市场占有率	100.00	100.88	100.71	99.32	98.11
	贸易竞争力指数	100.00	91.89	97.56	107.59	108.37
	竞争力指数	100.00	94.14	98.35	105.52	105.80

整体来看，虽然新加坡制造业基础较好，而且具有较强的国际竞争力，尤其是石化、电子、机械制造、生物医药 4 个产业极具国际竞争力，是新加坡的四大支柱产业。但从近年的数据来看，新加坡制造业受运输工程、生物医药和一般制造业的拖累，整体制造业第三季度的产值环比减少 17.4%。

制造业方面，新加坡的特色产业具体如下。

1. 石化工业

新加坡是世界第三大炼油中心和石油贸易枢纽之一，也是亚洲石油产品定价中心，日原油加工能力超过 130 万桶，其中，埃克森美孚公司 60.5 万桶，壳牌公司 45.8 万桶，新加坡炼油公司 28.5 万桶。2014 年石化工业总产值为 1034.8 亿新加坡元，占制造业总产值的 34.1%，就业人数达 2.62 万人。新加坡石化工业主要产品包括石油、石化产品及特殊化学品，企业主要聚集在裕廊岛石化工业园区。

2. 电子工业

电子工业是新加坡的传统产业之一，2014 年总产值为 826.9 亿新加坡元，占制造业总产值的 27.2%，就业人数为 7.14 万人。电子工业主要产品包括半导体、计算机外部设备、数据存储设备、电信及消费电子产品等。

3. 精密工程业

新加坡精密工程业 2014 年总产值为 371.8 亿新加坡元，占制造业总产值的 12.2%，就业人数达 9.16 万人。精密工程业主要产品包括半导体引线焊接机和球焊机（全球市场占有率为 70%）、自动卧式插件机（全球市场占有率为 60%）、半导体与工业设备等。

4. 海事工程业

新加坡海事工程业 2014 年总产值为 338.3 亿新加坡元，占制造业总值的 11.1%，就业人数为 11.39 万人。新加坡岸外海事工程的主要建造和供应商是胜科海事（Sembcorp Marine）和吉宝集团（Keppel Group）。

5. 生物医药业

生物医药业是新加坡近年重点培育的战略性新兴产业，2014 年总产值为 214.7 亿新加坡元，占制造业总产值的 7.1%，就业人数为 1.68 万人。列居世界十大制药公司的新加坡国际著名医药企业主要落户在启奥生物医药研究园区和大士生物医药园区。

6. 资讯通信业

新加坡资讯通信业 2014 年产值为 149.2 亿新加坡元，占 GDP 的 3.8%。新加坡主要电信企业为新电信（Singtel）、星和电讯（Starhub）和第一通讯（M1）。

（三）创新力指标

20 世纪 90 年代以前，新加坡的研发支出占国内生产总值的比例仅为 0.87%。此后，受到外部环境逐渐转向知识经济发展的影响，新加坡也开始加强知识和创新密集型产业的发展，突出研发成为新加坡产业转型及科技发展的重要方向（薛菁华，2013）。进入 21 世纪以来，新加坡构建并逐步完善了适应知识经济和全球化进程、服务国家可持续发展战略、以任务导向和研究联盟为主要特点的国家创新体系，致力发展生物医药、环境与水务、清洁能源、互动数字媒体产业，培育新的经济增长点，打造新的支柱产业（卫平，周凤军，2017）。新加坡现已成为亚洲乃至世界科技创新强国，近几年的创新能力指数一直居于世界前列。

根据 NRI 的主观打分，新加坡的创新能力基础较好，因此，近年来虽然创新能力增幅不大，但在亚洲乃至世界，其创新能力不容小觑，如表 11-5 所示。

表 11-5　新加坡创新力指标情况

指　标	分 指 标	年　份				
		2011 年	2012 年	2013 年	2014 年	2015 年
创新力	创新能力	100.00	81.40	111.63	116.28	118.60
	创新能力指数	100.00	81.40	111.63	116.28	118.60

近年来，新加坡的科技战略主要体现在两个方面：一是以五年规划的形式出台的一系列综合性的科技规划，这是新加坡科技战略最主要的体现形式；二是聚焦科技领域具体内容的专门性计划，具有针对性强、灵活性高等特点。

1. 五年科技发展规划

从 1991 年起，新加坡连续实施五年科技发展规划，分别为《国家技术发展规划》（1991—1995 年）、《第二个国家科技规划》（1996—2000 年）、《科技规划 2005》（2001—2005 年）、《科技规划 2010：创新驱动的可持续发展》（2006—2010 年）、《研究、创新、创业 2015：新加坡的未来》（2011—2015 年）。连续而有效的政策实施，使得新加坡经济在短短的 20 多年时间里获得长足的发展，并成功步入研发密集型国家的行列。

2. 专门性科技计划与战略

（1）《新的起点》（The Next Lap）。1989 年，新加坡公布了《新的起点》，提出要聚焦研发，大力发展高新技术，以此在未来 20 年内追赶发达国家。

（2）"保持经济增长七大战略"。2010 年，新加坡提出，未来 10 年的总体发展目标是把新加坡建设成为善用高技能人才的创新型经济体和独特的国际大都市；要实现这个目标，必须落实七大发展战略，其中，提高技能与增强创新精神，加强研发成果商品化，建立富有活力、多元化的企业生态系统对科技发展提出了具体的要求和规划。

（3）"研究、创新与创业计划"。领导国家研究、创新与创业理事会的新加坡总理李显龙于2013年年底宣布，未来5年，新加坡政府拨款3.3亿新加坡元实施"研究、创新与创业计划"，继续把新加坡打造成一个知识经济体。其中，1.3亿新加坡元用于发展网络安全研发项目，2亿新加坡元投入医疗诊断、语音和语言、薄膜、添加层制造这4个创新群，以创造更多高薪工作并吸引更多外来投资。与此同时，新加坡政府也系统化地引进旅居海外的优秀新加坡籍科学家回国，提高本地的研究能力，并发展壮大以新加坡人为核心的研究队伍（侯隽，2016）。

（四）效率指标

效率指标选取了参与工业生产劳动的相关数据，根据测算得分，新加坡工业劳动生产率呈现迅速下滑的趋势。其中，2012年为102.72，2013年为104.00，2014年为120.22，2015年为119.49。

表11-6　新加坡效率指标情况

指　标	分指标	年　份				
		2011年	2012年	2013年	2014年	2015年
效率	劳动生产率	100.00	102.72	104.00	120.22	119.49
	效率指数	100.00	102.72	104.00	120.22	118.60

新加坡劳动生产率下降的原因是新加坡政府一直在采取措施以冷却房地产市场，并遏制外籍劳动力的流入，劳动力人数的极速下降及动力不足是未来新加坡提高劳动生产率需要解决的关键问题。

（五）信息化指标

经过多年的探索和努力，新加坡从第三世界国家跻身第一世界国家，其国家经济发展将马来西亚在内的大多数东南亚国家远远甩在其后。如今，"电子政府""智慧城市"已成为新加坡的治国精髓，是其引以为傲的名片。

从实现全社会计算机化，到城市信息互联互通、消除信息孤岛，再到信息与应用的整合，新加坡用了30年的时间基本实现了从渔村小国向世界通信科技国的飞跃。但是，新加坡政府的目标不止于此，随着全球化脚步越来越快，2006年6月，新加坡启动了第六个信息化产业十年计划——"智慧国

2015（iN2015）"。该计划提出了创新（Innovation）、整合（Integration）和国际化（Internationalization）三大原则。其规划目标是：创建新型商业模式，提高解决方案方面的创新能力，核心在于提升跨地区和跨行业的资源整合能力。该计划通过利用信息与网络科技提升七大经济领域，即数码媒体与娱乐、教育培训、金融服务、电子政府、保健与生物医药科学、制造与后勤、旅游与零售（杨海峰，2006）。

为了确保"智慧国2015（iN2015）"的目标能够顺利"通关"，新加坡政府制定了4项战略，涵盖了基础设施建设、资讯通信产业的发展、人才培养、经济的提升。具体来说，包括：构建下一代全国资讯通信基础设施；发展具有全球竞争力的资讯通信产业；培养具有全球竞争力的信息化专门人才；利用信息通信技术提升数字媒体与娱乐、教育培训、金融服务、旅游与零售、电子政府等七大经济领域的发展水平。

搭建下一代全国资讯通信基础设施是新加坡20世纪80年代继"国家计算机计划"后的又一全新"升级"，即建设新一代国家资讯通信基础。早在2010年，就有媒体记者到新加坡实地感受过，"新加坡政府的推进方式是通过运营商上门推广免费的服务。网络承建商挨家挨户上门给居民解释免费安装宽带的好处，安装后会在用户门外贴上蓝色的专用标识，从而达到示范效应。"

这仅仅是资讯通信基础建设的第一步，该战略的目标是在新加坡全社会搭建通信网络，因此，"无线@新加坡"项目应运而生。新加坡政府通过7500余个"热点"（Hotspot），为市民在家和办公场所以外的公共空间提供速度高达1Mbps的WiFi上网服务。新加坡总理李显龙针对"智慧国2015（iN2015）"所做的报告中讲到，目前已有90%的家庭在使用网络，85%的市民持有智能手机。

截至2014年年底，新加坡固定电话用户达199.5万户，移动电话用户达809.3万户，其中，3G用户为460.9万户，4G用户为318.2万户，宽带用户为1152.5万户，无线宽带用户为1007.4万户。新加坡政府计划2015年实现光纤到户，将宽带网速提升到1Gbps，宽带普及率提高到90%。

信息化指标方面，新加坡近年来表现较稳定，整体上增速放缓。总体来说，新加坡信息化指数测算结果是，2012年为122.68，2013年为132.22，2014年为159.78，2015年为166.72，如表11-7所示。其中，人均带宽的增速最快，电子商务应用程度表现较好，可见新加坡"智能国家"的发展战略起到了巨大的推动作用。

表 11-7　新加坡信息化指标情况

指　标	分　指　标	年　份				
		2011 年	2012 年	2013 年	2014 年	2015 年
信息化	互联网普及率	100.00	101.41	113.95	111.31	115.64
	人均带宽	100.00	199.59	225.09	337.28	358.01
	移动互联网覆盖率	100.00	99.90	100.00	99.00	100.00
	电子商务应用程度	100.00	89.83	89.83	91.53	93.22
	信息化指数	100.00	122.68	132.22	159.78	166.72

（六）基础设施指标

新加坡基础设施完善，拥有全球最繁忙的集装箱码头、服务最优质的机场、亚洲最广泛宽频的互联网体系和通信网络。

基础设施指标方面，新加坡呈现略微波动的情况，人均发电量和港口基础设施质量的增长或下降的趋势并不显著（见表 11-8）。新加坡作为一个国土面积较小的岛国，在发展基础设施方面并不占优势。

表 11-8　新加坡基础设施指标情况

指　标	分　指　标	年　份				
		2011 年	2012 年	2013 年	2014 年	2015 年
基础设施	人均发电量	100.00	99.60	100.08	101.69	100.07
	人均铁路里程	100.00	97.58	96.01	94.77	93.65
	港口基础设施质量	100.00	100.00	100.00	98.53	98.01
	基础设施指数	100.00	99.01	98.63	98.32	97.21

新加坡电力资源供应充足，可满足本国经济和社会发展需要。2007 年，新加坡电力装机容量约为 10680 兆瓦，全部为火电，燃料为石油和天然气。其中，88% 的电力用户为居民，用电量占新加坡总用电量的 20%；2% 的电力用户为制造业企业，用电量占新加坡总用电量的 40%，其他商业用户用电量占新加坡总用电量的 40%。2008 年，中国华能集团新加坡全资子公司——中新电力与新加坡淡马锡集团签署了收购淡马锡大士电力公司 100% 股权的排他性协议。大士电力公司是新加坡三大电力企业之一，通过收购大士电力公司，华能集团在新加坡拥有 2670 兆瓦的装机容量，占有新加坡电力市场 25% 以上的份额。

新加坡海运业具有悠久的传统，其国际港务集团目前在 16 个国家经营 28 个港口。以新加坡为中心的海运网络由 200 多条航线组成，连接 123 个国家的 600 个港口。新加坡港有 4 个集装箱处理码头、54 个集装箱船泊位，年集装箱处理能力达 3500 万标准箱。2007 年新加坡港船舶停靠量为 12.8 万艘，其中集装箱船近 20000 艘。新加坡注册船只共 3553 艘，载重量达 3960 万吨。

第十二章　匈牙利

匈牙利（Hungary）是一个位于欧洲中部的内陆国家，东邻罗马尼亚、乌克兰，南接斯洛文尼亚、克罗地亚、塞尔维亚，西邻奥地利，北接斯洛伐克，边界线全长 2246 千米，首都为布达佩斯。

第一节

国家介绍

公元 896 年，马扎尔游牧部落从乌拉尔山西麓和伏尔加河湾一带移居多瑙河盆地。1000 年，圣·伊什特万建立匈牙利封建国家，成为匈牙利第一位国王。1526 年土耳其入侵，匈牙利封建国家解体。1541 年匈牙利一分为三，分别由土耳其苏丹、哈布斯堡王朝和埃尔代伊大公统治。1699 年起匈牙利全境由哈布斯堡王朝统治。1848 年匈牙利爆发革命自由斗争，1849 年 4 月建立匈牙利共和国。1867 年成立奥匈二元帝国。1918 年，第一次世界大战结束后奥匈帝国解体。1919 年 3 月建立匈牙利苏维埃共和国。1949 年 8 月 20 日宣布成立匈牙利人民共和国，并颁布宪法。1956 年 10 月爆发"匈牙利事件"。1989 年 10 月 23 日国名改为匈牙利共和国。2012 年 1 月，通过新宪法，更国名为匈牙利。

（一）地理位置

匈牙利地处欧洲中部，东邻乌克兰、罗马尼亚，南接塞尔维亚、克罗地亚、斯洛文尼亚，西邻奥地利，北接斯洛伐克，国土面积 9.3 万平方千米，边境线长 2246 千米，多瑙河及其支流蒂萨河纵贯全境。匈牙利全境以平原为主，80% 的国土海拔不足 200 米，属于多瑙河中游平原。多瑙河以东的匈牙利大平原，面积约 5 万平方千米，还有西北部的小平原，大部海拔为 100～150 米。山地不足 1/5，北部为喀尔巴阡山脉的一部分，海拔 300～1000 米。

（二）自然资源

匈牙利矿产资源比较贫乏，主要矿产资源是铝矾土，其储量居欧洲第 3 位。此外，有少量褐煤、石油、天然气、铀、铁、锰等。匈牙利的土地肥沃，水资源丰富，除著名的河流、湖泊外，全国 2/3 的地区有地热水资源。山区森林茂密，有栎树、山毛榉、椴树等，全国森林覆盖率约 20.4%。

（三）气候条件

匈牙利地处北半球温带区内，是大陆性气候、温带海洋气候和地中海亚热带气候的交汇点，但受大陆性气候的影响最大，整体仍属大陆性温带阔叶林气候。匈牙利全年平均气温为 10.8℃。匈牙利气候变化较大，国内不同地区之间温度差别也较大。东北部靠近内陆，大陆性气候特征明显，通常夏季多雨、高温，冬季干燥、寒冷；而西部地区则受地中海气候与大西洋暖流影响较大，冬季较为温暖。

（四）人口分布

截至 2015 年 1 月，匈牙利人口总数为 984.9 万，人口密度为 105.9 人 / 平方千米。在匈牙利的主要城市中，布达佩斯市总人口为 174.47 万，德布勒森市总人口为 20.8 万，赛格德市总人口为 17.0 万，米什科尔茨市总人口为 16.8 万。

（五）民族

匈牙利主要民族为马扎尔族（匈牙利族），约占 90%；少数民族有茨冈、德意志、斯洛伐克、克罗地亚、罗马尼亚、乌克兰、塞尔维亚等。

（六）语言

匈牙利官方语言为匈牙利语，英语、德语亦很普及。

（七）宗教

匈牙利居民中约55%的人信奉基督教，其中，天主教占40%，新教占13.8%，东正教占1.9%。

（八）习俗

匈牙利亲人和朋友相见时一般行贴面礼，相互碰一下两侧面颊，异性、同性之间均可以行贴面礼。在社交场合与客人相见时，一般行握手礼，并坚持"女士优先"原则，例如，进、出房间要为女士开门，电梯要让女士先上，聚会时为同行或熟识的女性拿、穿大衣等，但在进餐厅时男士可以先进门，因为按传统要由男士付款。匈牙利人请客时不强行劝酒，主人要等客人吃完才能放下刀叉；吃饭时咂嘴巴或喝汤时发出声响被认为是不雅之举。如果应邀到匈牙利人家中做客，可以带上一瓶酒或一束鲜花作为礼物。

第二节

匈牙利工业和信息化增长指数评估

匈牙利已进入发达国家行列，工业基础较好。匈牙利根据本国国情，研发和生产一些有自己特点的知识密集型产品，如计算机、通信器材、仪器、化工和医药等。匈牙利采取各种措施优化投资环境，是中东欧地区人均吸引外资最多的国家之一。

根据测算结果，2015年匈牙利的工业和信息化增长指数为100.39，2014年为98.92，2013年为95.77，2012年为97.61，整体有所下滑（见表12-1）。其中，工业、制造业竞争力、生产效率、创新力指标略有增长，而信息化指标表现突出。

表 12-1　匈牙利工业和信息化增长指数

序 号	指 标	分 指 标	年 份				
			2011 年	2012 年	2013 年	2014 年	2015 年
1	增长	工业增加值增长率	100.00	97.28	95.96	102.28	109.59
		增长指数	100.00	97.28	95.96	102.28	109.59
2	竞争力	制造业各类产品国际市场占有率	100.00	89.84	94.17	96.55	93.85
		贸易竞争力指数	100.00	101.16	83.88	74.44	66.81
		竞争力指数	100.00	98.33	86.46	79.97	73.57
3	创新力	创新能力	100.00	102.94	94.12	88.24	91.18
		创新能力指数	100.00	102.94	94.12	88.24	91.18
4	效率	劳动生产率	100.00	90.86	95.32	99.57	89.67
		效率指数	100.00	90.86	95.32	99.57	89.67
5	信息化	互联网普及率	100.00	103.76	106.80	111.92	107.08
		人均带宽	100.00	122.00	153.00	249.00	370.00
		移动互联网覆盖率	100.00	100.00	100.00	100.00	100.00
		电子商务应用程度	100.00	94.00	98.00	98.00	96.00
		信息化指数	100.00	104.94	114.45	139.73	168.27
6	基础设施	人均发电量	100.00	96.63	84.72	82.18	84.71
		人均铁路里程	100.00	100.15	100.69	100.89	101.11
		港口基础设施质量	100.00	100.00	97.50	95.00	84.30
		基础设施指数	100.00	98.87	94.14	92.57	90.33
工业和信息化增长指数			100.00	97.61	95.77	98.92	100.39

匈牙利 2015 年各项指标增长情况如图 12-1 所示。

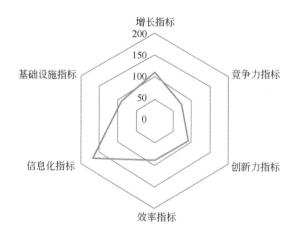

图 12-1　2015 年匈牙利各项指标增长情况

第三节

匈牙利工业和信息化各级指标测算

（一）工业增长指标

2015 年上半年，匈牙利工业总产值增长 7.3%。其中，汽车产量同比增长 21%，发动机、零配件等附属产品产值增长 29%，仅奥迪匈牙利工厂上半年生产发动机就超百万台，整车 84888 辆；占工业总产值份额 11% 的计算机、电子产品制造业也表现良好，增长 12%；轮胎、塑料产品产值增长 23%；机械设备产品产值增长 17%。工业领域只有焦炭、石油产品加工业由于外部市场萎靡产值下降 19%。

匈牙利工业增长指标经过标准化处理，2012 年为 97.28，2013 年为 95.96，2014 年为 102.28，2015 年为 109.59，如表 12-2 所示。

表 12-2　匈牙利工业增长指标情况

指　标	分　指　标	年　份				
		2011 年	2012 年	2013 年	2014 年	2015 年
增长	工业增加值增长率	100.00	97.28	95.96	102.28	109.59
	增长指数	100.00	97.28	95.96	102.28	109.59

（二）制造业竞争力指标

匈牙利制药业历史悠久，是最富竞争力的产业之一。匈牙利也是中东欧地区最大的药品生产国和出口国，出口额占该地区出口总额的 30% 左右。

匈牙利是中东欧地区最大的电子产品生产国和世界电子工业主要生产基地（张巨峰，2015），年产值保持在 100 亿欧元左右，占中东欧和欧盟电子工业总产值的 30% 和 4.5%。2013 年，匈牙利电子工业产值达 93.37 亿欧元，占制造业产值的 13.29%，出口额约占匈牙利出口总额的 10.8%，创造了 11.2 万个就业岗位。

整体来看，匈牙利制造业基础较好，但是近年来制造业竞争力还有待进一步提升。历年的数据显示，2012 年以后匈牙利制造业竞争力开始走下坡路，如表 12-3 所示，可见国际市场竞争非常激烈，匈牙利的优势产业也在积极寻求出路。

表 12-3　匈牙利制造业竞争力指标情况

指 标	分 指 标	年 份				
		2011年	2012年	2013年	2014年	2015年
竞争力	制造业各类产品国际市场占有率	100.00	89.84	94.17	96.55	93.85
	贸易竞争力指数	100.00	101.16	83.88	74.44	66.81
	竞争力指数	100.00	98.33	86.46	79.97	73.57

匈牙利虽然国土面积不大，但是一些强势产业表现非常亮眼，具体如下。

1. 汽车工业

汽车工业是匈牙利的支柱产业。2014 年，匈牙利共有 700 多家汽车及零部件生产企业（张巨峰，2015），从业人数达 11.5 万人，总产值约 221.7 亿欧元，产值占匈牙利国民生产总值的 17.76%，占匈牙利工业总产值的 24.83%，汽车工业出口额占出口总额的 13.6%，出口额和从业人数分别增长了 21% 和 15%。汽车行业 93% 的产值面向出口，半数销往德国。

目前，世界最大的 20 家一级汽车供应商有 14 家落户匈牙利，并且生产规模在不断扩大。完善的本地供应商体系加上优越的地理位置和丰富的人力资源，使匈牙利汽车产业极具吸引力。外资在匈牙利汽车工业中占据举足轻重的地位，匈牙利乘用车和发动机生产企业基本为外资，本土企业主要从事商用车和汽车零配件的生产。匈牙利主要汽车生产企业包括：奥迪匈牙利公司，从事发动机生产和汽车组装，为全球第三大发动机生产商，也是匈牙利第一大出口商，2013 年增资 12.4 亿欧元在匈牙利设立新组装厂；铃木匈牙利公司，主要从事轿车生产，产量占匈牙利汽车总产量的 80% 左右；欧宝匈牙利公司，主要生产发动机、汽缸盖及变速箱等；梅赛德斯—奔驰匈牙利公司，主要生产 A级和 B 级轿车，于 2012 年正式投产。

2. 制药业

匈牙利制药业历史悠久，是该国最富竞争力的产业之一。匈牙利也是中东欧地区第一大药品生产国和出口国，制药业出口额占该地区出口总额的 30% 左右。目前，匈牙利登记注册的制药企业有 70 余家，从业人员约 1.5 万人，药品生产种类达 1400 种左右。匈牙利主要制药企业包括 Richter、Egis、Snofi-Aentis/Chinoin、Teva、Béres 和 Alkaloida，以上 6 家企业的产值占匈牙利制药业总产值的 90% 左右。

3. 生物技术产业

近年来，在匈牙利政府的大力扶持下，匈牙利生物技术产业取得了迅速发展，规模及技术水平已跃居欧盟新成员国前列。目前，匈牙利约有 60 家核心生物科技企业，研发领域包括土壤和水污染处理、生物质的生产和处理、再生处理、基因工程、纳米技术、分子化学等。

4. 电子工业

匈牙利是中东欧地区最大的电子产品生产国和世界电子工业主要生产基地，近年年产值保持在 100 亿欧元左右，占中东欧和欧盟电子工业总产值的 30% 和 4.5%。2014 年，匈牙利电子工业产值达 123.8 亿欧元，占匈牙利制造业产值的 13.86%，创造 11 万个就业岗位，累计吸引外资 54.25 亿欧元，世界知名原始设备制造商和电子产品代工企业均在匈牙利设立生产基地和研发中心。其中，原始设备制造商有 20 家，分别为通用电气、三星、飞利浦、博世、IBM、西门子、国家仪器、爱立信、伊莱克斯等；代工企业有 5 家，分别为富士康、伟创力、捷普科技、新美亚科技、卓能电子。外资企业在匈牙利电子工业中占据主导地位，产值占 80% 以上。匈牙利生产的电子产品主要包括手机、电视机、计算机、电冰箱、电工器材、小家电、汽车电子配件等。

（三）创新力指标

匈牙利研发与创新署于 2017 年 1 月公布了政府管理的研发与创新基金 2016 年的数据，数据显示 2016 年基金总额为 2.76 亿欧元，比前几年有大幅增加。2015 年、2014 年、2013 年分别为 1.78 亿欧元、1.16 亿欧元、1.2 亿欧元。2016 年基金总额比 2015 年提高了近 60%，分别是 2014 年、2013 年的 2 倍多。

2016 年匈牙利政府研发与创新基金除资助蓝天研究计划和博士后计划外，主要资助了大学等研发机构和中部地区的创新企业。向研发机构投入了 1.2 亿欧元，帮助研发机构提升研究基础设施水平，支持他们与企业开展合作。基金向创新企业投入了 7000 万欧元，支持企业开展自主研发和创新，提升企业的创新能力。

根据匈牙利政府批准的项目战略，2017 年匈牙利政府继续增加研发投入。基础研究专题计划投入被提高 14%，达到 2600 万欧元；向企业投入 1 亿欧元，继续支持提升创新能力；同时向"国家优秀项目"投入 3300 万欧元，向"竞争力和卓越合作项目"投入 5600 万欧元，促进企业与大学等研究机构合作。另外，设立 3300 万欧元专项研发基金支持企业以进出口为导向的研发活动。从这些新增经费来看，匈牙利 2017 年的研发经费增加了 1 亿多欧元，这对于一个中欧国家来说绝对是大手笔。

根据 NRI 的主观打分显示，匈牙利近年来的创新能力在逐年递减，2012 年为 102.94，2013 年为 94.12，2014 年为 88.24，2015 年为 91.18，如表 12-4 所示。

表 12-4　匈牙利创新力指标情况

指　标	分　指　标	年　份				
		2011 年	2012 年	2013 年	2014 年	2015 年
创新力	创新能力	100.00	102.94	94.12	88.24	91.18
	创新能力指数	100.00	102.94	94.12	88.24	91.18

（四）效率指标

匈牙利劳动力素质较高，其劳动力人口约为 410 万，大都受过高等教育且具有特定的技能和专长。匈牙利受教育人口比例超过了人口总数的 98%，大约 2/3 的劳动力已经完成了一种专长或多种形式的技术培训和职业教育，匈牙利许多年轻人掌握英语、德语和法语等外语。

匈牙利各地区就业状况存在较大差别，西北地区技术工人短缺，特别是金融和市场营销人才，而多瑙河东部失业率则高于全国的平均水平。

匈牙利的工资水平大大低于西欧地区，与中东欧的平均水平相差无几。匈牙利东部地区的劳动力成本比西部地区低，但劳动者的技术水平与西部地区不相上下。

根据测算得分结果显示，匈牙利工业劳动生产率基本处于递减趋势。其中，2012 年为 90.86，2013 年为 95.32，2014 年为 99.57，2015 年为 89.67，如表 12-5 所示。

表 12-5　匈牙利效率指标情况

指　标	分·指·标	年　份				
		2011 年	2012 年	2013 年	2014 年	2015 年
效率	劳动生产率	100.00	90.86	95.32	99.57	89.67
	效率指数	100.00	90.86	95.32	99.57	89.67

（五）信息化指标

通信产业是匈牙利的重要产业之一，2012 年，匈牙利通信终端消费收入达到 8537 亿福林（约合 39 亿美元），通信产业产值达 1.2 万亿福林（约合 55 亿美元），占匈牙利国民生产总值的 4.4%。

信息化方面，匈牙利近年来增长幅度较大，尤其是人均带宽分指标有较好表现。总体来说，匈牙利信息化指数测算结果是，2012 年为 104.94，2013 年为 114.45，2014 年为 139.73，2015 年为 168.27，如表 12-6 所示。

表 12-6　匈牙利信息化指标情况

指　标	分　指　标	年　份				
		2011 年	2012 年	2013 年	2014 年	2015 年
信息化	互联网普及率	100.00	103.76	106.80	111.92	107.08
	人均带宽	100.00	122.00	153.00	249.00	370.00
	移动互联网覆盖率	100.00	100.00	100.00	100.00	100.00
	电子商务应用程度	100.00	94.00	98.00	98.00	96.00
	信息化指数	100.00	104.94	114.45	139.73	168.27

移动通信方面，移动通信业务已成为匈牙利通信产业的重要组成部分。据统计，截至 2012 年，移动通信业务占匈牙利整个通信业务的 41.9%。目前，匈牙利移动通信市场主要被三大运营商垄断，分别是 T-Mobile、Vodafone 和 Telenor。其中，T-Mobile 进入匈牙利市场较早，占据了移动通信市场 45% 的份额，其主干网及设备主要由爱立信提供并建造；Telenor 居第 2 位，占 35% 的市场份额，其主干网及设备主要由中兴通讯提供并建造；Vodafone 占 25% 的市场份额，其主干网及设备主要由华为提供并建造。

虚拟运营商发展迅速。随着运营商网络日趋成熟，匈牙利电信业务需求不断增加，多家企业开始选择与 T-Mobile 等传统运营商合作，租赁其网络，发展自己的移动用户。目前，Tesco、Lidl 等大型连锁超市开始发行自己的电话卡，其中 Tesco 的 3G 通信网络已经覆盖匈牙利人口的 90%。匈牙利电力公司联合匈牙利邮政公司、匈牙利开发银行组建国有移动通信公司，发展政府通信网络。

市场容量趋于饱和。截至 2013 年年底，匈牙利手机用户增至 1170 万户，比 2012 年增加了 0.8%，手机普及率高达 118%，即每 100 人就拥有 118

部手机。其中，后付费用户为 620 万户，同比增长 2.8%，占全国手机用户的 53%；预付费用户为 550 万户，同比下降 1%，占全国手机用户的 47%。

移动数据业务成为新增长点。由于匈牙利手机用户市场容量饱和，移动运营商开始以移动数据业务为新增长点，致力于网络基础设施建设和数据增值服务。目前，3G 网络已覆盖匈牙利全境，特别是在边境地区，网速已达到 80Mbps。T-Mobile 加速布局 4G 业务，称其 4G 网络已经覆盖布达佩斯 99% 的人口，以及其他 60 个城市。得益于移动网络的完善及智能手机的发展，2013 年匈牙利移动数据业务大幅增长 16%。

固网业务方面。随着移动通信业务的快速发展，固网业务不可避免地走向衰落，但与周边国家相比，匈牙利固网业务下降的速度和幅度都相对较小。自 2000 年创出 380 万用户量的历史最高值后，匈牙利固网用户就开始呈现下降趋势，2013 年，匈牙利固网用户数量降至 280 万户，普及率为 28%，同比下降 0.3%，比 2000 年下降了 26%，用户数量减少了 100 万户。

IP 等新业务有所发展。随着互联网业务的普及，基于固网业务的 IP 电话用户保持了相对稳定的增长。2013 年，IP 业务占固网业务的比重达 42%，比 2011 年增长了 17 个百分点；ISDN 业务占比达 14%。

匈牙利电信公司控制着绝对市场份额。固定电话业务的 60% 被匈牙利电信公司控制，Invitel、UPC 分别拥有 13%、12% 的市场份额。

互联网业务方面。匈牙利互联网基础设施发达，在 OECD 主要 IT 指标名单中排名第 6 位，在欧洲仅次于瑞典、爱沙尼亚和芬兰。2013 年，匈牙利互联网用户达 640 万户，同比增长 19%，比 2003 年增长了 9 倍。匈牙利互联网普及率达 65%，在欧洲国家名列前茅。

宽带业务发展迅速。宽带业务已占据匈牙利 93% 的互联网市场份额，主要网络类型为 XDSL、有线电视和无线网络，分别占 14%、20% 和 60% 的市场份额。

市场集中度高。目前，匈牙利互联网业务 93% 的市场份额被 7 家公司控制，排名前 3 位的是匈牙利电信公司、UPC、Invitel，市场份额分别为 35%、22%、10%。其他中小型公司已逐步退出市场，2013 年，匈牙利有 14 家公司出售了其网络基础设施。

（六）基础设施指标

匈牙利的交通基础设施在政府的支持下进行了大规模重建，高速公路里程数不断增加。匈牙利铁路仍属国营，由于其运输成本低且安全可靠而被广泛地应用于工业运输。匈牙利国际机场位于布达佩斯市郊，该机场拥有两个现代化的航空集散站。

基础设施指标方面，匈牙利呈现略微下降的情况，但是几项指数的波动幅度较小（见表12-7），可见匈牙利政府在基础设施上并未投入较大精力去发展。

表 12-7 匈牙利基础设施指标情况

指 标	分 指 标	年 份				
		2011 年	2012 年	2013 年	2014 年	2015 年
基础设施	人均发电量	100.00	96.63	84.72	82.18	84.71
	人均铁路里程	100.00	100.15	100.69	100.89	101.11
	港口基础设施质量	100.00	100.00	97.50	95.00	84.30
	基础设施指数	100.00	98.87	94.14	92.57	90.33

第十三章　印　　度

13 Chapter

印度共和国（Republic of India，简称印度），是南亚次大陆最大的国家。印度东北部与中国、尼泊尔、不丹接壤，孟加拉国夹在印度东北部国土之间，东部与缅甸为邻，东南部与斯里兰卡隔海相望，西北部与巴基斯坦交界。印度东临孟加拉湾，西濒阿拉伯海，海岸线长约 5560 千米。

第一节

国家介绍

印度是世界四大文明古国之一，也是世界第二大人口大国，具有丰富的文化遗产和旅游资源。印度是金砖国家之一，也是世界上发展最快的国家之一，印度经济产业多元化，涵盖农业、手工业、纺织业、服务业等。虽然印度 2/3 的人口仍然直接或间接依靠农业为生，但近年来印度服务业增长迅速，发挥的作用日益重要。另外，印度已成为全球软件、金融等服务业的重要出口国，但同时也是社会财富分配极度不平衡的发展中国家，"种姓制度"问题较为尖锐。

（一）地理位置

印度是南亚次大陆最大的国家，国土面积 298 万平方千米（不包括中印边境印占区和克什米尔印度实际控制区等）（李玮，2016），列世界第 7 位。印度东北部与中国、尼泊尔、不丹接壤，东部与缅甸为邻，东南部与斯里兰卡隔海相望，西北部与巴基斯坦交界。东临孟加拉湾，西濒阿拉伯海，海岸线长约 5560 千米。印度首都新德里时间比北京时间晚 2.5 小时。

（二）自然资源

印度自然资源丰富，有近 100 种矿藏。云母产量世界第一，煤和重晶石产量均排名世界第三。截至 2010 年年底，印度主要资源总储量（探明储量）为：云母 39.4 万吨（6.9 万吨）、煤 2672 亿吨（1058 亿吨）、重晶石 7420 万吨（3431 万吨）、铁矿石 146 亿吨（70 亿吨）、铝土 32.9 亿吨（9 亿吨）、铜 13.9 亿吨（3.7 亿吨）、锰矿石 3.78 亿吨（1.38 亿吨）、铬铁矿 2.1 亿吨（6612 万吨）、锌 970 万吨、铅 238.1 万吨、石灰石 756.79 亿吨、磷酸盐 3 亿吨（5272 万吨）、黄金 498 万吨（85 万吨）、银矿 2.24 亿吨（1.16 亿吨）、石油 12 亿吨、天然气 14370 亿立方米。此外，还有石膏、钻石及钛、钍、铀等矿藏。印度森林面积为 67.8 万平方千米，覆盖率为 20.64%。印度拥有世界 1/10 的可耕地，面积约 0.16 亿平方千米，人均 0.017 平方千米，是世界上最大的粮食生产国之一（胡江云，2013）。

（三）气候条件

印度全境炎热，南部属热带季风气候，北部为温带气候，而西部的塔尔沙漠则是热带沙漠气候。印度夏季有较明显的季风，冬季则较无明显的季风；一年分为凉季（10月至次年3月）、暑季（4—6月）和雨季（7—9月）共 3 个时期。降雨量忽多忽少，分配不均。冬季受喜马拉雅山脉屏障影响，无寒流或冷高压南下影响印度（高华，张佳华，夏学齐，2016）。

（四）人口分布

印度经济和社会事务部公布的统计结果显示，截至 2014 年 6 月底，印度全国有人口 12.67 亿，居世界第 2 位，近 10 年人口年均增长率为 1.39%。孕龄妇女婴儿平均出生率为 2.53，国民人均年龄为 26.6 岁。其中，25 岁以下人口占比达 50%，25～35 岁人口占比达 15%。另外，农村人口约占 68%，而 15 岁以上人口识字率约 74%。

（五）民族

印度是多民族、多宗教的国家，有 10 个大民族和几十个小民族，包括印度斯坦族（46.3%）、泰卢固族（8.6%）、孟加拉族（7.7%）、马拉地族（7.6%）、泰米尔族（7.4%）、古吉拉特族（4.6%）、坎拿达族（3.9%）、马拉雅拉姆族（3.9%）、奥里亚族（3.8%）、旁遮普族（2.3%）、锡克族（2%）等。由于历史原因，印裔华人数量极少，对印度政治和经济生活的影响微小。华人居住较为集中的地方主要为加尔各答等地，华人主要从事皮革加工、餐饮等行业（袁纬芳，2014）。

（六）语言

印度 1941 年颁布的《宪法》343 条第一款规定，印地语是印度的官方语言；《宪法》343 条第二款规定，保留英语作为官方工作语言至 1965 年，并授权议会通过修改法律延长英语作为官方工作语言的使用期。1963 年，印度通过的《官方语言法》明确，1965 年以后，英语仍将作为印度官方工作语言，并规定政府在发布决议、通告、报告、新闻公告等文件时，要使用印地语和英语两种语言。

印地语是印度国内使用人口最多的语言，约 30% 的人口使用；英语是印度全国性通用语言，也是在政治和商业交往中主要使用的语言。印度当地有多家大型英文日报，印度政府文件绝大多数使用英文。此外，印度官方承认的地方性语言多达 20 种。

（七）宗教

印度居民中约有 80.5% 信奉印度教，13.4% 信奉伊斯兰教，2.3% 信奉基督教，1.9% 信奉锡克教，0.8% 信奉佛教，还有少数居民信奉其他宗教。

（八）习俗

印度是世界上最大的"牛国"，共有牛 2 亿多头，约占世界牛总数的 1/4。这与印度的宗教习俗有很大关系。牛给印度人提供了奶食，并担负耕地、运输等工作。印度教徒把牛看作"神牛""圣牛"，牛受到特别的尊敬。

在饮食方面，印度饮食南北差异很大。印度北部受伊斯兰文化影响，烹饪通常是莫卧儿式的，多肉、谷物和面包；印度南部多素食，主要是米饭和辛辣咖喱。在所有印度菜肴中，唯一的共同点是辣。

在服饰方面。印度男子的传统服装：下身是"托蒂"，实际上是一块缠在腰上的宽幅白棉布，也有麻制或丝制的，长度一般为 3.64 米，缠在腰间，垂至膝盖或脚面；上身穿较肥大、长至膝盖的"古尔达"上衣；头巾的色泽各异、缠法也不同。印度妇女的民族服装是"纱丽"，通常用一块长约 6 米、宽 1.1 ~ 1.3 米的布料做成。"纱丽"的穿法是从腰部缠起，最后披盖在肩上或蒙在头上。印度人喜欢佩戴各种各样的首饰，名目繁多。根据传统的风俗，印度男子把首饰赠予女子被视为应尽的义务，女子把戴首饰视为生活的重要内容。

第二节

印度工业和信息化增长指数评估

近年来印度经济有较大发展。农业由严重缺粮到基本自给，工业形成较为完整的体系，自给能力较强。20 世纪 90 年代以来，印度服务业发展迅速，占 GDP 比重逐年上升。印度已成为全球软件、金融等服务业的重要出口国。1991 年 7 月开始实施全面经济改革，放松对工业、外贸和金融部门的管制。1992—1996 年印度实现经济年均增长 6.2%。"九五计划"（1997—2002 年）期间印度经济年均增长 5.5%；"十五计划"（2002—2007 年）期间，印度继续深化经济改革，加速国有企业私有化，包括农产品在内的部分生活必需品销售实现自由化，改善投资环境，精简政府机构，削减财政赤字，实现年均经济增长 7.8%，是世界上经济发展最快的国家之一。2006 年，印度推出"十一五计划"（2007—2012 年），提出保持国民经济 10% 的高速增长，创造 7000 万个就业机会，将贫困人口减少 10%，大力发展教育、卫生等公共事业，继续加快基础设施建设，加大环保力度。2011 年 8 月，印度计划委员会通过"十二五计划"（2012—2017 年），提出国民经济增速 9% 的目标（李玮，2016）。尽管全球经济增长放缓，印度经济在 2014—2015 财年仍实现了 7.2% 的增长。2015 年第一季度，印度外汇储备达 3439 亿美元。国际金融机构也普遍看好印度经济走势。世界银行预测 2016 年印度经济增速为 7%，称有望于 2016 年或 2017 年超过中国，成为增长最快的主要经济体（鲁金枝，2016）。

根据测算结果，2015 年印度的工业和信息化增长指数为 113.69，2014 年为 110.66，2013 年为 105.73，2012 年为 98.66，虽然增幅上有所波动，但从整体来看有所进步（见表 13-1）。其中，工业增长较为稳定，持续小幅度稳步发展，而创新力、信息化都出现了一定程度的波动，可见印度工业和信息化发展步伐并不稳健。

表 13-1　印度工业和信息化增长指数

序 号	指 标	分 指 标	年 份				
			2011 年	2012 年	2013 年	2014 年	2015 年
1	增长	工业增加值增长率	100.00	103.57	108.78	115.18	123.70
		增长指数	100.00	103.57	108.78	115.18	123.70
2	竞争力	制造业各类产品国际市场占有率	100.00	101.57	101.03	104.75	102.31
		贸易竞争力指数	100.00	102.63	107.16	109.14	102.90
		竞争力指数	100.00	102.37	105.63	108.04	102.76
3	创新力	创新能力	100.00	97.22	111.11	111.11	116.67
		创新能力指数	100.00	97.22	111.11	111.11	116.67
4	效率	劳动生产率	100.00	88.76	99.39	104.55	102.51
		效率指数	100.00	88.76	99.39	104.55	102.51
5	信息化	互联网普及率	100.00	124.93	149.95	208.54	258.19
		人均带宽	100.00	108.62	91.38	112.07	98.28
		移动互联网覆盖率	100.00	100.00	100.00	112.65	112.65
		电子商务应用程度	100.00	86.27	88.24	80.39	82.35
		信息化指数	100.00	104.96	107.39	128.41	137.87
6	基础设施	人均发电量	100.00	103.18	108.29	100.04	108.29
		人均铁路里程	100.00	98.72	97.49	98.32	97.47
		港口基础设施质量	100.00	102.56	107.69	102.56	107.88
		基础设施指数	100.00	101.43	104.33	100.19	104.38
	工业和信息化增长指数		100.00	98.66	105.73	110.66	113.69

印度 2015 年各项指标增长情况如图 13-1 所示。

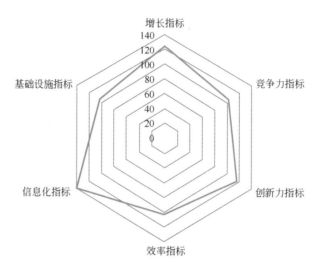

图 13-1　2015 年印度各项指标增长情况

第三节

印度工业和信息化各级指标测算

（一）工业增长指标

1991 年 7 月，印度开始实施全面经济改革，放松对工业、外贸和金融部门的管制。"八五计划"（1992—1997 年）期间经济年均增长 6.7%；"九五计划"（1997—2002 年）期间经济年均增长率有所下降，为 5.5%。1999 年，印度开始实施第二阶段经济改革，深化第二阶段经济改革，加速国有企业私有化，改善投资环境，精简政府机构，削减财政赤字。

"十五计划"（2002—2007 年）、"十一五计划"（2007—2012 年）期间印度国内生产总值（GDP）年均增长率均达到 7.6%。2015 年 1 月 30 日，印度中央统计局调整了 GDP 的统计方法，将统计基期由 2004—2005 财年调整为 2011—2012 财年，根据新的统计方法，印度 2013—2014 财年和 2014—2015 财年 GDP 增速分别为 6.9% 和 7.4%。

　　印度主要工业包括纺织、食品加工、化工、制药、钢铁、水泥、采矿、石油和机械等。汽车、电子产品制造、航空和空间等新兴工业近年来发展迅速。2008年以来，印度工业增长放缓，2013—2014财年，印度工业产值同比增长0.4%，其中，采矿业产值下降1.4%，制造业产值下降0.7%（李玮，2016）。2014—2015财年（4月至次年1月），印度工业产值同比增长2.5%；电力行业产值同比增长9.3%，在三大主要行业中增长最快；制造业和采矿业产值分别同比增长1.7%和1.3%。

　　根据数据的可得性，工业增长指标选取了印度的工业增加值增长率进行测算。该指标经过标准化处理，2012年为103.57，2013年为108.78，2014年为115.18，2015年为123.70，如表13-2所示。

表13-2　印度工业增长指标情况

指　标	分指标	年　份				
		2011年	2012年	2013年	2014年	2015年
增长	工业增加值增长率	100.00	103.57	108.78	115.18	123.70
	增长指数	100.00	103.57	108.78	115.18	123.70

　　在印度工业中，制药、汽车等领域在国际市场上竞争力较为雄厚。印度的能源工业（包括煤炭、石油和电力）发展也较迅速，煤炭是印度的第一能源，占全国商品能源消费量的40%以上。但是，印度电力供应仍然很紧张，目前印度正在开发以甘蔗渣为原料的发电技术，以进一步补充传统煤炭发电的供不应求。轻工业在印度工业中占有重要地位，其产值占印度工业总产值的20%以上，主要为纺织业和食品加工业，其中食糖、茶叶和纺织在世界上占有重要地位。另外，随着整个工业的发展，棉麻纺织、制糖、榨油和制烟等传统工业的优势地位正在不断地让位于化学、能源、机械和电子等新兴工业（李玮，2016）。

　　（1）能源和基础工业——产量大幅增长，但石油、天然气仍严重短缺。从总体上看，印度的矿产资源较为丰富，门类比较齐全，煤储量近2000亿吨，是世界重要的产煤国之一。近年来，印度能源工业发展较快，可由于缺少现代工业的"血液"——石油，因此总是摘不掉"能源短缺"的帽子。有调查显示，印度石油资源匮乏，可开采量不足8亿吨，按目前的开采速度，仅可再开采20年。印度天然气储量不到7000亿立方米，也只能维持20多年的开采量，而且天然气生产中喷发浪费严重，效率不高。

（2）医药工业和纺织业——印度制造业的两个亮点。印度是非专利药品生产大国和出口大国，印度的药品占全球药品销售总量的8%，排名第4位，是世界第五大散装药生产国。印度的医药工业有20000个实验室，医药市场规模为53亿欧元，其中最大的医药企业 Glaxo SKB 占有5.7%的市场份额。纺织业是印度历史最久、规模最大的行业，其产出占印度 GDP 的6%左右，吸收了3500万人就业。

（3）耐用消费品市场、机械及部件市场——现状不乐观但发展潜力大。虽然印度拥有一个由3亿中产阶级构成的、稳定的消费市场，但消费热潮并没有启动，大多数耐用消费品构成买方市场，供大于求。印度的机械产品多为低端产品，重载设备、食品加工、塑料加工、纺织和珠宝加工的机械长期依赖进口。但是，消费信贷的进一步完善可以促进消费市场的繁荣，政府对基础设施投资力度的加大可以推动以建筑机械为主的机械及部件市场的发展。

由此可见，印度工业水平整体有所进步，呈现稳步增长。40多年的发展使印度成长为一个具有中等发展水平的工业农业国，其工业化成就是显著的。然而，这是纵向比较的结果。如果进行横向比较，即与世界工业发展先进水平相比，印度的差距还是很大的，印度经济从总体上说还是一种发展中经济。除此之外，印度工业化进程中本身还存在不少问题，如效率低下、产品竞争力不强等，也是值得注意的问题（陈继东，1997）。

（二）制造业竞争力指标

印度具备成为制造业巨头的几乎所有关键因素：人口红利、具有吸引力的国内市场、运输与劳动力上的比较优势、对美元相对较低的汇率及低政治风险。印度人民党正在酝酿大幅修订过时的劳动法，并在2014—2015财年的国家预算中对制造业采取刺激措施。与此同时，印度经济也有致命的短板，想在短时间内取代中国成为"世界工厂"似乎还不太现实。根据德勤全球制造业竞争力指数，印度目前的制造业竞争力居全球第4位，预计到2018年，印度将成为仅次于中国的全球第二大制造业强国。落后的交通与供电网络等基础设施与复杂的监管环境及低下的管理效率，已成为阻碍印度制造业增长的致命因素。据世界银行最新发布的报告，在全球189个经济体中，印度的营商便利环境仅居第134位。因此，印度制造业在国际市场占有率和贸易竞争力上并不占优势，仍需要进一步予以推进。塔塔集团董事长塞勒斯·密斯特里也坦言，印度制造业要吸引外资必须更新基础设施、改善能源和物流系统（蔡恩泽，2015）；而印度经济学者夏尔马则对于印度的"人口红利"持异议，"印度庞大的年轻劳动力人口多数受教育程度较低或技术素质不高，政府如果不能及时、有效地帮助年轻劳动力提高劳动技能，他们反而会成为制造业发展的瓶颈。"

整体来看，印度制造业竞争力还有待加强。历年的数据显示，印度制造业竞争力指数近年来一直在缓慢增长，但2015年略有下降，如表13-3所示。

表 13-3　印度制造业竞争力指标情况

指　标	分　指　标	年　份				
		2011 年	2012 年	2013 年	2014 年	2015 年
竞争力	制造业各类产品国际市场占有率	100.00	101.57	101.03	104.75	102.31
	贸易竞争力指数	100.00	102.63	107.16	109.14	102.90
	竞争力指数	100.00	102.37	105.63	108.04	102.76

在印度制造业体系中表现较为亮眼的重点特色产业有以下几个。

1. 纺织业

纺织业在印度国民经济中占有极其重要的地位。印度纺织部年报显示，纺织业贡献了印度GDP的4%、工业总产值的14%、出口创汇的11%。纺织业共吸引就业3500万人，是继农业后第二大就业部门。印度主要纺织产品有棉纺品、人造纤维、毛制品、丝织品、黄麻制品、手织品、地毯、手工艺品及成衣等。印度主要纺织企业包括印度国家纺织公司（NTC）、印度国家黄麻生产公司（NJMC）、印度棉花公司（CCI）、ELGIN Mills 和 Spentex 等（余泽萍，2016）。

2. 医药业

印度的医药业规模在全球范围内排第2位，生物医药是印度制药业的领头羊。2010—2011财年，印度医药产值达到1.05万亿卢比，医药出口额达到4755亿卢比，占印度出口总额的4.2%；从业人员达300多万人，较大规模的研发型生物医药企业有270多家。此外，印度还有约5600家拥有药品生产执照的小规模仿制药企业。

印度软件出口和服务外包业发展迅速。印度电信部年报显示，2011—2012财年，印度实现软件出口额3.33万亿卢比；2012—2013财年，实现软件出口额 4.11 亿卢比，同比增长 23.5% 左右。随着软件服务业的发展，近年来，印度形成了班加罗尔、金奈、海德拉巴、孟买、普纳和德里等一批著名的软件服务业基地城市。塔塔咨询（Tata Consultancy Services）、威普罗公司（Wipro Technologies）和 Infosys 公司（Infosys Technologies）成为全球著名的软件服务外包企业。

劳动力成本低廉是印度制造业的主要优势。印度一直位居全球劳动力成本最低的国家前列。根据印度劳工统计局的数据，近 10 多年印度有组织的制造部门的劳动报酬（包括工资、福利、社会保险和税金）增长十分有限，只从 1999 年的 0.68 美元 / 小时涨到现在的 1.5 美元 / 小时，而同期生产工人的报酬只从 0.53 美元 / 小时增长到 1 美元 / 小时。制造业成本低、操作技术简单、劳动强度大，使印度国内劳动密集型产业（如纺织、服装、鞋类等）增长潜力巨大。同时，印度制造业在设计理念、销售渠道等方面更贴近欧美高端市场。此外，印度制造业在高新技术领域亦拥有一席之地。得益于英语的相对普及，以及对欧美专利体系的相对熟悉，印度制造业在生物、化学、电子、通信等领域优势明显，国际合作的空间较大。

"印度制造"计划提出以来，的确吸引了一部分海外投资。全球最大智能手机和电子产品代工制造商富士康（Foxconn）2015 年表示，到 2020 年，该公司将在印度西部开设 10～12 家工厂。同期，通用汽车（General Motors）宣布投资 10 亿美元，在印度市场开发新车型。一些原本在中国投资的劳动力密集型企业，如培乐多（Play-Doh）、大富翁（Monopoly）、孩之宝（Hasbro）等玩具制造商，也因为中国日益面临劳动力短缺问题而将投资目光转而投向印度。甚至有一些中国智能手机生产商，如华为、一加、酷派和 OPPO，也计划在印度生产手持设备；小米则正在与富士康合作，在印度组装手机；联想计划与伟创力（Flextronics）合作。对此，印度本土企业家对印度制造业未来的发展前景信心满满。塔塔钢铁公司总裁 B. Muthuraman 认为，"以后印度的制造业也会和中国一样，取得在世界上的领导地位。"

基础设施薄弱是印度经济和制造业的硬伤。在中国，每年有 20% 的 GDP 被用于基础设施建设，完善的基础设施为制造业提供了便利的物流条件和充足的能源供给。而在印度，每年只有 3% 的 GDP 被用于基础设施建设。基础设施长期欠账，成为印度经济的软肋，削弱了印度经济的发展潜力。

印度的法律、规章制度错综复杂，官僚体制严重。例如，印度现有 50 余条中央劳工法规、170 余条地方劳工法规，这些劳工法规对于劳工的保护非常严苛。印度 1947 年出台的《劳资纠纷法》规定，员工数量超过 100 人的企业在裁员时，必须获得政府的同意，而在向政府申请裁人时，往往需要等待漫长、烦琐的审批程序，同时政府批准的可能性也微乎其微。印度 1970 年出台的《劳动合同法》则规定，员工数量超过 20 人的企业在雇用合同工之前必须获得政府的批准。鉴于招聘和解聘方面的严格限制，印度多数企业被迫保持较小的规模。咨询机构麦肯锡的一项调查显示，"尽管劳动法的相关规定旨在提高工人福利，但事与愿违，大多数企业因为惧怕触犯劳动法而宁愿不扩大生产规模。"以上诸多因素都成为阻碍印度制造业发展的主要问题，可见印度制造业发展任重而道远（史小今，2016）。

（三）创新力指标

印度科技研发投入水平低，据最新统计，2013 年印度科研投入占全球份额不足 2.5%，占印度 GDP 比重低于 1%。2012 年年底，印度发布"十二五计划"（2012—2017 年），提出今后 5 年投入 1.2 万亿卢比科研预算，主要用于 6 个重要政府部门主导的科技发展。其中，空间和原子能占投入总额的近一半，是印度科研投入的重点。另外，印度计划使研发投入占 GDP 比重提高到 2%。世界经济论坛对印度创新能力的评估显示，印度近年来的创新能力仍有待提升。

根据 NRI 的主观打分，印度近年来的创新能力在逐年递增，并且有了大幅度增长，2012 年为 97.22，2013 年为 111.11，2014 年为 111.11，2015 年为 116.67，如表 13-4 所示。对比 2015 年和 2012 年的创新力指标，仅 4 年其增幅就达 10% 以上。

表 13-4　印度创新力指标情况

指　标	分指标	年　份				
		2011 年	2012 年	2013 年	2014 年	2015 年
创新力	创新能力	100.00	97.22	111.11	111.11	116.67
	创新能力指数	100.00	97.22	111.11	111.11	116.67

作为金砖国家之一，印度 R&D 投入在 10 年间翻了六番，从 2001 年的 1704 亿卢比增加到 2011 年的 7262 亿卢比（约 151 亿美元），占 GDP 比重从

0.78% 提高到 0.88%。欧盟委员会认为，对于一个成熟的经济体，其科研投入占国民生产总值（R&D 占 GDP）的比例应在 2% 左右。尽管印度的科研投入占比在缓慢提升，但远低于欧盟倡议的标准值（毕亮亮，2014）。同时，印度 R&D 的增幅在 2015 年低于 2001—2011 年 GDP 高达 7.5% 的年均增幅。近年来，印度领导人在"十二五计划"（2012—2017 年）和 2013 年发布的《科学、技术和创新政策》中多次提出，要大幅提升科技研发投入，实现 2020 年 R&D 投入要占 GDP 2% 的目标。

从印度各行业 R&D 投入看，前 10 位分别为制药业、运输业、IT 产业、国防工业、燃料、化学（不包括化肥）、生物技术、电子电动产业、冶金业和电信业。其中，政府研发投入在总研发投入中的占比由高到低分别为国防工业（基本全部为政府投资）、燃料（约占 80%）、冶金业（约占 60%）、电信业（约占 15%）、电子电动产业（约占 10%）；而总研发投入最高的制药业和生物技术产业，基本全部为私人投资；化学（不包括化肥）、运输业、IT 产业的绝大部分研发投入也来自私人投资。

2013 年 1 月，印度宣布《科学、技术和创新政策》，目标是建立科技创新体系，为印度开辟高科技主导的发展道路，以实现更快、可持续和包容性增长（毕亮亮，2014）。印度强调改善私营部门投资环境，使未来 5 年公共和私营部门投资比例从当前的 3∶1 转变至 1∶1 以内，实现科技投入倍增，并在 2020 年进入全球五大科技强国之列。目前印度科技重点发展的领域是可再生能源、国防军事。印度在"十二五计划"期间对可再生能源领域投入 3.18 万亿卢比，到 2017 年，倍增其可再生能源的产能，达到 55000 兆瓦，以减少对石化燃料的依赖。具体措施有：完善太阳能利用政策，加强太阳能开发；优化审批程序，加速发展风电项目；积极与美国开展可再生能源合作。近两年来，印度格外注重军事国防力量的提升，2013 年国防支出比 2011 年增长 5.3%，达到 2.37 万亿卢比。

印度科技部（包括科技署、生物技术署、科技与产业研究院所）在 2016—2017 财年获得中央计划支出 1035 亿卢比，比 2015—2016 财年预算增长了 12%。印度政府计划加大对农村科技经费的投入，包括电子政务、教育和就业、基础设施、农村地区数字扫盲、农业技术和农产品市场开发等，争取 5 年内让农民收入翻一番，推动旗舰项目——"数字印度"计划，并为印度 IT 企业带来商机。印度科技财政拨款的重点内容包括：

（1）放宽对 IT 等行业相关领域的消费税；

（2）采取 4 项乳制品采购的新举措，将颁发动物健康卡、发布网络营销渠道（用于育种等）；

（3）计划在农村推行数字扫盲任务（Digital Literacy Mission），未来 3 年惠及 6000 万农户；

（4）为莫迪总理"印度崛起"计划（Stand Up India）拨付 50 亿卢比；

（5）将相关教育证书电子化，进行数字存储和统一查询；

（6）为实现"技能发展计划"（Skill Development Program），拨付 170 亿卢比建立 1500 个多技能培训学院；

（7）财政部划拨 100 亿卢比用于高等教育引资融资；

（8）设立大量自动提款机，并在邮局设置小型自动提款机；

（9）建设新的数据管理中心，提高综合数据分析能力；

（10）对创造就业的初创企业，前 3 年（2016—2019 年）实施免税待遇，只需要缴纳可替代最低税收（MAT）；

（11）对 7 个城市的市政府进行在线评估；

（12）推进《国家生物技术发展战略》的实施，包括创建新的基础设施（如转基因研发）、开展大数据分析、创建技术转化组织等。

印度专利局发布新版《计算机相关发明审查指南》（*Computer Related Inventions*），废除了 2015 年 8 月发布的《计算机相关发明审查指南》中的软件专利保护。在 2005 年印度《专利法》修正案中，印度议会否定了准许对工业或技术应用中的软件或与硬件捆绑在一起的软件授予专利的提案。根据 2015 年的《计算机相关发明审查指南》，只要为一个新软件增加一个硬件设备，申请人就能获得《专利法》专利授权，这与印度《专利法》相抵触。在数学应用或商业管理中也存在类似矛盾，软件只要增加硬件元素就可以被授予专利。2015 年，印度《计算机相关发明审查指南》一出台，便遭到许多社会组织的反对，包括知识共享组织。因此，印度专利局出台了专利新政策，废除了软件专利保护，这对于支持印度创新具有积极效应，初创企业、软件行业及相关组织，如印度自由软件运动、软件自由法律中心、知识共享组织等，普遍表示欢迎。

人力资源是一个国家科研体系和科研竞争力持续发展的最重要因素，也是国家研究体系输出的最重要产品。印度科技部年报统计表明，印度共有近20万名研发人员（中国2009年为318.4万名），每百万人的研发人员数从2000年的110名增加到2009年的164名，但比起中国的每百万人863名，还相差较大。截至2010年4月，印度全国共有44万人受聘于科研机构（包括公共和私营部门），其中，研发（R&D）人员为19.3万名（占43.7%），还有12.4万名（占28.2%）从事辅助、行政等非技术支持类工作，并且研发（R&D）人员中的14.3%为女性。2010年，印度共有16093人获得博士学位，其中，8302人（占51.6%）获得科学类博士学位。

统计数据表明，2011年，印度共有4568家科研机构，其中，中央部门所属占14%，邦政府所属占20%，大学和高校拥有12%，其他公共部门拥有4%，50%的研究机构来自私营部门。

从专利申请增长趋势看，印度的专利申请数据表现良好，以每年约16.6%的增长速度渐进式发展，有望成为"金砖国家"中位列中国和俄罗斯之后的第3位。相比之下，中国的专利申请数量在过去10年间增长了约6倍（毕亮亮，2014）。在专利申请领域，基于对世界知识产权组织（WIPO）定义的35个技术领域中专利申请份额的数据分析，印度在制药和有机精细化学领域专利申请所占份额较大；而中国在电力机械、装置与能源、数字交换和计算机技术方面等专利申请领域表现突出（朱海峰，马建华，2013）。

（四）效率指标

根据测算得分，效率指标结果显示，印度工业劳动生产率处于逐年递增的基本趋势。其中，2012年为88.76，2013年为99.39，2014年为104.55，2015年为102.51，如表13-5所示。总体来看，印度工业劳动生产率随着工业产值的上升而递增，说明印度在劳动力方面有较好的基础，不会为工业投资的增加或者产业的拓展带来负担。

印度拥有庞大的年轻劳动力人口，35岁以下人口占比为65%，但近68%的人口仍生活在教育、基建落后的农村。2010年，印度未受教育劳动力占比达40.3%，受高等教育劳动力占比为9.8%，15岁以上成人识字率为73%；妇女劳动参与率仅为28.5%，导致整体劳动参与率低至56.4%。

表 13-5　印度效率指标情况

指　标	分　指　标	年　份				
		2011 年	2012 年	2013 年	2014 年	2015 年
效率	劳动生产率	100.00	88.76	99.39	104.55	102.51
	效率指数	100.00	88.76	99.39	104.55	102.51

　　另外，尽管印度劳动力成本较低，但管理等隐性成本偏高，且劳动法对中小规模企业的雇用、解雇存在严苛限制，工会力量强大，导致劳动生产率低下，企业扩大规模激励不足，释放潜在的人口红利仍有诸多阻碍。

　　不过，得益于数学天赋、严格的教育和政府的大力扶持，印度也培养了大量以"印度理工人"为代表的计算机工程师精英，为印度软件、互联网等信息服务业的崛起奠定了基础。

（五）信息化指标

　　印度电信服务发达，发展迅速。据印度电信监管委员会（TRAI）统计，截至 2014 年 3 月底，印度电话用户总数为 9.33 亿户，其中移动用户总数累计达 9.05 亿户，全国电话普及率为 75.32%；互联网用户总数为 2.51 亿户，其中宽带用户 6087 万户，此外，还有 1.43 亿户用户通过手机上网。但是，从覆盖率和使用情况来讲，印度互联网的发展相较其他发达地区还有一定的距离，有待进一步提升。

　　信息化方面，印度近年来增长幅度较大，互联网普及率和电子商务应用程度有较好表现。印度信息化指标测算结果是，2012 年为 104.96，2013 年为 107.39，2014 年为 128.41，2015 年为 137.87（见表 13-6）。其中，人均带宽和互联网普及率的增速最快，电子商务应用程度表现较好，体现了信息化发展迅速，尤其是软件产业已经成为印度的支柱性产业，发展迅速的同时也为国内信息化和工业化的发展进程起到了推动作用。

　　印度各国有、民营和外资电信运营商之间竞争激烈，资费相对低廉。手机银行和农业短信息等服务已经兴起。印度未来市场扩张空间仍然巨大，3G服务和农村地区移动服务领域大有可为，4G 业务亦逐步普及，目前印度电信运营商在 15 个城市提供 4G 业务。

表 13-6　印度信息化指标情况

指　标	分指标	年　份				
		2011 年	2012 年	2013 年	2014 年	2015 年
信息化	互联网普及率	100.00	124.93	149.95	208.54	258.19
	人均带宽	100.00	108.62	91.38	112.07	98.28
	移动互联网覆盖率	100.00	100.00	100.00	112.65	112.65
	电子商务应用程度	100.00	86.27	88.24	80.39	82.35
	信息化指数	100.00	104.96	107.39	128.41	137.87

　　国营的印度邮政公司在印度邮政体系中处于支配地位，在全国设有约 15 万个邮局，其中近 90% 位于农村地区。另外，DHL 等外资企业也在印度提供快递服务。

　　据 2011 年印度人口普查数据，印度只有 9.4% 的家庭拥有计算机，3.1% 的家庭能使用互联网。截至 2013 年 12 月 31 日，印度互联网用户达到 2.38 亿户，其中有 70% 的用户使用手机访问互联网。据统计，2013—2014 财年印度信息通信硬件市场达到 3 万亿卢比的规模，共卖出 699 万台台式计算机、512 万台笔记本电脑、2146 万台智能手机、384 万台平板电脑和 284 万台打印机。

（六）基础设施指标

　　印度一直采用政府集中管理的方式进行基础设施开发、建设和管理，但十分低效。20 世纪 90 年代早期，印度开始向私人资本开放基建领域，但是私人参与不尽如人意，能源短缺加剧。世界经济论坛发布的《国际竞争力报告》显示，印度基础设施建设水平在 148 个国家中排名第 85 位，印度两个最大的城市新德里和孟买的排名落后于北京和曼谷。

　　基础设施指标方面，印度呈现不断波动的情况，人均发电量、人均铁路里程和港口基础设施质量的增长或下降的趋势并不明显，如表 13-7 所示。这说明在发展经济的同时，印度的相关基础设施还未做好相对完备的保障，而印度每年迅猛增长的人口也为基础设施建设的评估结果带来了影响。

　　印度国家输电网络建设资金短缺严重，大型国有配电公司濒临破产。电力盗窃已是印度常态，还有近 1/3 地区无法获得电力供应。资源短缺使问题变得更严重。尽管印度政府为改革能源部门发布了《2003 年电力法案》，但在配电部门私有化、税费改革和反电力盗窃方面，法案实施遇到很大问题。

表 13-7 印度基础设施指标情况

指 标	分 指 标	年 份				
		2011 年	2012 年	2013 年	2014 年	2015 年
基础设施	人均发电量	100.00	103.18	108.29	100.04	108.29
	人均铁路里程	100.00	98.72	97.49	98.32	97.47
	港口基础设施质量	100.00	102.56	107.69	102.56	107.88
	基础设施指数	100.00	101.43	104.33	100.19	104.38

多年来，印度政府缺乏统一规划，各邦政府自行其是，盲目上马一些落后发电项目，且不重视电网建设。由于各种干扰，印度政府制定的发展规划也多数流产，或朝令夕改，使得基础建设投入效率低下，无形中加剧了电力供应的紧张局面。

铁路方面，世界排名第 4 位的印度铁路网，同样面临着老化问题。印度政府计划在 2020 年前新建铁路 2.5 万千米，然而 2006—2011 年只新建了1750 千米。

由于征地问题，印度推出的大型交通项目困难重重。1894 年的征地法案赋予地方征用私有土地进行公共服务项目建设的权力，然而权力滥用现象严重，遭到农民的强烈反抗。为改善这一情况，2013 年 8 月印度出台了新土地法，但业内人士怀疑该法案的效力。另外，独立于联邦政府财政的印度铁路预算中掺杂过多政治因素也阻碍了自身发展。

目前印度 13 个主要港口和 60 个非主要港口承担全国 95% 的外贸量和70% 的贸易额，然而这些港口都面临通关手续繁杂和效率低下的问题，而新项目在开工前要经历一系列烦琐的管理和环境许可程序，可能要花费 5 年时间。关税问题也阻碍了私人投资流入该部门。

由于印度基础设施建设起点较低，目前来说空间还比较大。虽说印度民主和权力机构设置等政治因素影响着其大型基础设施建设，但从近几年印度基础设施建设如火如荼的景象来看，前景还是值得期待的，对中国企业来说也是一个进入的良好机会。

约旦哈希姆王国（The Hashemite Kingdom of Jordan，简称约旦），位于亚洲西部、阿拉伯半岛西北部，西部与巴勒斯坦、以色列为邻，北部与叙利亚接壤，东北部与伊拉克交界，东南部和南部与沙特阿拉伯相连。约旦基本上是个内陆国家（在西南部临近亚喀巴湾有极小一段海岸）。

第一节

国家介绍

约旦是一个较小的阿拉伯国家，但相对周边国家来说约旦政治、经济、文化生活等方面稳定。约旦人民生活较富裕，在伊斯兰国家中相对开放。约旦比较缺乏淡水资源，石油资源不丰富。旅游业是约旦的支柱产业之一，佩特拉古城、死海和瓦迪拉姆沙漠等景点成为世界各国游客探险旅行和休闲度假的首选目的地。

（一）地理位置

约旦位于亚洲西部、阿拉伯半岛西北部，西部与巴勒斯坦、以色列为邻，北部与叙利亚接壤，东北部与伊拉克交界，东南部和南部与沙特阿拉伯相连（戴明阳，2012）。约旦基本上是个内陆国家，亚喀巴湾是其唯一的出海口。

约旦国土面积为 89342 平方千米，其中，陆地面积为 88802 平方千米，海洋面积为 540 平方千米。

（二）自然资源

约旦的自然资源主要有磷酸盐、钾盐、铜、锰、油页岩和少量天然气。截至 2014 年，磷酸盐储量约 20 亿吨；死海海水可提炼钾盐，储量达 40 亿吨；油页岩储量为 400 亿吨，但商业开采价值低（姜明新，2008）。

（三）气候条件

约旦西部高地属亚热带地中海气候，气候温和，平均气温 1 月为 7 ～ 14℃，7 月为 26 ～ 33℃；约旦东部和东南部为沙漠。

约旦全国缺水。据有关国际组织统计，约旦为世界上十大严重缺水的国家之一。约旦西部山区和约旦河谷地区年降水量为 380 ～ 630 毫米；而东部沙漠地区气候恶劣，日夜温差大，干燥，风沙大，年降水量低于50 毫米。

（四）人口分布和民族

约旦人口约 663 万（截至 2014 年 7 月的数据），98% 的人口为阿拉伯人，还有少量切尔克斯人、土库曼人和亚美尼亚人。

（五）语言

阿拉伯语是约旦的官方语言。英语在约旦中上阶层普遍使用，也是大学主要的授课语言。

（六）宗教

约旦国教为伊斯兰教，92% 的居民属伊斯兰教逊尼派，另有少数居民属什叶派和德鲁兹派。信奉基督教的居民约占 6%，主要属希腊东正教。

（七）习俗

约旦是伊斯兰国家，以伊斯兰教为国教，绝大多数人信奉伊斯兰教。因此，约旦的风俗习惯带有浓厚的伊斯兰色彩。戒斋是伊斯兰教五大宗教义务之一，每年的斋月（伊斯兰教历 9 月）从日出到日落禁食、禁水，作息时间与平时有很大不同。斋月期间，中国企业赴约旦开展经贸活动要注意与约旦合作伙伴协调好时间。

约旦主要食物为清真食品，以牛肉、羊肉、鸡肉、谷物、蔬菜为主。正式宴请不上酒，私人宴请不劝酒，但饭店有酒供应。另外，在一些传统的阿拉伯餐厅就餐时，要注意了解该餐馆有关餐饮的规定。

约旦人穿衣比较讲究，正式场合男士一般穿西装，有的戴头巾或穿阿拉伯大袍加戴头巾；女士一般穿套装，有的戴头巾或穿阿拉伯大袍加戴头巾，但不蒙面。女士一般可与男士一起参加各种社交活动，男士可以与女士握手寒暄，女士互相行握手礼或贴面礼。

第二节

约旦工业和信息化增长指数评估

约旦是发展中国家，经济基础薄弱，资源较贫乏，可耕地少，主要依赖进口。约旦国民经济主要支柱为侨汇、外援和旅游。阿卜杜拉二世国王执政后，把发展经济和提高人民生活水平作为施政重点，深化经济改革，约旦经济状况有所好转。1999 年约旦加入世界贸易组织。2006 年，约旦继续推进私有化、贸易自由化政策，大力改善投资环境，积极寻求外援和减免债务。

为了寻求经济发展，约旦抓住伊拉克重建的巨大商机，利用自身地理位置、政府支持政策和其他有利条件，大力发展与伊拉克的贸易，2014 年伊拉克 70% 的民用重建产品从约旦进入。约旦还积极与周边国家签署自由贸易协定，扩大贸易范围和影响（鞠梦然，2015）。

根据测算结果，2015 年约旦的工业和信息化增长指数为 115.95，2014 年为 111.45，2013 年为 107.81，2012 年为 103.89，整体有所增长，如表 14-1 所示。其中，工业、制造业竞争力、生产效率、创新力略有增长，而信息化指标表现突出。

表 14-1　约旦工业和信息化增长指数

序　号	指　标	分指标	年　份				
			2011 年	2012 年	2013 年	2014 年	2015 年
1	增长	工业增加值增长率	100.00	100.77	103.07	107.12	109.51
		增长指数	100.00	100.77	103.07	107.12	109.51

续表

序 号	指 标	分 指 标	年 份				
			2011年	2012年	2013年	2014年	2015年
2	竞争力	制造业各类产品国际市场占有率	100.00	96.89	98.68	100.82	98.87
		贸易竞争力指数	100.00	97.96	89.30	92.17	85.08
		竞争力指数	100.00	97.70	91.64	94.33	88.53
3	创新力	创新能力	100.00	122.22	129.63	144.44	159.26
		创新能力指数	100.00	122.22	129.63	144.44	159.26
4	效率	劳动生产率	100.00	101.27	114.30	116.20	117.50
		效率指数	100.00	101.27	114.30	116.20	117.50
5	信息化	互联网普及率	100.00	106.02	118.62	132.38	153.01
		人均带宽	100.00	98.44	81.25	62.50	123.44
		移动互联网覆盖率	100.00	100.00	100.00	100.00	100.00
		电子商务应用程度	100.00	100.00	100.00	102.04	95.92
		信息化指数	100.00	101.11	99.97	99.23	118.09
6	基础设施	人均发电量	100.00	109.51	110.44	109.37	123.34
		人均铁路里程	100.00	96.65	93.55	91.16	89.02
		港口基础设施质量	100.00	102.33	104.65	95.35	92.91
		基础设施指数	100.00	102.86	102.79	98.79	102.20
工业和信息化增长指数			100.00	103.89	107.81	111.45	115.95

约旦2015年各项指标增长情况如图14-1所示。

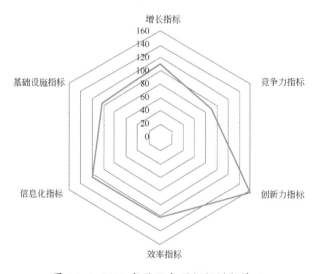

图 14-1 2015年约旦各项指标增长情况

第三节

约旦工业和信息化各级指标测算

(一) 工业增长指标

约旦能源稀缺，96% 以上的能源依靠进口。不断高涨的国际油价不仅给约旦政府财政带来了沉重负担，也加大了约旦工业可持续发展的困难。约旦政府上涨了电力税，并上调了工业必需的重燃料价格。这一措施使许多工厂面临停产的困境。目前，约旦市场上重燃料的价格为 505 约旦第纳尔 / 吨，较之国际市场的重燃料价格高出约 30%。另外，电力税的上调使工厂的生产成本上升了 8% ~ 50%。约旦工商业协会及工业者纷纷呼吁政府采取措施，否则约旦工业将从此一蹶不振。

约旦工业增长指标经过标准化处理，2012 年为 100.77，2013 年为 103.07，2014 年为 107.12，2015 年为 109.51，如表 14-2 所示。

表 14-2　约旦工业增长指标情况

指　标	分指标	年　份				
		2011 年	2012 年	2013 年	2014 年	2015 年
增长	工业增加值增长率	100.00	100.77	103.07	107.12	109.51
	增长指数	100.00	100.77	103.07	107.12	109.51

(二) 制造业竞争力指标

安曼制造业协会、约旦企业发展联盟和约旦贸工部日前共同发起"约旦制造"运动，计划投入 30 万约旦第纳尔，在报纸、网络等媒体投放广告，提振约旦民众对本国制造产品的信心，并向约旦民众宣传购买国货对于振兴制造业、改善国内就业状况和增加政府收入等所起的积极作用，以期促进本土制造业发展。

据约旦媒体报道，此举在约旦业界引发争议，部分企业家认为政府鼓励优先考虑国货更能促进本土制造业的发展，也有人认为当前制约约旦制造业发展的主要因素是缺乏长期、低成本的资金支持。

有数据显示，目前约旦制造业产值占约国民经济的 1/4，雇员人数超过 23.7 万人，工业产品出口到全球 120 多个国家，每年为约旦政府带来约 8 亿约旦第纳尔财政收入。近年来，约旦80%的投资项目集中在制造业。

2014年，约旦工业区公司（JIEC）共吸引超过700多家工业企业入驻，同比增长12.5%，投资额达3.46亿美元，同比增长6.4%。2014年工业区公司五大园区工业品出口额达15.4亿美元，同比增长2.8%，占约旦工业品出口总额的25%，占约旦出口总额的22%。2014年约旦新投资项目共创造了4.8万个就业机会，同比增长17%，工业区公司从业人员占约旦制造业总就业人数的28%。按照近期约旦政府出台的"十年经济发展规划"和新投资法，到2025年，约旦工业部门占GDP的比重将从2014年年底的26.1%提升至32%（刘凌林，2015）。

目前工业区公司旗下的阿卜杜拉二世工业区有448家企业，入驻率达100%；哈桑工业区有138家企业，入驻率达99%；Muwaqqar工业区一期有49家企业，入驻率为70%；侯赛因工业区有22家企业，入驻率为50%；亚喀巴工业区一期有38家企业，入驻率为90%；亚喀巴工业区二期企业入驻率为40%。鉴于目前上述五大工业区入驻率较高，JIEC计划在未来10年内在约旦多个省份建立新的工业区。

整体来看，约旦制造业基础较好，但是近年来制造业竞争力发展还有待进一步推进。历年的数据显示，自2012年后约旦制造业竞争力开始走下坡路（见表14-3）。

表14-3 约旦制造业竞争力指标情况

指 标	分 指 标	年 份				
		2011年	2012年	2013年	2014年	2015年
竞争力	制造业各类产品国际市场占有率	100.00	96.89	98.68	100.82	98.87
	贸易竞争力指数	100.00	97.96	89.30	92.17	85.08
	竞争力指数	100.00	97.70	91.64	94.33	88.53

约旦制造业中较具特色的是服装制造业。

约旦与伊拉克、叙利亚相邻。佩特拉是约旦一座拥有70年历史的古城，那里充斥着动乱与难民，但对于少数人来说，一提到约旦，他们想到的是那里生机勃勃的服装制造业。

在GAP、维多利亚的秘密及梅西百货的服装标签上，都注明着"约旦制造"。约旦的服装出口占其国民生产总值的 20% 左右。在约旦郊区,存在大量的家庭作坊式的服装生产工厂,他们为世界知名品牌批量生产服装。

目前,约旦有 75 家工厂,他们几乎什么都生产,并且产量占服装制造业总产量的 95%,也占约旦整个服装出口量的 95%。

尽管约旦在中东是最安全的地方,但其不稳定性也很高。因为 100 多万名叙利亚难民涌入约旦,他们需要避难所和第纳尔(伊拉克等国家的货币单位)。约旦是唯一仍然对抗 ISIS 的阿拉伯国家,因而也面临着来自叙利亚和伊拉克的国土安全威胁。

然而,约旦的服装制造业还在继续发展。Classic Fashion 工厂的主席 Radhakrishnan Putharikkal 说:"进入约旦,你根本感觉不到地区动乱。"伊尔比德(约旦第二大城市)北部建有 11.8 平方千米的工业园。

目前,Classic Fashion 工厂是约旦服装生产的领导者——其出口到美国的服装占整个约旦服装出口总量的 13%。它于 2003 年成立,原来只有 300 名员工、130 台机器及每年 200 万美元的的营业收入,现在已经发展到 15000 名员工、7500 台机器,每年的营业收入超过 2.5 亿美元。Putharikkal 说:"约旦稳定的政治环境和地理位置让我们选择它,而不是选择摩洛哥或突尼斯,我们的选择是非常正确的。"

与以色列和沙特阿拉伯相比,约旦是一个贫困国家,其资源有限——石油靠进口,将近一半的食物和制成品都依赖进口。约旦之所以发展成一个服装制造业国家,政策影响多于消费者的购买力。

1994 年约旦和以色列签订了和平协议,并引入了一个重要的经济因素——合格工业区。在此条件下,约旦与以色列合作生产的产品可以自由进入美国市场。这不仅可以推动出口,还增加了就业,吸引了外国投资。但是,这样的影响力有限,它只有利于那些有钱的商人。因为一开始,大多数工作机会只给予外国劳工,而不是本地人。

2000 年,绕过以色列,美国与约旦直接签订了自由贸易协议,一些专家认为合格工业区的作用到此结束,但另一些专家则认为它发挥了另外一种作用——快速跟踪美国和约旦的自由贸易。Al Tajamouat 工业城的首席执行官 Halim Salfiti 说:"如果没有合格工业区,那么我们不可能与中国、美国开始合作。约旦的服装制造业发展有一个过程，开始是外国生产商进来告诉本地人如何生产，之后开始贸易，并与消费者建立联系。"

随着大多数合格工业区的老工厂逐渐发展及自由贸易协议的推进，约旦的服装制造业开始蓬勃发展。2006 年和 2007 年，服装是约旦最主要的出口物品，出口额达数十亿美元（唐燕，2015）。

（三）创新力指标

根据 NRI 的主观打分，约旦近年来的创新能力在逐年提升，2012 年为 122.22，2013 年为 129.63，2014 年为 144.44，2015 年为 159.26，如表 14-4 所示。

表 14-4 约旦创新力指标情况

指 标	分 指 标	年 份				
		2011 年	2012 年	2013 年	2014 年	2015 年
创新力	创新能力	100.00	122.22	129.63	144.44	159.26
	创新能力指数	100.00	122.22	129.63	144.44	159.26

（四）效率指标

约旦经济困难状况正在持续，2016 年经济增长率不足 2%，赤字仍维持高位，公共债务高达 260 亿约旦第纳尔，占 GDP 的 94.8%。阿瓦德将此归因于有选择的经济政策的实施，如商品和服务价格的自由化、税收的间接扩大、许多重要的工业部门由于外贸不受管制而弱化、个人特别是女性经济参与水平的下降、非正规部门工人数量扩大成为劳动力市场的主要特征等。

劳动政策及其条件是构成社会、经济和政治稳定的根本，这就要求政府解决劳动力市场面临的不利条件。例如，新增就业岗位的显著减少，2007 年为 7 万个，2015 年下降为 4.8 万个，然而就业需求却以每年 10 万个的速度增加，2016 年第四季度约旦失业率高达 15.8%，女性失业率为男性的 2 倍。

约旦外籍劳工约有 120 万人，但拥有工作许可证的仅有 32.5 万人。根据约旦 2016 年年初的决定，对外籍劳工关闭部分职业，其中也包括叙利亚籍劳工，然而这并没有阻止非正规行业剥削外籍劳工，以极低的工资使其长时间工作，这也对约旦人就业造成了负面影响。

根据约旦工业劳动效率指标测算得分，约旦工业劳动生产率基本处于增长趋势。其中，2012 年为 101.27，2013 年为 114.30，2014 年为 116.20，2015 年为 117.50（见表 14-5）。

表 14-5　约旦效率指标情况

指　标	分　指　标	年　份				
		2011 年	2012 年	2013 年	2014 年	2015 年
效率	劳动生产率	100.00	101.27	114.30	116.20	117.50
	效率指数	100.00	101.27	114.30	116.20	117.50

（五）信息化指标

约旦移动通信用户超过 600 万户，95% 的约旦人拥有手机，在阿拉伯国家中名列第 3 位。约旦电信市场比较开放，现有 1 家综合运营商和 3 家移动运营商：Orange 为约旦综合运营商，其前身为约旦电信公司，现为唯一的固网运营商及 3G 移动运营商，移动用户达 175 万户，固网用户达 51.9 万户，互联网用户达 10.2 万户；Zain 为约旦第一大移动运营商，移动用户为 235 万户；Umniah 为约旦第三大移动运营商，移动用户为 200 万户；Xpress 为专业 iDEN 通信服务提供商。Orange、Zain、Umniah 均提供 WiMax 网络接入服务，另外，还有两家专门提供 WiMax 网络接入的服务商 Wi-Tribe 和 Kulacom。约旦还涌现出一批专门提供网络接入服务的小型公司，其价格优势明显，对传统电信运营商形成挑战。

信息化方面，约旦近年来增长幅度较大，尤其是人均带宽指标有较好表现。总体来说，约旦信息化指标测算结果是，2012 年为 101.11，2013 年为 99.97，2014 年为 99.23，2015 年为 118.09，如表 14-6 所示。

表 14-6　约旦信息化指标情况

指　标	分　指　标	年　份				
		2011 年	2012 年	2013 年	2014 年	2015 年
信息化	互联网普及率	100.00	106.02	118.62	132.38	153.01
	人均带宽	100.00	98.44	81.25	62.50	123.44
	移动互联网覆盖率	100.00	100.00	100.00	100.00	100.00
	电子商务应用程度	100.00	100.00	100.00	102.04	95.92
	信息化指数	100.00	101.11	99.97	99.23	118.09

（六）基础设施指标

基础设施指标方面，约旦呈现略有减小的情况，但是几项指数的波动幅度较小（见表 14-7），可见约旦政府在基础设施上并未投入较大精力去发展。

表 14-7　约旦基础设施指标情况

指 标	分 指 标	年 份				
		2011 年	2012 年	2013 年	2014 年	2015 年
基础设施	人均发电量	100.00	109.51	110.44	109.37	123.34
	人均铁路里程	100.00	96.65	93.55	91.16	89.02
	港口基础设施质量	100.00	102.33	104.65	95.35	92.91
	基础设施指数	100.00	102.86	102.79	98.79	102.20

港口方面，截至 2014 年，亚喀巴港是约旦唯一的港口和进出口贸易集散中心，拥有集装箱码头和散装码头、22 个深水泊位、29 条固定航线，通往西非海岸及南美西部海岸以外的 200 多个港口，年货物吞吐量可达 2200 万吨。

铁路方面，截至 2014 年，约旦铁路全长 730 千米，客运量为 3.13 万人次，货运量达 378.95 万吨。

第十五章
"一带一路"沿线国家各级指标对比

基于"一带一路"工业和信息化发展指标体系，本章对"一带一路"部分沿线国家的工业和信息化指标进行了详细测算和分析，以充分了解"一带一路"沿线国家各项指标发展的比较优势和劣势，为中国企业"走出去"提供参考。

第一节

增长指标

增长指标方面，本节选取人均GDP作为分指标。从各国的情况来看，各国的GDP基本呈现稳步增长的态势，尤其是发展中国家的增长幅度较大。其中，新加坡、波兰、捷克、立陶宛等国家由于经济基础较好，所以标准化后的分值也比较高；在发展中国家中，印度和埃及的分值较低，一方面与其经济基础较差有关，另一方面还受到了庞大的人口规模的限制，如表15-1所示。

表 15-1　各国人均 GDP 标准化结果

国　家	2011 年	2012 年	2013 年	2014 年	2015 年
埃及	10.18	11.78	11.90	12.32	13.14
波兰	51.45	48.68	51.04	53.11	46.54

续表

国　家	2011 年	2012 年	2013 年	2014 年	2015 年
俄罗斯	52.63	56.13	57.57	52.32	34.55
哈萨克斯坦	43.09	45.88	51.45	47.43	38.92
捷克	80.43	73.07	73.76	73.12	65.02
立陶宛	53.17	53.11	58.19	61.31	52.78
马来西亚	38.54	39.92	40.30	41.42	35.72
泰国	20.34	21.70	22.86	22.01	21.54
土耳其	42.00	43.41	46.45	44.91	40.66
新加坡	196.90	201.59	207.51	208.64	198.62
匈牙利	52.03	47.53	50.42	52.29	45.80
印度	5.41	5.36	5.38	5.83	5.97
约旦	14.10	14.34	14.79	15.06	15.17
阿尔巴尼亚	16.43	15.73	16.35	16.95	14.64
阿联酋	149.85	155.96	160.55	164.62	144.81
阿塞拜疆	26.63	27.76	29.17	29.23	20.37
爱沙尼亚	64.64	64.52	70.48	73.85	63.24
巴基斯坦	4.54	4.67	4.71	4.88	5.30
保加利亚	28.94	27.32	28.42	29.09	25.90
菲律宾	8.71	9.56	10.22	10.53	10.66
格鲁吉亚	13.80	15.34	15.83	16.41	13.94
吉尔吉斯斯坦	4.16	4.36	4.75	4.74	4.15
柬埔寨	3.27	3.52	3.81	4.07	4.31
克罗地亚	53.85	49.02	50.27	49.88	42.89
拉脱维亚	50.75	51.19	55.67	58.24	50.61
罗马尼亚	34.07	31.70	35.50	37.11	33.18
马其顿	18.75	17.40	19.30	20.26	17.90
蒙古	13.96	16.18	16.24	15.49	14.61
孟加拉国	3.10	3.17	3.53	4.02	4.48
摩尔多瓦	7.30	7.58	8.31	8.31	6.79
塞尔维亚	23.79	20.96	23.53	22.96	19.40
沙特阿拉伯	88.04	93.71	92.35	91.02	76.78
斯里兰卡	11.93	12.41	13.37	14.15	14.24
斯洛伐克	67.36	63.98	67.37	68.87	59.59
斯洛文尼亚	92.53	83.28	85.74	88.96	76.77
乌克兰	13.22	14.28	14.92	11.50	7.87
亚美尼亚	13.06	13.65	14.23	14.79	13.37
伊朗	29.04	28.45	24.47	20.09	18.36
印度尼西亚	13.46	13.66	13.41	12.93	12.36
越南	5.71	6.50	7.06	7.60	7.80

　　根据 2015 年各国人均 GDP 的标准化结果，得到如图 15-1 所示的各国人均 GDP 排名，结果可以看出，人均 GDP 的排名基本遵循了国家发达程度的客观规律。排名靠前的国家都处于世界发达国家梯队，而排名靠后的国家则基本集中在发展中国家。

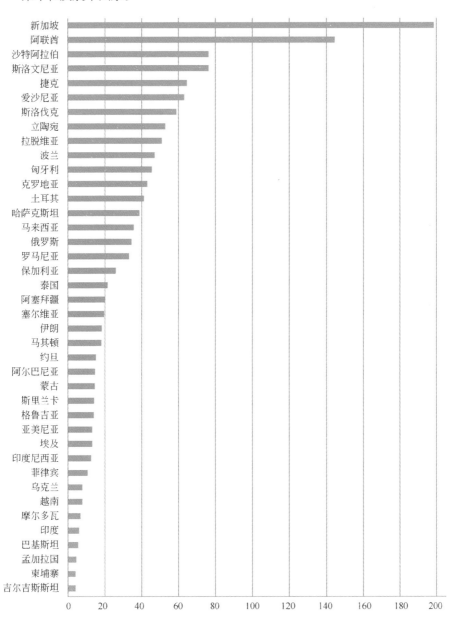

图 15-1　2015 年各国人均 GDP 排名

第二节

竞争力指标

　　竞争力指标方面，本节选取制造业出口总额作为分指标。2011—2015 年各国制造业出口总额整体水平全面提升，其中，波兰、印度、土耳其、泰国等国家增长幅度比较大，说明这些国家制造业国际市场竞争力有所提升（见表 15-2）。这一方面与一些国家的特色产业崛起有关，如印度的软件产业等；另一方面也昭示了各国对制造业的重视程度在逐年加强。

表 15-2　各国制造业出口总额标准化结果

国 家	2011 年	2012 年	2013 年	2014 年	2015 年
埃及	9.77	9.51	9.87	9.64	7.16
波兰	104.63	101.22	111.94	121.62	111.08
俄罗斯	48.99	61.31	61.65	61.45	49.67
哈萨克斯坦	7.21	7.94	5.98	6.37	4.90
捷克	102.41	97.73	101.75	110.62	99.88
立陶宛	10.57	10.98	12.26	13.31	10.72
马来西亚	100.77	99.82	98.61	102.73	95.05
泰国	113.79	120.10	121.69	123.33	118.50
土耳其	75.07	84.20	84.22	87.96	80.58
新加坡	199.81	202.44	205.86	207.59	191.73
匈牙利	65.25	58.87	62.87	65.90	59.89
印度	133.93	136.61	138.43	146.76	134.02
约旦	4.01	3.90	4.04	4.22	3.87
阿尔巴尼亚	0.83	0.77	0.87	0.54	0.72
阿联酋	8.62	15.27	16.27	19.95	14.10
阿塞拜疆	0.55	0.56	0.50	0.43	0.34
爱沙尼亚	7.56	7.31	7.92	7.62	6.06
巴基斯坦	12.90	13.23	13.21	13.14	12.00
保加利亚	9.69	9.02	10.10	11.12	10.26
菲律宾	20.17	30.59	31.67	34.90	35.34
格鲁吉亚	0.79	0.90	1.00	0.95	0.62
吉尔吉斯斯坦	0.51	0.52	0.57	0.53	0.48
柬埔寨	4.46	5.16	5.93	6.99	7.89

续表

国　家	2011年	2012年	2013年	2014年	2015年
克罗地亚	6.34	5.57	5.65	6.24	6.11
拉脱维亚	5.30	5.47	5.50	5.68	5.04
罗马尼亚	34.84	31.85	35.48	37.82	33.48
马其顿	2.25	2.05	2.31	2.80	2.88
蒙古	0.19	0.17	0.11	0.13	0.06
孟加拉国	16.11	16.56	19.19	20.04	21.35
摩尔多瓦	0.35	0.57	0.65	0.54	0.48
塞尔维亚	5.52	5.26	6.85	6.95	6.26
沙特阿拉伯	26.74	28.86	30.05	32.14	26.40
斯里兰卡	5.03	4.60	5.07	5.43	5.17
斯洛伐克	48.05	48.27	52.60	54.01	47.91
斯洛文尼亚	20.57	18.98	19.95	21.22	19.00
乌克兰	30.91	29.53	26.84	21.13	13.48
亚美尼亚	0.20	0.22	0.25	0.26	0.18
伊朗	11.39	8.97	7.12	7.66	5.44
印度尼西亚	49.39	48.85	49.03	51.28	47.69
越南	44.74	56.45	70.12	81.44	87.88

　　图15-2所示为制造业出口总额2015年排名，结果显示新加坡、印度、土耳其、泰国、波兰、捷克等国家的制造业出口竞争力比较强，而约旦、埃及、哈萨克斯坦等国家的制造业出口竞争力较弱。

第三节

创新力指标

　　创新力指标方面，2011—2015年各国整体水平全面提升（见表15-3），其中印度、立陶宛、马来西亚、捷克等国家增长幅度比较大，世界各国对创新能力越来越重视，投入也在逐年增加。不仅发达国家十分重视科研创新的投入，很多发展中国家也不甘示弱，尤其是泰国、哈萨克斯坦等国家表现比较突出。

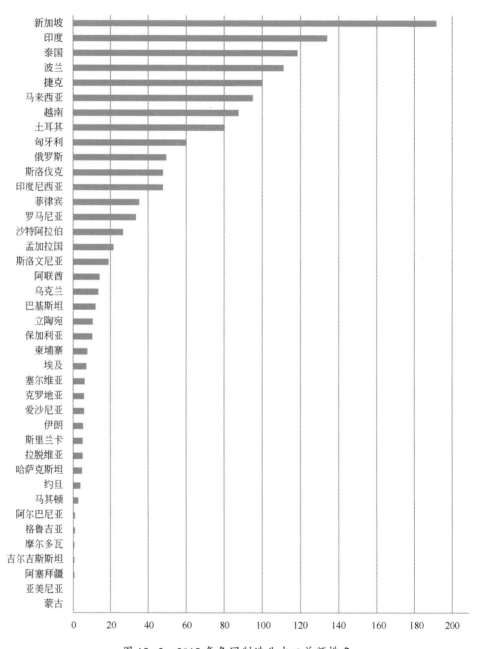

图 15-2　2015 年各国制造业出口总额排名

表 15-3　各国创新能力标准化结果

国　　家	2011 年	2012 年	2013 年	2014 年	2015 年
埃及	88.89	95.24	98.41	92.06	98.41
波兰	104.76	104.76	114.29	120.63	123.81
俄罗斯	111.11	104.76	111.11	120.63	120.63
哈萨克斯坦	82.54	92.06	111.11	117.46	126.98
捷克	126.98	130.16	136.51	146.03	152.38
立陶宛	104.76	107.94	126.98	136.51	146.03
马来西亚	136.51	146.03	155.56	165.08	174.60
泰国	101.59	95.24	107.94	117.46	130.16
土耳其	95.24	107.94	120.63	117.46	120.63
新加坡	136.51	111.11	152.38	158.73	161.90
匈牙利	107.94	111.11	101.59	95.24	98.41
印度	114.29	111.11	126.98	126.98	133.33
约旦	85.71	104.76	111.11	123.81	136.51
阿尔巴尼亚	76.19	76.19	95.24	101.59	114.29
阿联酋	120.63	126.98	126.98	149.21	149.21
阿塞拜疆	101.59	111.11	130.16	130.16	130.16
爱沙尼亚	117.46	120.63	136.51	142.86	149.21
巴基斯坦	104.76	104.76	117.46	126.98	117.46
保加利亚	92.06	101.59	101.59	104.76	120.63
菲律宾	85.71	92.06	120.63	142.86	146.03
格鲁吉亚	82.54	79.37	95.24	104.76	107.94
吉尔吉斯斯坦	63.49	66.67	82.54	104.76	114.29
柬埔寨	88.89	101.59	111.11	107.94	111.11
克罗地亚	98.41	98.41	98.41	98.41	104.76
拉脱维亚	107.94	107.94	111.11	114.29	126.98
罗马尼亚	92.06	98.41	107.94	117.46	126.98
马其顿	88.89	88.89	101.59	111.11	117.46
蒙古	95.24	98.41	98.41	104.76	126.98
孟加拉国	76.19	76.19	95.24	101.59	107.94
摩尔多瓦	82.54	79.37	85.71	95.24	107.94
塞尔维亚	79.37	79.37	88.89	95.24	98.41
沙特阿拉伯	136.51	123.81	123.81	126.98	130.16
斯里兰卡	104.76	92.06	120.63	146.03	142.86
斯洛伐克	88.89	92.06	101.59	111.11	120.63
斯洛文尼亚	123.81	123.81	117.46	117.46	139.68
乌克兰	107.94	104.76	101.59	114.29	133.33
亚美尼亚	98.41	101.59	107.94	111.11	120.63
伊朗	95.24	104.76	107.94	111.11	114.29
印度尼西亚	120.63	123.81	139.68	152.38	149.21
越南	101.59	95.24	107.94	111.11	120.63

图 15-3 所示为 2015 年各国创新能力排名，从 2015 年排名结果来看，马来西亚、新加坡、立陶宛、捷克等国家的创新能力比较强，而约旦、埃及、哈萨克斯坦等国家紧随其后，一些发展中国家的创新实力也不容小觑。

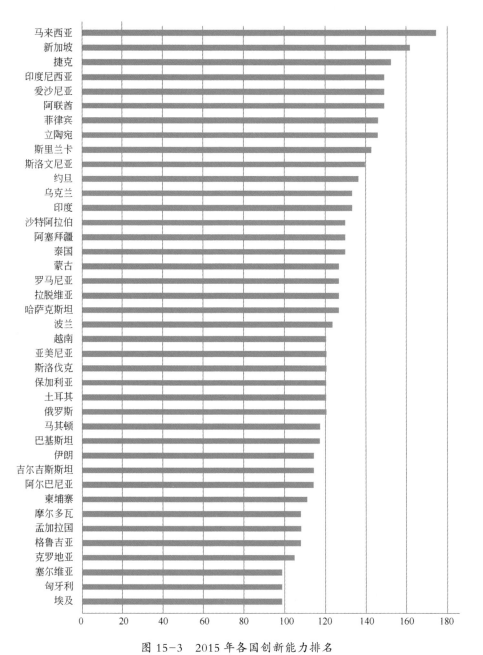

图 15-3　2015 年各国创新能力排名

第四节

效率指标

效率指标方面，本节选取劳动生产率作为分指标。2011—2015 年各国劳动生产率整体处于下降趋势，其中约旦、新加坡、印度等国家略有增加，可见对于很多国家来说，劳动力还是较难解决的重要议题，如表 15-4 所示。不仅发达国家工业劳动生产率在逐年下降，一些发展中国家工业劳动生产率也在下降，依靠低成本劳动力来获取大量利润的时代已经过去，工业和信息化领域的转型升级成为必然。

表 15-4　各国劳动生产率标准化结果

国　家	2011 年	2012 年	2013 年	2014 年	2015 年
埃及	15.71	18.66	19.82	20.20	19.13
波兰	29.82	27.96	28.08	30.10	26.84
俄罗斯	26.12	27.07	27.88	25.20	18.08
哈萨克斯坦	35.75	36.38	37.58	34.41	25.06
捷克	38.35	34.44	34.26	34.90	30.85
立陶宛	33.97	32.62	34.22	36.26	30.30
马来西亚	29.22	29.96	29.05	30.23	25.41
泰国	14.65	15.21	15.90	13.59	12.36
土耳其	31.88	31.56	31.11	28.11	24.67
新加坡	104.81	107.67	109.01	126.01	125.24
匈牙利	31.02	28.13	29.06	28.69	25.92
印度	5.60	4.97	5.57	5.85	5.74
约旦	34.03	34.46	38.90	39.54	39.99
阿尔巴尼亚	15.27	15.99	16.53	16.17	13.63
阿联酋	108.65	113.20	112.47	112.92	89.43
阿塞拜疆	58.28	56.15	57.37	53.90	23.74
爱沙尼亚	24.82	25.83	28.96	30.29	24.30
巴基斯坦	3.73	3.99	3.64	3.71	3.78
保加利亚	15.78	14.33	14.28	14.39	13.21
菲律宾	10.34	11.11	11.60	11.78	11.45
格鲁吉亚	11.96	13.19	13.74	14.57	12.60
吉尔吉斯斯坦	3.00	2.49	3.44	3.26	2.93
柬埔寨	1.45	1.73	1.99	2.28	2.61

续表

国　家	2011 年	2012 年	2013 年	2014 年	2015 年
克罗地亚	31.63	28.81	29.63	27.99	24.11
拉脱维亚	25.77	24.16	25.49	26.15	22.50
罗马尼亚	27.64	22.88	25.33	24.30	21.64
马其顿	8.43	7.76	8.70	9.01	8.25
蒙古	14.37	14.72	15.56	13.52	12.79
孟加拉国	2.64	2.72	3.13	3.53	3.98
摩尔多瓦	5.78	6.28	7.38	7.36	5.06
塞尔维亚	16.60	14.90	17.35	17.04	14.81
沙特阿拉伯	198.55	183.26	175.05	169.32	113.96
斯里兰卡	9.98	10.69	10.92	12.11	12.57
斯洛伐克	31.29	29.38	30.06	32.12	27.49
斯洛文尼亚	43.46	41.43	43.58	46.19	38.87
乌克兰	7.01	7.47	7.31	5.12	3.61
亚美尼亚	11.10	10.46	10.75	10.48	10.17
伊朗	44.60	38.17	30.55	23.76	14.21
印度尼西亚	13.75	13.45	13.69	12.51	10.83
越南	3.02	3.56	3.77	4.00	3.80

图 15-4 所示为 2015 年各国劳动生产率排名，结果显示新加坡、约旦、捷克等国家的劳动生产率较高，而大多数国家的工业劳动生产率却不容乐观，一些发展中国家开始失去劳动红利。

第五节

信息化指标

近年来，信息化是各国提升综合国力的重要手段之一，因此加强相关基础设施建设、提升相关技术水平、完善管理机制是各国政府都在大力推进的主要任务。从各国信息化排名来看，发达国家仍然占据较为有利的位置，而一些发展中国家，如马来西亚、泰国、蒙古等也紧随其后（见表 15-5）。另外，从"一带一路"沿线国家信息化指标和分指标排名差异情况看，一些发达国家仍然存在一些劣势，这也可为各国加强重点领域和薄弱环节的建设提供参考。

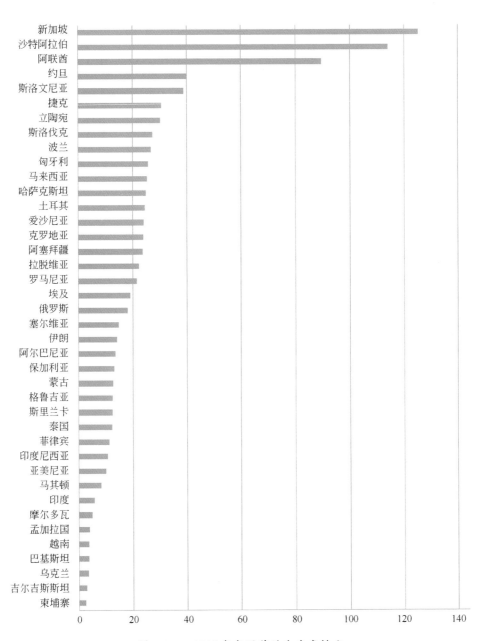

图 15-4　2015 年各国劳动生产率排名

表 15-5 2015 年各国信息化指标和分指标排名

国 家	信息化指标	互联网普及率	人均带宽	移动互联网覆盖率	电子商务应用程度
新加坡	1	4	1	4	7
捷克	2	5	7	15	2
立陶宛	3	12	4	1	3
阿联酋	4	1	12	5	8
斯洛文尼亚	5	9	5	19	21
拉脱维亚	6	6	9	28	5
保加利亚	7	21	3	8	19
摩尔多瓦	8	26	2	25	33
波兰	9	17	10	12	13
罗马尼亚	10	22	6	13	15
塞尔维亚	11	18	8	18	37
爱沙尼亚	12	2	26	2	4
斯洛伐克	13	3	32	3	6
克罗地亚	14	15	14	10	28
阿塞拜疆	15	7	23	7	14
马来西亚	16	13	28	33	1
匈牙利	17	11	21	22	18
哈萨克斯坦	18	10	16	38	23
俄罗斯	19	8	25	34	10
马其顿	20	14	19	14	29
沙特阿拉伯	21	16	22	20	26
亚美尼亚	22	20	17	9	27
格鲁吉亚	23	28	13	21	35
阿尔巴尼亚	24	19	24	16	31
土耳其	25	23	18	30	17
乌克兰	26	27	20	11	12
泰国	27	31	15	32	11
蒙古	28	37	11	37	25
约旦	29	24	35	24	24
菲律宾	30	30	27	23	20
越南	31	25	29	40	22
斯里兰卡	32	34	31	29	16
伊朗	33	29	38	35	40
埃及	34	32	33	17	34
印度尼西亚	35	36	37	6	9
吉尔吉斯斯坦	36	33	34	31	32
印度	37	35	39	36	30
柬埔寨	38	38	30	26	36
孟加拉国	39	40	36	27	39
巴基斯坦	40	39	40	39	38

（一）互联网普及率

互联网普及率方面，2011—2015 年各国整体处于快速上升的状态，其中捷克、新加坡、约旦等国家的增长比较迅速，如表 15-6 所示。互联网的普及是当今世界发展的共识，没有互联网的辅助，产业的发展、信息的流通都无从谈起，这也让很多国家对信息化建设十分重视。

表 15-6　各国互联网普及率标准化结果

国　　家	2011 年	2012 年	2013 年	2014 年	2015 年
埃及	63.13	65.10	72.50	83.59	88.53
波兰	152.77	153.66	154.99	164.24	167.69
俄罗斯	120.84	157.34	167.62	173.91	181.04
哈萨克斯坦	124.78	131.48	155.36	162.76	179.69
捷克	173.83	181.09	182.76	196.57	200.49
立陶宛	156.94	165.80	168.81	177.88	176.02
马来西亚	150.43	162.27	140.71	157.00	175.25
泰国	58.37	65.25	71.37	86.04	96.96
土耳其	106.20	111.29	114.06	125.87	132.54
新加坡	175.09	177.56	199.51	194.89	202.47
匈牙利	167.74	174.06	179.15	187.74	179.62
印度	24.83	31.02	37.24	51.79	64.12
约旦	86.07	91.25	102.10	113.93	131.69
阿尔巴尼亚	120.84	134.79	141.06	148.21	155.99
阿联酋	192.36	209.62	217.02	222.93	225.01
阿塞拜疆	123.30	133.66	180.02	184.96	189.89
爱沙尼亚	188.66	193.32	195.81	207.74	218.02
巴基斯坦	22.19	24.56	26.88	34.03	44.39
保加利亚	118.32	127.99	130.85	136.84	139.72
菲律宾	71.52	89.36	91.25	97.88	100.37
格鲁吉亚	77.73	91.10	106.78	108.51	117.31
吉尔吉斯斯坦	43.16	48.83	56.72	69.79	74.59
柬埔寨	7.64	12.18	16.77	34.53	46.86
克罗地亚	142.52	152.75	164.61	169.10	172.14
拉脱维亚	172.01	180.32	185.53	187.00	195.32
罗马尼亚	98.67	113.14	122.72	133.37	137.52
马其顿	139.83	141.68	160.89	167.84	173.56

续表

国　家	2011年	2012年	2013年	2014年	2015年
蒙古	30.83	40.44	43.65	49.18	52.86
孟加拉国	11.10	12.33	16.35	34.28	35.51
摩尔多瓦	93.71	106.95	110.97	114.92	122.90
塞尔维亚	104.07	118.62	131.81	153.08	161.08
沙特阿拉伯	117.14	133.17	149.20	159.59	171.68
斯里兰卡	36.99	45.09	54.01	63.63	73.95
斯洛伐克	183.58	189.17	192.07	197.24	209.67
斯洛文尼亚	166.07	168.56	179.22	176.55	180.27
乌克兰	70.80	86.98	101.00	114.02	120.55
亚美尼亚	78.91	92.48	103.33	134.70	143.65
伊朗	46.86	56.05	73.86	97.04	108.71
印度尼西亚	30.28	35.81	36.84	42.27	54.19
越南	86.49	97.39	108.26	119.14	130.01

从 2015 年互联网普及率排名来看，新加坡、俄罗斯、捷克、哈萨克斯坦等国家的互联网普及率较高，而世界其他各国也紧随其后，可以看到互联网近年来在世界的迅猛发展（见图 15-5）。

（二）人均带宽

人均带宽方面，2011—2015 年各国整体处于快速上升的状态，其中捷克、新加坡、波兰、立陶宛等国家的增长比较迅速（见表 15-7）。人均带宽代表了各国互联网的发达程度，可以看到近年来各国都在极力提升自身的信息化整体水平，以适应和融入当今的信息社会。

图 15-6 所示为 2015 年各国人均带宽排名，结果显示新加坡、波兰、立陶宛、泰国等国家的人均带宽排名较前，埃及、约旦、印度与其他各国差距较大。

（三）移动互联网覆盖率

移动互联网覆盖率方面，2011—2015 年各国都处于快速上升的状态，其中印度、泰国等国家的增长幅度较大，各国发展较为平均（见表 15-8）。当前，移动互联网是信息化普及的热点，各国给予了高度重视，在移动互联网覆盖方面也充分体现了推进的成果。

图 15-5　2015 年各国互联网普及率排名

表 15-7 各国人均带宽标准化结果

国　家	2011 年	2012 年	2013 年	2014 年	2015 年
埃及	7.65	4.41	4.87	6.14	10.78
波兰	43.71	46.61	81.86	84.64	104.81
俄罗斯	35.71	36.75	38.03	47.77	34.67
哈萨克斯坦	9.97	25.39	37.10	57.74	59.71
捷克	80.23	105.62	116.06	128.93	135.42
立陶宛	52.64	66.78	88.35	115.48	145.51
马来西亚	13.22	12.41	19.01	34.20	31.54
泰国	12.52	28.52	30.84	43.36	63.54
土耳其	22.14	39.30	47.07	75.94	49.74
新加坡	199.65	398.49	449.39	673.39	714.78
匈牙利	11.59	14.14	17.74	28.87	42.90
印度	6.72	7.30	6.14	7.54	6.61
约旦	7.42	7.30	6.03	4.64	9.16
阿尔巴尼亚	13.68	22.03	20.17	24.35	37.22
阿联酋	20.75	32.00	37.57	60.64	92.29
阿塞拜疆	11.25	22.14	47.07	52.41	37.33
爱沙尼亚	26.78	28.29	30.72	33.74	33.28
巴基斯坦	3.01	9.51	8.46	7.54	6.61
保加利亚	74.43	81.86	99.01	148.64	156.64
菲律宾	12.41	14.38	16.58	66.78	32.12
格鲁吉亚	24.81	30.96	61.33	89.62	82.32
吉尔吉斯斯坦	0.35	1.97	4.52	4.52	9.51
柬埔寨	32.58	15.65	15.77	10.78	18.90
克罗地亚	49.74	23.07	33.28	46.96	67.25
拉脱维亚	34.78	51.94	68.41	78.96	108.64
罗马尼亚	59.59	146.20	133.22	158.38	136.00
马其顿	19.48	20.75	35.71	42.20	48.46
蒙古	56.00	62.14	109.33	69.22	104.35
孟加拉国	3.25	1.74	3.48	7.77	7.65
摩尔多瓦	76.29	105.62	109.22	134.26	176.70
塞尔维亚	54.49	89.04	103.88	126.26	130.32
沙特阿拉伯	32.81	38.26	42.20	94.03	39.42
斯里兰卡	3.83	6.03	6.96	5.80	14.72
斯洛伐克	13.33	14.26	13.33	13.68	13.33
斯洛文尼亚	81.62	79.07	109.80	177.04	140.41
乌克兰	6.84	11.36	16.35	61.33	47.19
亚美尼亚	9.04	25.74	46.84	63.88	51.59
伊朗	3.59	4.06	4.29	5.33	7.07
印度尼西亚	3.36	8.35	19.83	11.71	7.19
越南	6.49	11.59	15.54	18.43	24.00

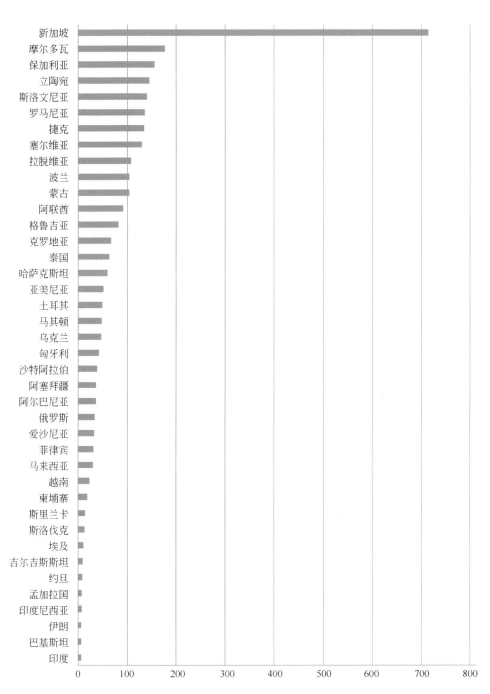

图 15-6　2015 年各国人均带宽排名

表 15-8 各国移动互联网覆盖率标准化结果

国　家	2011 年	2012 年	2013 年	2014 年	2015 年
埃及	144.70	144.70	144.85	144.85	144.85
波兰	143.69	144.41	144.41	144.41	144.99
俄罗斯	137.88	137.88	137.88	137.88	137.88
哈萨克斯坦	137.88	137.88	137.88	137.88	125.69
捷克	144.85	144.56	144.85	144.85	144.85
立陶宛	145.14	145.14	142.24	145.14	145.14
马来西亚	137.88	139.62	140.49	138.17	138.46
泰国	54.86	145.14	145.14	145.14	140.78
土耳其	145.14	145.14	145.14	145.14	142.24
新加坡	145.14	144.99	145.14	143.69	145.14
匈牙利	143.69	143.69	143.69	143.69	143.69
印度	120.46	120.46	120.46	135.70	135.70
约旦	143.69	143.69	143.69	143.69	143.69
阿尔巴尼亚	142.53	143.69	143.69	145.14	144.85
阿联酋	145.14	145.14	145.14	145.14	145.14
阿塞拜疆	145.14	145.14	145.14	145.14	145.14
爱沙尼亚	145.14	145.14	145.14	145.14	145.14
巴基斯坦	133.53	133.53	133.53	133.53	118.29
保加利亚	145.14	145.14	145.14	145.14	145.14
菲律宾	143.69	143.69	143.69	143.69	143.69
格鲁吉亚	143.69	143.83	143.83	143.83	143.83
吉尔吉斯斯坦	139.33	140.78	141.51	141.65	141.80
柬埔寨	143.69	143.69	143.69	143.69	143.69
克罗地亚	145.14	145.14	145.14	145.14	145.14
拉脱维亚	143.40	143.40	143.40	143.40	143.40
罗马尼亚	144.99	144.99	144.99	144.99	144.99
马其顿	144.99	144.99	144.99	144.99	144.99
蒙古	123.37	127.58	132.51	132.51	132.51
孟加拉国	130.62	143.69	143.69	143.69	143.69
摩尔多瓦	142.24	142.24	142.24	143.69	143.69
塞尔维亚	140.78	126.85	144.70	144.70	144.85
沙特阿拉伯	143.83	144.12	144.27	144.70	144.27
斯里兰卡	142.24	142.24	142.24	142.24	142.24
斯洛伐克	144.99	145.14	145.14	145.14	145.14
斯洛文尼亚	144.70	144.70	144.70	144.70	144.70
乌克兰	144.99	144.99	144.99	144.99	144.99
亚美尼亚	143.54	143.54	144.85	145.14	145.14
伊朗	137.88	139.04	139.33	139.33	136.72
印度尼西亚	130.62	145.14	145.14	145.14	145.14
越南	101.60	101.60	101.60	101.60	101.60

从 2015 年各国移动互联网覆盖率排名来看，新加坡、立陶宛、波兰、捷克的排名较前，但各国差距不大，未来差距还可能进一步缩小（见图 15-7）。

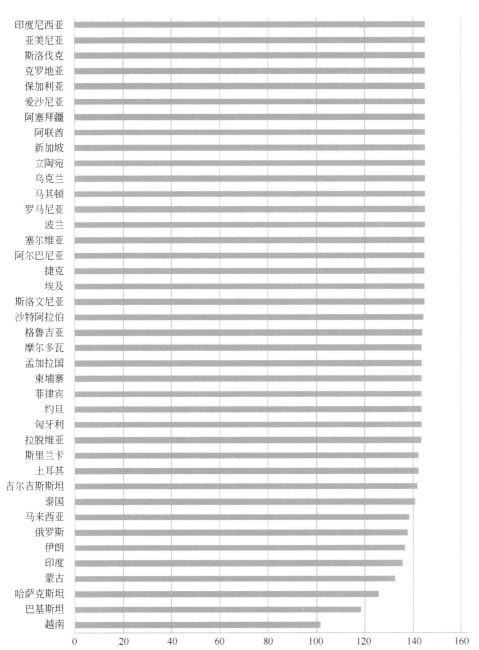

图 15-7　2015 年各国移动互联网覆盖率排名

（四）电子商务应用程度

电子商务应用程度方面，2011—2015年各国基本都呈现略有下降的态势，除俄罗斯、马来西亚等国家略有增长外，其他各国均出现了小范围的下降（见表15-9）。相较头几年电子商务的快速增长，近年来电子商务应用程度开始有所下降。

表 15-9 各国电子商务应用程度标准化结果

国　家	2011 年	2012 年	2013 年	2014 年	2015 年
埃及	91.09	87.13	89.11	89.11	79.21
波兰	104.95	97.03	97.03	97.03	99.01
俄罗斯	97.03	91.09	97.03	100.99	100.99
哈萨克斯坦	104.95	93.07	95.05	93.07	93.07
捷克	116.83	116.83	114.85	114.85	114.85
立陶宛	122.77	114.85	114.85	116.83	114.85
马来西亚	114.85	106.93	106.93	112.87	116.83
泰国	100.99	95.05	97.03	97.03	100.99
土耳其	100.99	93.07	97.03	97.03	95.05
新加坡	116.83	104.95	104.95	106.93	108.91
匈牙利	99.01	93.07	97.03	97.03	95.05
印度	100.99	87.13	89.11	81.19	83.17
约旦	97.03	97.03	97.03	99.01	93.07
阿尔巴尼亚	97.03	97.03	67.33	77.23	83.17
阿联酋	108.91	108.91	108.91	108.91	108.91
阿塞拜疆	89.11	87.13	97.03	97.03	97.03
爱沙尼亚	124.75	112.87	114.85	114.85	114.85
巴基斯坦	85.15	75.25	79.21	77.23	73.27
保加利亚	102.97	91.09	93.07	93.07	95.05
菲律宾	93.07	95.05	93.07	93.07	95.05
格鲁吉亚	91.09	91.09	79.21	81.19	79.21
吉尔吉斯斯坦	83.17	79.21	77.23	83.17	81.19
柬埔寨	95.05	81.19	77.23	75.25	79.21
克罗地亚	102.97	89.11	91.09	91.09	85.15
拉脱维亚	106.93	106.93	106.93	110.89	112.87
罗马尼亚	97.03	99.01	99.01	100.99	97.03

续表

国　家	2011 年	2012 年	2013 年	2014 年	2015 年
马其顿	89.11	77.23	85.15	87.13	85.15
蒙古	91.09	87.13	85.15	91.09	89.11
孟加拉国	83.17	71.29	69.31	71.29	73.27
摩尔多瓦	87.13	79.21	81.19	83.17	81.19
塞尔维亚	75.25	69.31	75.25	79.21	79.21
沙特阿拉伯	104.95	95.05	95.05	91.09	89.11
斯里兰卡	108.91	108.91	93.07	95.05	97.03
斯洛伐克	112.87	99.01	100.99	108.91	112.87
斯洛文尼亚	108.91	95.05	97.03	97.03	95.05
乌克兰	100.99	91.09	93.07	100.99	100.99
亚美尼亚	85.15	87.13	87.13	85.15	87.13
伊朗	79.21	71.29	69.31	71.29	73.27
印度尼西亚	97.03	97.03	102.97	106.93	106.93
越南	102.97	102.97	100.99	97.03	95.05

从 2015 年电子商务应用程度排名来看，新加坡、立陶宛、马来西亚的排名较前，但各国差距不大，未来差距还将进一步缩小（见图 15-8 ）。

第六节

基础设施指标

基础设施既是我国"一带一路"倡议实施的合作重点，也是对外贸易过程的重要组成部分。交通设施是对外贸易的"血脉经络"，其便利性是合作投资的关键考虑因素。基础设施指标包含了人均发电量、港口基础设施质量、人均铁路里程 3 项分指标。从各国基础设施指标和分指标的排名差异情况来看，发达国家相对占据优势，但是由于地缘性因素和基础设施建设限制，几乎每个国家都有相对薄弱的环节（见表 15-10 ）。

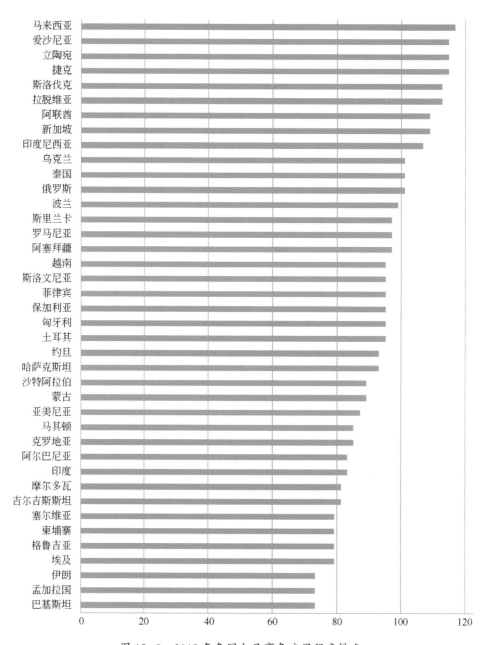

图 15-8   2015 年各国电子商务应用程度排名

表 15-10　2015 年各国基础设施指标和分指标排名

国　家	基础设施指标排名	人均发电量排名	港口基础设施质量排名	人均铁路里程排名
爱沙尼亚	1	4	4	5
捷克	2	5	27	2
拉脱维亚	3	18	5	1
斯洛文尼亚	4	7	6	11
哈萨克斯坦	5	9	35	3
俄罗斯	6	6	21	10
阿联酋	7	1	2	39
匈牙利	8	19	31	4
保加利亚	9	8	23	12
斯洛伐克	10	11	33	6
克罗地亚	11	17	9	8
新加坡	12	3	1	36
立陶宛	13	31	7	7
波兰	14	13	18	15
塞尔维亚	15	10	36	14
沙特阿拉伯	16	2	8	33
罗马尼亚	17	21	30	13
乌克兰	18	14	34	16
格鲁吉亚	19	28	20	17
马来西亚	20	12	3	26
马其顿	21	20	28	18
蒙古	22	30	40	9
阿塞拜疆	23	24	14	21
土耳其	24	16	11	23
伊朗	25	15	24	24
阿尔巴尼亚	26	27	16	22
泰国	27	25	10	25
约旦	28	22	19	29
摩尔多瓦	29	33	37	19
亚美尼亚	30	23	38	20
埃及	31	29	12	30
斯里兰卡	32	37	13	28
印度	33	34	15	31
越南	34	32	22	35
巴基斯坦	35	38	17	32
印度尼西亚	36	35	25	37
柬埔寨	37	40	26	34
孟加拉国	38	39	29	38
吉尔吉斯斯坦	39	26	39	27
菲律宾	40	36	32	40

（一）人均发电量

人均发电量方面，2011—2015 年各国基本处于略有增长的态势，尤其是哈萨克斯坦、土耳其等国家，其他各国发展较为平稳，有些国家出现了小范围的下降。

表 15-11　各国人均发电量标准化结果

国　家	2011 年	2012 年	2013 年	2014 年	2015 年
埃及	26.89	27.47	27.46	27.45	27.42
波兰	61.35	60.82	61.72	59.68	61.87
俄罗斯	105.45	106.90	105.50	105.75	105.50
哈萨克斯坦	74.87	79.13	80.15	87.00	80.15
捷克	118.47	118.28	117.31	115.58	112.09
立陶宛	20.07	21.70	20.40	18.10	20.40
马来西亚	64.77	66.29	67.22	70.60	67.22
泰国	33.38	35.56	36.17	36.70	35.17
土耳其	44.67	45.81	45.11	46.53	47.26
新加坡	127.09	126.58	127.19	129.24	127.18
匈牙利	51.71	49.98	43.83	42.62	43.90
印度	12.33	12.72	13.35	14.23	13.35
约旦	31.02	33.97	34.25	35.17	38.26
阿尔巴尼亚	17.09	23.60	18.88	21.04	34.38
阿联酋	198.97	186.87	168.22	173.28	168.22
阿塞拜疆	38.22	30.19	35.50	37.13	35.50
爱沙尼亚	139.05	129.52	144.19	135.54	113.67
巴基斯坦	7.83	8.01	8.22	8.15	7.73
保加利亚	97.46	91.27	84.87	93.00	84.87
菲律宾	10.48	10.87	11.04	11.16	11.04
格鲁吉亚	27.50	27.78	32.55	32.55	32.09
吉尔吉斯斯坦	32.67	29.52	39.35	39.35	35.07
柬埔寨	1.03	1.38	1.69	2.86	1.69
克罗地亚	37.60	35.54	46.92	45.38	44.83
拉脱维亚	42.36	43.40	44.17	36.91	44.17
罗马尼亚	44.05	41.95	41.93	46.89	41.93
马其顿	46.84	43.32	42.09	37.07	42.09

续表

国　家	2011 年	2012 年	2013 年	2014 年	2015 年
蒙古	22.25	22.07	25.14	26.45	25.14
孟加拉国	3.44	3.69	4.84	5.03	4.83
摩尔多瓦	14.28	14.45	18.07	21.54	18.07
塞尔维亚	53.49	71.93	78.39	67.15	78.39
沙特阿拉伯	111.72	131.86	134.63	144.52	134.63
斯里兰卡	8.23	8.34	8.36	8.59	8.40
斯洛伐克	75.02	75.00	75.41	71.73	68.74
斯洛文尼亚	110.99	108.20	109.87	119.16	102.71
乌克兰	61.06	62.29	60.96	57.54	60.96
亚美尼亚	35.84	38.63	36.89	36.91	36.89
伊朗	45.71	47.80	48.70	50.31	50.17
印度尼西亚	10.73	11.55	12.28	12.86	12.28
越南	16.96	18.96	19.95	22.23	20.27

从各国 2015 年人均发电量排名来看，新加坡、捷克、俄罗斯、哈萨克斯坦等国家的排名较前，一些发展中国家与发达国家相比差距仍然很大，还有较大的提升空间（见图 15-9）。

（二）港口基础设施质量

港口基础设施质量方面，2011—2015 年各国发展比较平稳，约旦、哈萨克斯坦、马来西亚、泰国等国家有所增长（见表 15-12）。

图 15-10 所示为各国港口基础设施质量 2015 年排名，结果显示，新加坡、捷克、俄罗斯、哈萨克斯坦等国家的排名较前，一些发展中国家相较发达国家仍然有很大差距，还有较大的提升空间。

（三）人均铁路里程

人均铁路里程方面，2011—2015 年各国发展比较平稳，立陶宛、匈牙利、爱沙尼亚、哈萨克斯坦等国家有所增长，其他各国发展较为平稳，均在小范围内波动，如表 15-13 所示。

从各国 2015 年人均铁路里程排名来看，捷克、哈萨克斯坦、匈牙利、立陶宛、俄罗斯、波兰等国家的排名较前，其他国家与上述国家相比有较大差距（见图 15-11）。

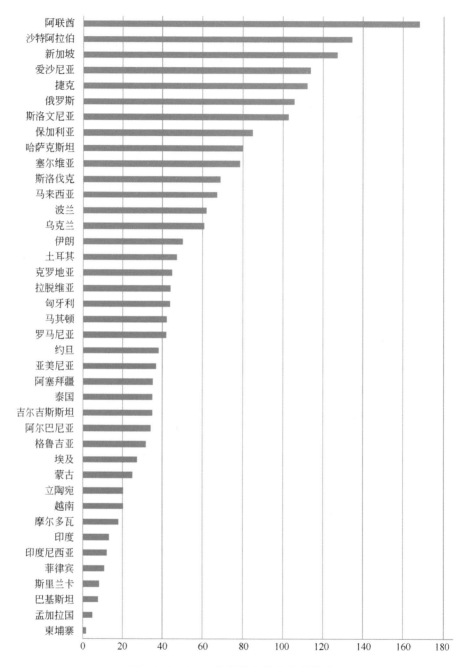

图 15-9　2015 年各国人均发电量排名

表 15-12　各国港口基础设施质量标准化结果

国　家	2011 年	2012 年	2013 年	2014 年	2015 年
埃及	96.39	96.39	98.80	101.20	104.29
波兰	81.93	84.34	89.16	96.39	96.90
俄罗斯	89.16	89.16	93.98	93.98	94.90
哈萨克斯坦	86.75	81.93	65.06	65.06	70.17
捷克	113.25	110.84	106.02	96.39	86.84
立陶宛	118.07	125.30	122.89	118.07	116.99
马来西亚	137.35	132.53	130.12	134.94	134.12
泰国	113.25	110.84	108.43	108.43	108.20
土耳其	101.20	106.02	103.61	106.02	108.16
新加坡	163.86	163.86	163.86	161.45	160.60
匈牙利	96.39	96.39	93.98	91.57	81.25
印度	93.98	96.39	101.20	96.39	101.38
约旦	103.61	106.02	108.43	98.80	96.27
阿尔巴尼亚	93.98	89.16	84.34	89.16	100.03
阿联酋	149.40	154.22	154.22	156.63	155.98
阿塞拜疆	98.80	96.39	108.43	103.61	102.65
爱沙尼亚	134.94	134.94	134.94	134.94	133.67
巴基斯坦	98.80	106.02	108.43	106.02	98.31
保加利亚	91.57	89.16	93.98	101.20	94.10
菲律宾	72.29	79.52	81.93	84.34	77.61
格鲁吉亚	101.20	103.61	101.20	101.20	96.18
吉尔吉斯斯坦	36.14	36.14	31.33	31.33	36.15
柬埔寨	96.39	101.20	96.39	86.75	89.30
克罗地亚	96.39	96.39	103.61	110.84	109.61
拉脱维亚	113.25	115.66	122.89	125.30	124.82
罗马尼亚	67.47	62.65	72.29	81.93	82.40
马其顿	98.80	101.20	91.57	81.93	86.64
蒙古	67.47	72.29	62.65	40.96	33.46
孟加拉国	81.93	79.52	84.34	89.16	85.74
摩尔多瓦	69.88	72.29	62.65	53.01	52.70
塞尔维亚	65.06	65.06	62.65	62.65	64.40
沙特阿拉伯	130.12	127.71	122.89	120.48	116.70
斯里兰卡	118.07	118.07	101.20	101.20	103.01
斯洛伐克	93.98	96.39	89.16	84.34	76.26
斯洛文尼亚	125.30	125.30	122.89	120.48	119.76
乌克兰	89.16	96.39	89.16	79.52	76.18
亚美尼亚	65.06	72.29	72.29	60.24	51.22
伊朗	93.98	96.39	98.80	96.39	94.09
印度尼西亚	86.75	86.75	93.98	96.39	91.88
越南	81.93	81.93	89.16	89.16	94.31

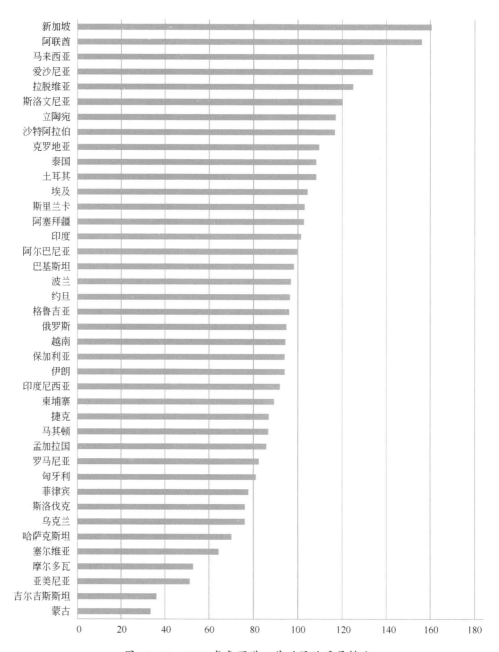

图 15-10　2015 年各国港口基础设施质量排名

表 15-13　各国人均铁路里程标准化结果

国　家	2011 年	2012 年	2013 年	2014 年	2015 年
埃及	13.62	13.32	13.02	12.74	12.47
波兰	113.83	113.20	109.47	109.50	106.99
俄罗斯	130.85	129.23	128.95	130.22	129.97
哈萨克斯坦	188.17	187.31	190.41	187.61	184.88
捷克	198.18	197.88	197.81	197.33	197.08
立陶宛	128.17	129.90	131.23	132.36	141.67
马来西亚	15.27	17.03	16.77	16.53	16.29
泰国	17.49	17.42	17.35	17.28	17.22
土耳其	28.81	28.30	28.00	28.58	28.29
新加坡	6.49	6.33	6.23	6.15	6.08
匈牙利	174.15	174.41	175.36	175.78	176.17
印度	11.35	11.21	11.07	11.16	11.06
约旦	16.54	15.98	15.47	15.08	14.72
阿尔巴尼亚	31.99	32.04	32.08	32.11	32.16
阿联酋	1.31	1.28	1.26	1.26	1.25
阿塞拜疆	49.78	48.86	48.24	47.60	47.07
爱沙尼亚	131.05	131.52	131.99	170.10	170.10
巴基斯坦	9.85	9.65	9.44	10.87	10.76
保加利亚	117.98	122.36	121.90	122.32	122.98
菲律宾	1.11	1.10	1.08	1.06	1.04
格鲁吉亚	88.77	89.93	84.54	85.66	88.11
吉尔吉斯斯坦	16.61	16.34	16.01	15.70	15.38
柬埔寨	9.78	9.63	9.47	9.31	9.17
克罗地亚	139.67	140.10	140.49	134.95	135.40
拉脱维亚	198.89	200.83	202.88	204.80	206.46
罗马尼亚	117.49	118.02	118.36	118.82	119.28
马其顿	74.32	74.20	74.08	73.97	72.18
蒙古	144.73	142.19	139.05	137.57	134.35
孟加拉国	4.06	4.01	3.96	3.91	3.87
摩尔多瓦	71.39	71.40	71.41	71.40	71.13
塞尔维亚	123.21	123.51	116.78	117.33	117.91
沙特阿拉伯	10.77	10.51	10.27	10.04	9.83
斯里兰卡	15.85	15.73	15.61	15.47	15.33
斯洛伐克	147.45	145.94	147.34	147.03	146.85
斯洛文尼亚	129.36	129.09	128.92	128.79	128.68
乌克兰	104.12	104.27	104.42	104.92	102.03
亚美尼亚	61.13	60.92	60.63	51.38	51.18
伊朗	24.45	24.13	24.46	24.06	23.77
印度尼西亚	4.20	4.15	4.09	4.04	3.99
越南	5.87	5.80	5.74	7.71	7.63

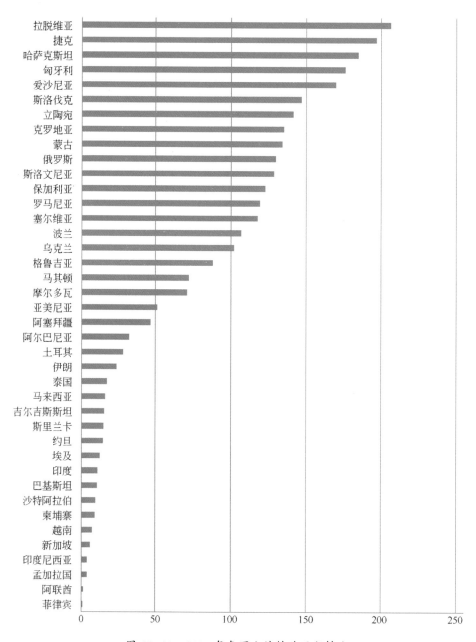

图 15-11 2015 年各国人均铁路里程排名

第七节

工业和信息化增长指数

工业和信息化增长指数方面，2011—2015 年大多数国家处于上升的趋势，尤其是波兰、新加坡、印度、约旦等国家表现亮眼，发展态势良好（见表 15-14）。相对地，也有一些国家的工业和信息化增长指数略有下降，如匈牙利、俄罗斯等国家。

表 15-14　各国工业和信息化增长指数标准化结果

国　家	2011 年	2012 年	2013 年	2014 年	2015 年
埃及	33.24	35.18	36.34	35.92	36.51
波兰	71.45	69.72	74.34	78.21	75.31
俄罗斯	64.44	67.22	69.32	69.28	61.16
哈萨克斯坦	54.42	57.04	61.87	61.89	58.61
捷克	91.48	89.15	90.92	93.98	90.12
立陶宛	59.76	60.65	65.84	69.56	68.00
马来西亚	69.86	71.77	72.48	76.24	74.23
泰国	51.90	55.06	57.87	59.45	60.91
土耳其	58.99	63.06	65.87	65.98	62.89
新加坡	151.39	154.56	164.93	176.17	172.78
匈牙利	68.09	65.78	65.97	66.24	63.35
印度	49.96	49.62	52.76	54.67	54.17
约旦	38.62	41.91	44.41	46.61	49.03
阿尔巴尼亚	33.37	34.03	36.25	38.01	40.18
阿联酋	107.19	112.23	113.02	119.01	107.95
阿塞拜疆	51.81	53.09	59.15	58.43	48.31
爱沙尼亚	66.75	66.95	72.40	75.89	71.90
巴基斯坦	29.40	29.74	31.76	33.32	31.35
保加利亚	47.75	48.31	49.19	51.92	52.92
菲律宾	31.24	34.93	39.80	45.23	44.77
格鲁吉亚	34.48	35.33	38.74	41.35	40.58
吉尔吉斯斯坦	20.85	21.25	24.39	28.14	29.51

续表

国　家	2011 年	2012 年	2013 年	2014 年	2015 年
柬埔寨	25.42	27.06	28.63	28.46	29.85
克罗地亚	57.19	54.35	56.11	56.11	54.72
拉脱维亚	59.38	59.93	62.72	64.32	64.60
罗马尼亚	52.15	53.24	57.00	60.34	58.78
马其顿	37.51	36.70	40.07	41.80	42.49
蒙古	36.80	38.36	39.62	38.50	41.96
孟加拉国	23.70	23.77	27.49	29.55	30.89
摩尔多瓦	30.78	31.48	32.98	35.03	37.04
塞尔维亚	40.33	40.55	44.68	46.25	45.94
沙特阿拉伯	114.29	111.22	109.45	110.21	90.84
斯里兰卡	33.63	32.21	36.21	40.83	41.03
斯洛伐克	67.18	66.20	69.24	71.83	68.91
斯洛文尼亚	80.36	76.84	78.25	81.77	78.42
乌克兰	42.43	42.66	42.17	43.07	43.23
亚美尼亚	34.10	35.67	37.61	38.64	39.32
伊朗	46.37	45.89	43.71	42.10	39.66
印度尼西亚	41.96	42.99	46.09	48.04	46.49
越南	34.83	36.43	41.15	43.91	46.75

在工业和信息化增长指数各分类指标评分中，大多数国家 2015 年处于潜力型等级，其中发展中国家占了大多数，这也成为我国"一带一路"工业和信息化产能合作的重点。根据测算结果，"一带一路"沿线国家指标优越型国家（100～200）有 2 个，处于世界经济"金字塔"的顶端，分别为新加坡和阿联酋，占比 5%；良好型国家（70～100）有 6 个，自身具有较好的基础，近年来工业和信息化建设也能跟上世界发展步伐，包括沙特阿拉伯、捷克、斯洛文尼亚等国家，占比 15%；潜力型国家（30～70）有 27 个，多数是发展中国家，是未来世界经济重要的增长极，也是我国"一带一路"工业和信息化的合作重点，包括斯洛伐克、土耳其、哈萨克斯坦、泰国等国家，占比 67.5%；薄弱型国家（0～35）有 4 个，这些国家工业和信息化发展较滞后，有极大的发展和开拓空间，包括柬埔寨、孟加拉国、巴基斯坦等国家，占比 12.5%，具体如表 15-15 所示。

表 15-15　2015 年各国工业和信息化增长指数标准化分类

等级	国家	工业和信息化指数	人均 GDP	制造业出口总额	创新能力	劳动生产率	信息化指标	基础设施指标
优越型（100～200）	新加坡	172.78	198.62	191.73	161.90	125.24	292.83	94.82
	阿联酋	107.95	144.81	14.10	149.21	89.43	142.84	106.11
良好型（70～100）	沙特阿拉伯	90.84	76.78	26.40	130.16	113.96	111.12	85.57
	捷克	90.12	65.02	99.88	152.38	30.85	148.90	134.26
	斯洛文尼亚	78.42	76.77	19.00	139.68	38.87	140.11	116.92
	波兰	75.31	46.54	111.08	123.81	26.84	129.13	88.17
	马来西亚	74.23	35.72	95.05	174.60	25.41	115.52	69.46
	爱沙尼亚	71.90	63.24	6.06	149.21	24.30	127.82	139.42
潜力型（35～70）	斯洛伐克	68.91	59.59	47.91	120.63	27.49	120.25	98.34
	立陶宛	68.00	52.78	10.72	146.03	30.30	145.38	91.82
	拉脱维亚	64.60	50.61	5.04	126.98	22.50	140.06	125.16
	匈牙利	63.35	45.80	59.89	98.41	25.92	115.31	101.40
	土耳其	62.89	40.66	80.58	120.63	24.67	104.89	58.89
	俄罗斯	61.16	34.55	49.67	120.63	18.08	113.64	110.88
	泰国	60.91	21.54	118.50	130.16	12.36	100.57	50.80
	罗马尼亚	58.78	33.18	33.48	126.98	21.64	128.88	81.15
	哈萨克斯坦	58.61	38.92	4.90	126.98	25.06	114.54	113.81
	克罗地亚	54.72	42.89	6.11	104.76	24.11	117.42	95.96
	印度	54.17	5.97	134.02	133.33	5.74	72.40	38.96
	保加利亚	52.92	25.90	10.26	120.63	13.21	134.14	100.98
	约旦	49.03	15.17	3.87	136.51	39.99	94.40	47.42
	阿塞拜疆	48.31	20.37	0.34	130.16	23.74	117.35	59.70
	越南	46.75	7.80	87.88	120.63	3.80	87.66	38.06
	印度尼西亚	46.49	12.36	47.69	149.21	10.83	78.36	33.26
	塞尔维亚	45.94	19.40	6.26	98.41	14.81	128.86	88.03
	菲律宾	44.77	10.66	35.34	146.03	11.45	92.81	27.51
	乌克兰	43.23	7.87	13.48	133.33	3.61	103.43	79.90
	马其顿	42.49	17.90	2.88	117.46	8.25	113.04	65.99
	蒙古	41.96	14.61	0.06	126.98	12.79	94.71	65.86
	斯里兰卡	41.03	14.24	5.17	142.86	12.57	81.99	39.21
	格鲁吉亚	40.58	13.94	0.62	107.94	12.60	105.67	70.92
	阿尔巴尼亚	40.18	14.64	0.72	114.29	13.63	105.31	53.30
	伊朗	39.66	18.36	5.44	114.29	14.21	81.44	54.10

续表

等　级	国　家	工业和信息化指数	人均GDP	制造业出口总额	创新能力	劳动生产率	信息化指标	基础设施指标
潜力型（35～70）	亚美尼亚	39.32	13.37	0.18	120.63	10.17	106.88	46.19
	摩尔多瓦	37.04	6.79	0.48	107.94	5.06	131.12	47.03
	埃及	36.51	13.14	7.16	98.41	19.13	80.84	45.25
薄弱型（0～35）	巴基斯坦	31.35	5.30	12.00	117.46	3.78	60.64	35.96
	孟加拉国	30.89	4.48	21.35	107.94	3.98	65.03	28.77
	柬埔寨	29.85	4.31	7.89	111.11	2.61	72.16	30.59
	吉尔吉斯斯坦	29.51	4.15	0.48	114.29	2.93	76.77	28.50

从 2015 年工业和信息化增长指数排名来看，新加坡、捷克、波兰、马来西亚、土耳其、俄罗斯等国家的工业和信息化综合能力较强，工业强国地位较为稳定；而约旦、埃及、印度等国家的综合能力较弱，但积极发展的态势为这些国家增强竞争力提供了可能。从测算结果的差距来看，各国之间的差异性并不是非常大，发展程度较低的国家还有较大的上升空间，如表 15-16 所示。

表 15-16　2015 年各国工业和信息化增长指数和分指标排名

国　家	工业和信息化增长指数排名	人均GDP排名	制造业出口总额排名	创新能力排名	劳动生产率排名	信息化指标排名	基础设施指标排名
新加坡	1	1	1	2	1	1	12
阿联酋	2	2	18	4	3	4	7
沙特阿拉伯	3	3	15	14	2	21	16
捷克	4	5	5	3	6	2	2
斯洛文尼亚	5	4	17	10	5	5	4
波兰	6	10	4	21	9	9	14
马来西亚	7	15	6	1	11	16	20
爱沙尼亚	8	6	27	5	14	12	1
斯洛伐克	9	7	11	22	8	13	10
立陶宛	10	8	21	7	7	3	13
拉脱维亚	11	9	30	18	17	6	3
匈牙利	12	11	9	38	10	17	8
土耳其	13	13	8	23	13	25	24
俄罗斯	14	16	10	24	20	19	6
泰国	15	19	3	16	28	27	27
罗马尼亚	16	17	14	19	18	10	17
哈萨克斯坦	17	14	31	17	12	18	5

续表

国　　家	工业和信息化增长指数排名	人均GDP排名	制造业出口总额排名	创新能力排名	劳动生产率排名	信息化指标排名	基础设施指标排名
克罗地亚	18	12	26	37	15	14	11
印度	19	36	2	12	33	37	33
保加利亚	20	18	22	25	24	7	9
约旦	21	24	32	11	4	29	28
阿塞拜疆	22	20	38	15	16	15	23
越南	23	34	7	27	36	31	34
印度尼西亚	24	31	12	6	30	35	36
塞尔维亚	25	21	25	40	21	11	15
菲律宾	26	32	13	8	29	30	40
乌克兰	27	33	19	13	38	26	18
马其顿	28	23	33	28	32	20	21
蒙古	29	26	40	20	25	28	22
斯里兰卡	30	27	29	9	27	32	32
格鲁吉亚	31	28	35	34	26	23	19
阿尔巴尼亚	32	25	34	31	23	24	26
伊朗	33	22	28	30	22	33	25
亚美尼亚	34	29	39	26	31	22	30
摩尔多瓦	35	35	36	35	34	8	29
埃及	36	30	24	39	19	34	31
巴基斯坦	37	37	20	29	37	40	35
孟加拉国	38	38	16	36	35	39	38
柬埔寨	39	39	23	33	40	38	37
吉尔吉斯斯坦	40	40	37	32	39	36	39

　　从国家排名来看，"一带一路"区域内波兰、新加坡、捷克、立陶宛等综合国力相对较强的国家在工业和信息化发展方面拥有非常好的基础，但是由于自然禀赋互补性缺失和国家经济结构差异，也可成为我国"一带一路"工业和信息化领域合作的"潜力股"。另外，哈萨克斯坦、泰国、约旦、印度、土耳其等国家在工业和信息化实力增长方面表现出了非常强劲的态势，未来将是迅猛崛起的经济区域，一些国家更是响应我国"一带一路"倡议的先驱国家，未来也将成为我国展开产能合作的重点国家。

第三篇

展望篇

第十六章
"一带一路"工业和信息化发展展望

16 Chapter

> "一带一路"倡议的提出，为工业和信息化的发展
> 创造了难得的机遇。但是，为了让发展更稳健，我们还
> 需要对实施过程进行"冷思考"，评估潜在的风险和障碍，
> 做好风险防范工作。针对"一带一路"工业和信息化合
> 作存在的一些问题，本章也提出了相关建议。

第一节

"一带一路"打造世界工业和信息化发展新构想

"一带一路"倡议的提出，不仅有益于中国经济的持续发展，也契合"一带一路"沿线国家的共同需求。"一带一路"倡议为所有"一带一路"沿线国家的产能和资源优势互补、工业和信息化的开放发展创造了新的机遇（范翠杰，2016）。

随着经济的腾飞和国力的增强，我国已经成为拉动世界经济前行的一个重要引擎。经过40年的改革开放，我国的经济总量已经居世界前列，在进出口贸易、外汇储备和外商投资额这3项经济指标上都高居世界第1位（梁琦，2016）。随着资本输出的加大，我国必然会重新调整面向全球的贸易布局、投资布局和生产布局。特别是作为制造业大国，我国不仅可以输出物美价廉的各

类产品，还有能力对外提供更多工业和信息化领域的设备和技术支持。2014—2016 年，中国与"一带一路"沿线国家贸易总额约 20 万亿元，增速高于全球平均水平。在投资合作方面，中国不断强化服务保障，鼓励企业到"一带一路"沿线国家投资兴业。2014—2016 年，中国企业对"一带一路"沿线国家直接投资超过 500 亿美元；在"一带一路"沿线国家新签对外承包工程合同额达 3049 亿美元。同时，中国进一步放宽外资准入领域，营造高标准的国际营商环境，吸引"一带一路"沿线国家来中国投资。在境外经贸合作区建设方面，我国先后在 20 个"一带一路"沿线国家建设了 56 个境外经贸合作区，目前累计投资超过 185 亿美元，为东道国创造了超过 11 亿美元的税收和 18 万个就业岗位（赵展慧，2017）。

由此可见，自"一带一路"倡议实施以来，我国对外合作已经取得了丰硕的成果。在此，我们需要明确一个概念，"一带一路"倡议并非对外扩张的决策，而是主动地发展与"一带一路"沿线国家的经济合作伙伴关系，共同打造政治互信、经济融合、文化包容的利益共同体、命运共同体和责任共同体。可以说，"一带一路"倡议不仅是中国对外开放的重要构想，更是促进国际互联互通、构建世界经济新格局的重要一环。

工业方面，"一带一路"沿线大多数国家尚处于工业化初期阶段，不少国家的经济高度依赖能源、矿产等资源型行业；而中国有能力向这些国家提供各种机械设备和交通运输设备等，处于产业链的相对高点。在"一带一路"建设中，我国将在沿线国家发展能源在外、资源在外、市场在外的"三头在外"产业，进而带动产品、设备和劳务输出。这不仅能有效实现我国产能的向外投放，也会促进"一带一路"沿线国家新兴市场的快速发展，构建共赢的合作局面（范翠杰，2016）。

信息化建设方面，实现"一带一路"的"信息共通"，是对政治互信、经济融合、文化包容的有益补充，更是达成上述目标的必备条件：第一，此举可整合"一带一路"沿线 60 多个国家的信息市场和资源，为"一带一路"建设提供信息化和电子化平台；第二，可发挥中国 IT 企业整舰出海的优势，建立信息化国家航母集群，助推中国信息产业扬帆远航，完成"郑和舰队"的未遂之愿；第三，"一带一路"倡议不是为了倾销中国过剩产能，而是为了输出中国的领先技术、领先企业、领先产品，信息化建设将大大提升"一带一路"倡议在科技领域的含金量，整体改善"中国制造"的低端格局，提升中国的国家形象。

得益于几十年持续的创新和不断发展，中国 IT 企业已经在国内和国际两个市场上站稳脚跟，积累了丰富的国际化经验，形成了与"一带一路"沿线 60 多个国家信息合作的 1.0 版；而通过"一带一路"倡议，中国企业可迅速打造亚非欧信息合作 2.0 升级版（张小平，2015）。

"一带一路"的实施，为我国工业和信息化发展创造了难得的历史机遇。放眼望去，前期成果已颇丰硕。得风气之先的中国工业和信息化领域企业应把握机遇，顺势而为，及早做出关乎企业长远发展的战略抉择。

第二节

"一带一路"工业和信息化面临的潜在障碍

当前，"一带一路"的实施正处于快速发展的机遇期，这个旨在构建全球经济新格局的重大倡议，正在迅速融入各国经济发展脉络，并获得了越来越广泛的支持和参与。但是，为了让脚步更加稳健，我们还需要对具体的实施背景和方案进行"冷思考"，评估潜在的风险和障碍，做好风险防范工作。通过整理相关资料，本书认为"一带一路"还存在以下几种潜在障碍，有待进一步突破和化解。

（一）沿线国家对"一带一路"概念认知模糊

习近平主席在论述"一带一路"构想时，特别强调了"民心相通"的重要性。中国与有关国家需要夯实国家关系的民间基础，促进不同文明之间的交流对话，加强各国人民特别是基层民众的友好往来，增进相互了解和理解。与基础设施建设相比，"民心相通"看起来并不具紧迫性，实际上其难度可能远远超过道路建设等有形的障碍（何茂春，张冀兵，张雅芄，田斌，2015）。

纵观世界经济发展历程，我国整体实力的飞跃，让很多国家看到了一个新的大国的崛起，中国以迅猛的速度占领了许多产业的市场份额，并不断增长。因此，多数国家以充满矛盾的心态看待中国的开放。

但从世界经济发展规律来看，开放是世界经济互通互融、政治和平发展的核心，因此，中国的扩大开放是被期待和肯定的。一方面，很多国家希望得到中国更多的资金、技术、无偿援助等，并将本国的产品出口到中国巨大的消费市场中，拓展自己的商业版图；另一方面，一些国家担心中国的产品会冲击本国的产业，为自身经济发展带来负担。一些东盟国家对"21世纪海上丝绸之路"计划，中亚国家和俄罗斯对"丝绸之路经济带"规划，非洲国家对中国资源政策，都存在不同的疑虑、担心和质疑。一些西方国家的舆论不遗余力地炒作"中国威胁论"，加剧了我们推进开放构想的难度。

从我国提出"一带一路"的时机来看，全球经济刚刚进入复苏阶段，世界经济低速增长，投资、贸易等方面都处于试水阶段，发达国家和新兴经济体都在寻求出路。部分国家在应对这一问题时又开始狭隘地采取一些保守政策，以保护本国的优势产业。各种形式的国家主义和贸易保护主义直接影响我国进一步扩大开放所需的外部环境。

到目前为止，"一带一路"的沟通"政易经难""上易下难"。因此，"一带一路"的发展和规划不能单纯"想当然"，而需要做好沟通工作，并予以扎实推进。习近平主席提出"民心相通"的问题，恰恰预见了"一带一路"沿线国家与民众对我国的种种疑虑。"一带一路"如何将分享的理念贯穿于对外经济交往过程中，让中国经济发展的红利更多地惠及他国，需要更加注重换位思考，运用恰当、合理的语境去谈合作、谈共赢（何茂春，张冀兵，张雅芃，田斌，2015）。未来，我们要不断传播"一带一路"的和平本质，传播我国倡导的正确义利观。

（二）国内对接缺乏规划性指引

与国际出现的疑虑相比，"一带一路"倡议在国内掀起了一阵接一阵的热潮，并如火如荼地开展相关工作。据不完全统计，中国已有不少于30个城市宣布自己为"一带一路"的起点，"核心区""桥头堡""枢纽""黄金段""自贸区"等概念纷纷提出。中国各省（自治区、直辖市）都希望争取政策、抓资源、占先机，为其带来发展新机遇和增长新动力。但是，跨地域、跨部门的全国"一带一路"协同机构尚未明确，内部步调不统一的问题层出不穷（何茂春，张冀兵，张雅芃，田斌，2015）。

首先，国家层面的跨部门沟通不足。国家开放构想立足长远、兼顾当前，需要有关各部门在领会方针的前提下，切实贯彻，有效沟通，协同运作。在全面深化改革、继续扩大开放的过程中，各部门对一些构想的新提法、新思路、新内容期待不同、解读不同，基于此不同实施方案也存在差异。从日常工作角度来说，我国政府跨部门协作的困难仍然存在，特别是对于一些尚未形成较为成熟管理机制的政策方面，仍需要基于国家层面的统筹规划才能有序开展。

其次，沟通协作机制尚未形成。对外经贸合作的过程往往涉及多个部门审批和协作。国家推进政府职能转变的关键在于如何有效地简政放权，而权力下放的过程便是加强省部协调、部际协调、部内协调的过程。在当前中央力行简政放权的大背景下，在各级层面行政审批制度改革尚未全面落实时，实际工作开展过程中必然会遇到沟通不充分引起的种种情况。"一带一路"倡议提出后，国家层面并没有直接做出协调和具体部署，部委间、省部间在争取政策资源、牵头主导权时常会出现彼此竞争、缺乏互补性支援的情况，这也造成政策执行的困难。因此，国家层面有必要对"一带一路"编制中长期行动计划，明晰各部门职责，避免上述现象的发生。

最后，我国政府部门与其他市场主体也存在内部缺乏协作意识等问题。世界各国都存在贸易部门与生产部门、消费者与生产者、非国有经济体与国有经济体等不同利益群体的矛盾与冲突。生产部门、中介组织、国有经济体与政府在贸易协同过程中要有团结意识，要定期召开相关研讨和沟通会议，推动产能合作有序推进。

（三）工业和信息化企业的参与能力有待提升

"一带一路"倡议虽然是国家层面提出的，但真正落实该倡议的核心主体是企业。我国政府对外合作与投资及建设基础设施，最终目标还是为了企业"走出去"，使企业承担起继续建设丝绸之路的重任。

"一带一路"对中国企业而言，是增强国际化经营能力、全面提高开放型经济水平的一次发展机遇。现阶段，参与"一带一路"沿线投资的企业仍以央企为主，超过半数的企业是最近几年才决策参与的，而国际政治不稳定、法制和商务环境不健全、信息收集困难等问题频出，使许多大型工业和信息化企业暂时采取观望或谨慎投资的态度。造成这一结果的原因主要有以下 3 个方面。

第一，工业和信息化企业对于"一带一路"的认识还不全面。当前，我国企业在代产加工、合资经营、技术合作及共同开拓国内市场方面经验丰富、获益颇丰，与大多数国家相比具有优势。但金融危机过后，面对复杂的世界经济形势，一些企业对于"一带一路"的态度并不明晰，更多地将目光投向保守的产品出口和资源进口经营路线，对于"走出去"投资建厂、塑造全球品牌、提供无国界售后服务等方面的热情并不高。

第二，我国制造企业逐渐丧失劳动成本优势，开拓环境较受限制。随着我国劳动力成本的不断攀升，中国制造业企业另辟生产加工基地的意愿明显增强。然而在可供产业转移的投资对象国中，大多数国家在配套设施保障、原材料供应、物流承载力等方面发展不足，我国企业选择余地不多。而不同国家文化的矛盾也成为我国许多工业和信息化企业对"一带一路"望而却步的重要原因。

第三，我国企业在一些领域缺乏"走出去"的核心竞争力。在缺乏国际品牌及核心技术和产品的情况下，我国一些工业和信息化企业希望通过兼并、收购的方式来获得技术与市场。然而，这些企业自身缺乏规范性经营和国际化运作所需人才，其规避风险的能力较差，解决争端的经验不足，整合国外各方资源的能力也十分有限，如果盲目"走出去"，其成功的概率非常小。此外，企业在一些特定领域未能形成抱团出海的方式参与海外投资与经营，内耗的情况时有发生，更加大了失败的可能性。

另外，我国工业和信息化企业经营的相关法规、制度设计也存在不少限制，如审批、透明度、融资体系等方面有待进一步完善。政策不配套、执行不灵活等问题都是影响我国企业"走出去"不可忽略的因素（何茂春，张冀兵，张雅芮，田斌，2015）。

（四）投资回报周期长并存在一定风险

基础设施建设是我国实施"一带一路"的先导性动作。但是，基础设施通常具有投资大、周期长、回报率低的特点。因此，虽然它可能带来较大的社会效益，但其建设与运营对一般的企业而言，既缺少承受的能力又缺少推动的动力，即便要引入民间资金参与，也要由政府给出足够的补贴。另外，基础设施投资往往会在较短时间内产生较大债务负担，这也成为"一带一路"的投资回报风险之一。

另外，由于各国的政治体制与和平环境不同，"一带一路"沿线国家的政治风险系数也有所差别。斯里兰卡是"21 世纪海上丝绸之路"的重要节点。中国交通建设集团与斯里兰卡港务局合作开发的科伦坡港口城是我国投入"21 世纪海上丝绸之路"建设的一个标志性工程。2014 年习近平主席访问斯里兰卡期间，与时任斯里兰卡总统拉贾帕克萨一道为港口城奠基揭幕。然而，转折出现在 2015 年年初，在 1 月 8 日举行的斯里兰卡总统选举中，反对党共同候选人西里塞纳获胜。斯里兰卡新总统一反前任的姿态，威胁取消港口城项目。即便这个项目是斯里兰卡迄今为止最大的外商直接投资项目，建成后可供约 27 万人居住生活，同时将创造超过 8.3 万个就业机会，但斯里兰卡仍以环境问题为借口，要求搁置项目进行重新评估。

恐怖主义的威胁更加具有不可预测性，这也让许多企业望而却步。"一带一路"沿线的阿富汗、伊拉克、叙利亚掀起的反恐战火愈演愈烈，国际社会至今应对乏力，反恐战争极有可能蔓延。随着"一带一路"建设的全面铺开，我国与相关地区内恐怖组织、极端势力的碰撞将是不可避免的。因此，基础设施建设与开发的成本，可能远远超过单纯经济角度的考虑。未来，这个环节有可能出现的问题，或许将是制约"一带一路"倡议推进的一个重要因素。

第三节

"一带一路"工业和信息化合作相关建议

虽然在"一带一路"实施过程中遇到了一些难题，但我们还是要不断巩固自身优势，培育新的、颇具竞争力的产业，进而推动我国对外贸易向着持续健康发展的方向不断迈进。因此，针对"一带一路"工业和信息化合作存在的一些问题，本节提出如下建议。

（一）营造良好的政治氛围

在 2013 年周边外交工作座谈会上，中央再次定调了周边外交工作的重要战略意义，坚持"与邻为善、以邻为伴"，坚持"睦邻、安邻、富邻"，特别提出要突出体现"亲、诚、惠、容"四字理念（何茂春，张冀兵，张雅芃，田斌，2015）。在处理经贸谈判过程中，这一理念需要贯穿始终。

一是要树立和平共赢的发展理念，摆脱过去经济效益是唯一标准的义利观，着眼于互惠互利的合作与建设。在"一带一路"工业和信息化合作过程中，更应尊重并主动融入当地文化氛围，在合作中不断巩固亲近感，强调"与邻为善、以邻为伴"的合作思路。

二是在合作过程中诚信至上，努力寻求双赢的方案，不裹挟任何政治意图。要坚持国家不分大小、强弱、贫富和一律平等的发展思维，在和平共处五项原则基础上全面发展同周边国家关系，继续用自己的真诚付出，赢得周边国家的尊重、信任和支持。

三是要本着互惠互利的原则，与"一带一路"沿线国家构建更加紧密的共同利益网络，共生共赢，让我国工业和信息化的先进成果能够更好地惠及周边。与此同时，要让我国相关产业从周边国家共同发展中获得裨益和助力，通过"一带一路"的经贸合作，使国内改革开放的成果红利所外溢的经济效益最先惠及周边国家。

四是要倡导包容的思想，以更加开放的胸襟和更加积极的态度促进地区合作。积极主动地回应"一带一路"沿线国家的期待，共享机遇，共迎挑战，共创繁荣（李少军，等，2014）。

在执行"一带一路"倡议的外交方略时，要尽力谋求最好的结果，尤其在知识产权、核心技术、双边投资协议等问题上先行先试、积极探索。例如，设立中哈边境国际合作中心；签署中国—新西兰自贸区协定；虽然中泰高铁换大米项目未能实施，但互惠互让的尝试奠定了"高铁外交"的战略意义。这种合作探索可推广至中东欧国家，甚至推向南美洲、非洲市场，以实现以技术换市场，以高附加值产品、机械制成品换资源，拓展我国海外市场新空间。

我国宜以正确的义利观为指导，大胆借鉴发达国家经验，树立大国思维，充分利用游戏规则，敢于"先提、先试、先让"国际经济贸易新规则。

"一带一路"也是以资源换资源、以优势换优势，以及不同经济禀赋相互弥补的伟大构想。中国作为经济大国，要立足长远，要具备以时间换空间、近期换长期、经济开放换（倒逼）政治改革等大格局观念，谋求更大、更广、更深的互利共赢新局面（何茂春，张冀兵，张雅芃，田斌，2015）。

（二）构建完备的政策协同机制

"一带一路"并非是对外贸易的短期倡议，而是着重于长远合作局面的伟大构想。从"一带一路"的核心内涵和长远规划来看，需要各部门、各主体服从中央整体全面规划，完备内部协同机制，努力实现对外扩大开放所产生的经济效益和改革效应。

首先，经济外交是国家整体规划的重要环节，更是在开展国际合作过程中不可或缺的关键。因此，在"一带一路"倡议引领下，我国经济外交政策应纳入经济改革、全面治理和国家安全的战略高度，总体协调"科学规划、扎实推进"的发展理念和基本思路。"一带一路"不仅仅是国家经贸合作层面上的一种策略选择，也是国家经济外交的一次大胆尝试。这就需要从宏观层面出台严密的实施规划，统筹协调各个部门，就特定领域开放做出统一部署，制定相应的配套政策，综合考虑开放、安全、经济、外交等问题，为"一带一路"的顺利实施创造良好的政策环境。另外，加强政府协调服务能力也是有力推动"一带一路"的重要影响因素。通过建立和完善与重点国家和地区政府间的合作机制，加强产业合作，协调推进境外产业园区、重点项目建设，落实相关配套条件、优惠政策等保障措施。充分发挥驻外使领馆的作用，建立产业部门与驻外机构的有效沟通机制，积极为"走出去"企业提供投资国法律法规、行业动态等相关信息，协调解决企业"走出去"遇到的困难。从我国过去的经验来看，一些经济外交的"零回报"案例也在不断提醒我们需要不断总结教训，在汲取经验的同时，探索出一条适合我国的"一带一路"工业和信息化合作实施办法和路径。

其次，丰富中介组织主体，充实中介组织功能，促进我国中介组织在国际经贸谈判中发挥积极作用。"一带一路"的实施过程涉及很多实质工作，需要多方主体予以协调配合，尤其是当涉及一些专业领域实务，无法依靠唯一主体全程完成时，如国际法务、语言交流、技术协同等问题就需要专业机构来解决，这也是处理国际事务时中介组织存在的必要性。中介组织可在"一带一路"倡议实施过程中，为政府提供贸易公共咨询、国内外市场调研信息、产业谈判相关技术支持等。中介组织是沟通政府与企业的重要中介，要充分发挥其桥梁作用、纽带作用，中介组织的国际合作也可配合政府间经贸问题的磋商与谈判。伴随着加快转变政府职能、推进简政放权，中介组织能发挥作用的空间越来越大。应与中介组织建立良好的互动关系，充分调动其积极性，发挥其主动性。

最后，充分重视舆情和研究相关工作。有关智库和主流媒体应积极跟踪我国经贸谈判进程，配合经贸合作相关工作，做好经贸合作的前期铺垫工作。有关智库可在"一带一路"实施前期对"一带一路"沿线国家展开调研，尤其是工业和信息化领域基本情况的整理工作，通过组织相关研讨会等方式，与国外智库沟通，为"一带一路"倡议的实施打下基础。主流媒体可代替政府发声，释放合作意愿并表达中国态度。"一带一路"既存在力求合作共赢的一面，也存在相互博弈、互探底线的一面。当今信息化时代使得信息传播的速度和对舆论、舆情的影响力不断上升，应加强与媒体的公关合作，减少误读、误判、误报的情况发生，避免因不实报道引发舆论压力使得中国在经贸谈判中陷入被动局面。寻求与主流媒体良性互动，使其有侧重性地报道、有建设性地评论、有选择性地发声（何茂春，张冀兵，张雅芃，田斌，2015）。

（三）优化工业和信息化战略布局

"一带一路"倡议以政策沟通、设施联通、贸易畅通、资金融通、民心相通为核心内容，交通运输类、基建相关产业、装备制造业、能源建设、信息产业等出口竞争力较强的消费类产业将面临较大发展机遇。未来我国各省（自治区、直辖市）可根据自身优势，加强地区间合作协调，优化工业和信息化战略布局。另外，发挥我国沿海省份在"陆、海、空、网"一体化合作谈判中的参与性和主动性，突出其跳板作用和桥梁作用，这在促进"一带一路"工业和信息化合作进程中也十分重要。

首先，围绕"五位一体"总体布局和"四个全面"战略布局，牢固树立创新、协调、绿色、开放、共享的发展理念，贯彻以人民为中心的发展思想，以信息化驱动现代化为主线，以建设制造强国为目标，着力增强我国工业和信息化发展能力，着力提高工业和信息化技术水平，着力优化工业和信息化发展环境（张司南，2016）。

其次，建设工业和信息化强国仍是我国"一带一路"倡议实施的重要基础，要力争短期内推动核心关键技术部分达到国际先进水平，工业和信息产业国际竞争力大幅提升，工业和信息产业成为驱动现代化建设的先导力量（刘重才，2016）；培育先进的基础建设、智能制造、高端装备、信息化建设等方面的核心技术，从根本上改变核心技术受制于人的局面，实现技术先进、产业发达、应用领先、信息安全坚不可摧的战略目标，涌现一批具有强大国际竞争力的大型跨国网信企业；明确工业和信息化全面支撑富强、民主、文明、和谐的社会主义现代化国家建设的基本目标，使我国制造强国的地位日益巩固，在引领全球工业和信息化发展方面有更大作为。

最后，打造国家产业治理新型能力，是应对当前新一轮产业变革的当务之急。和工业经济瓦解了传统农业经济的管理体系和运营模式一样，工业化与信息化的融合发展也将形成一个新的经济运营模式，以及与之相适应的国家产业治理能力，这一能力将内嵌于国家竞争体系，发挥越来越大的作用。其核心是培育两个基本能力。一是适应性制度的创新能力。跨越式发展的背后是技术经济的赶超，也是制度优势的赶超。这需要整个社会形成一种对新技术冲击经济、社会发展的快速感知、精准评估、高效决策、实时调整并不断验证优化的新机制。二是复杂经济的管理驾驭能力。工业和信息化融合对行业管理提出了新要求，要能够妥善处理鼓励创新和加强监管的关系，要能够建立一个允许新经济模式不断孕育、发展和扩散的良好环境，要能够建立一种有效管理复杂经济形态的新组织，这也是国家产业治理新型能力的重要组成部分（安筱鹏，2015）。

（四）不断建立健全法律法规体系

随着我国"走出去"政策的实施和中国企业走向海外投资步伐的逐渐加快，中国企业海外投资额飞速增加，相关法律法规缺位所造成的负面影响也更加明显。近年来，我国对外投资管理主要依据有关主管部门临时出台的一系列政策和条例，尽管这些政策和条例在一定时期内起到了重要作用。但是，由于没有上升到法律高度，这些政策和条例缺乏系统性、长期性和稳定性，甚至出现政出多门、互相矛盾的情况，从而制约了我国对外投资的进一步发展（赵杰，2014）。

我国应尽快完善法律法规和政策引导。研究制定《境外投资条例》及其实施细则，适时启动《海外投资促进法》研究起草工作，研究完善税收、金融、海关、检验检疫、知识产权等方面的法律制度，为企业开展国际合作和投资提供有力的法律保障。适应形势发展需要，修订《境外投资产业指导政策》，进一步充实完善《对外投资国别产业导向目录》《境外加工贸易国别指导目录》，不断扩大对外投资国别涉及的国家和地区的覆盖范围。

建立常态化调研指导机制，增强工作的系统性、针对性。要将"一带一路"建设司法保障作为一项常规性工作抓紧、抓实，坚持近期问题与长期应对相结合，坚持司法专门保障与国家整体推进相结合，坚持司法职能与中央战略规划、地方实际相结合，及时研究"一带一路"建设中的司法需求和司法政策。不断深入分析研判"一带一路"建设各类相关案件的特点和规律，加强司法解释和案例指导，规范自由裁量，统一法律适用，及时为市场活动提供指引。除此之外，需要建立健全涉及"一带一路"相关案件的专项统计分析制度，发布典型案例，及时向有关部门和社会发布司法建议和司法信息，有效预防法律风险。另外，与国家和地方相关部门建立沟通联系机制，深入研究国际法规和"一带一路"沿线国家法律法规，提出前瞻性应对策略，增强推进"一带一路"建设的整体合力。

建设发展多元化纠纷解决机制，依法及时化解涉及"一带一路"建设的相关争议、争端。充分尊重当事人根据"一带一路"沿线各国政治、法律、文化、宗教等因素做出的自愿选择，支持中外当事人通过调解、仲裁等非诉讼方式解决纠纷。要进一步推动完善商事调解、仲裁调解、人民调解、行政调解、行业调解、司法调解联动工作体系，发挥各种纠纷解决方式在解决涉及"一带一路"建设争议、争端中的优势，不断满足中外当事人纠纷解决的多元需求。

积极参与相关国际规则制定，不断提升我国司法的国际话语权。进一步拓宽国际司法交流渠道，密切关注亚洲基础设施投资银行、丝路基金建设的进展，及时研究相关的国际金融法、国际贸易法、国际投资法、国际海事规则等国际法的发展趋势，积极参与和推动相关领域国际规则制定，为我国法律法规体系的健全和国际话语权的提升打下基础。

（五）利用资本市场撬动金融体系支持"一带一路"

"一带一路"倡议实践的重要一环就是资本市场建设。良好的资本市场结构和投资环境，可以为"一带一路"倡议的实施提供稳定的资本基础和资本红利；而"一带一路"建设本身也需要资本市场发挥其资源配置的作用和资本管理的功能，需要资本具有参与国际竞争的能力，从而为资本市场的创新改革及市场化进程的加快提供良好的机遇。

随着"一带一路"倡议的逐步实施，中国很多具有世界领先水平的高端技术装备及基础建设项目在"一带一路"沿线国家逐渐落实，这不仅体现了设施联通与贸易畅通，也体现了中国资本输出的意愿和决心。也就是说，"一带一路"倡议也是中国资本输出的载体，资本市场也对"一带一路"倡议表现出极大的兴趣。从股票市场表现来看，2015 年上半年，带有"一带一路"概念的相关股票基本都受到了市场投资者的追捧，涨幅远远超过同期大盘涨幅。这表明"一带一路"倡议是被市场投资者认可的，市场投资者看好"一带一路"倡议能够带动中国经济未来的发展，能够为企业带来红利；而市场投资者的追捧在为企业融得更多资金的同时，也促进了资本市场的火热，为资本市场的发展带来了更多积极因素。但要注意的是，中国股票市场波动仍然很大，2015 年 6 月底至 7 月初的巨大波动同样也波及"一带一路"概念股。这种大幅度波动不但对股票市场本身是巨大的打击，对"一带一路"倡议同样会产生负面影响：一方面，影响了相关企业的市场价值，打击了市场投资者的信心，也会影响企业未来在证券市场的合理融资；另一方面，影响了海外资金对相关企业的投资。因此，股票市场的安全平稳与合理发展是为"一带一路"倡议谋求发展红利的支持，也是金融领域对"一带一路"倡议持续稳定发展最好的支持。

其次，在"一带一路"倡议推进过程中金融发挥着资金融通的巨大作用。"一带一路"金融合作的过程本身也是我国金融开放战略在亚欧乃至全球构筑影响力的过程。在目前"一带一路"融资框架体系中，基金融资模式优于银行融资模式，用好包括国际合作基金、产业投资基金、国家专项基金等在内的多类型基金对于推进金融互联互通意义重大。其中，亚洲基础设施投资银行的成立从加快亚洲经济一体化建设和改善亚洲各国基础设施建设水平的意义上来讲，与"一带一路"倡议的内涵是高度一致的。在"一带一路"工业和信息化合作中，我国政府、大型国企一直关注和推动的重点就包含了基础设施建设，该领域的工业和信息化合作的目的也是改善相关国家的基础设施建设水平，进一步推动当地经济的发展与区域间经济的协同。因此，亚洲基础设施投资银行的成立和顺利运行，对于"一带一路"沿线国家加快基础设施建设将起到非常大的正向推动作用。

同时，亚洲基础设施投资银行在支持"一带一路"沿线国家基础设施建设投资方面还能有效调节相关国家的利益、政策和其他摩擦、纠纷。亚洲基础设施投资银行成员国与"一带一路"沿线国家高度重合，在这个背景下，亚洲基础设施投资银行的金融支持对"一带一路"沿线国家国际产能合作来说将会更加实惠，反应速度也会更快。

与亚洲基础设施投资银行不同，丝路基金建立的目标明确地指向"一带一路"沿线国家的基础设施建设，而且丝路基金完全是由中资机构主导的，目前并没有海外资金介入。由于基础设施建设涉及的资金非常多，丝路基金的资金相对较少，这就需要丝路基金更多起到融资导向与融资服务的作用，以弥补基础设施建设中的缺口，尤其是鼓励和调动民间资本参与，以 PPP 的形式获得更多民间资本支持，从而发挥丝路基金融资的杠杆作用，并获得相对稳定的长期收益。当然，丝路基金的投资范围也不应局限于"一带一路"沿线国家，而应以开放合作的方式在更广泛的区域范围内开展业务，除支持"一带一路"沿线国家基础设施建设外，更应该支持国内高端技术和优质产能"走出去"。因此，丝路基金的投资应具有导向作用，可以为国内企业、国内资金对"一带一路"沿线国家投资开拓路径，引导国内企业、国内资本的投资去向，并以此推动贸易间、资金间、人员间的往来，以形成最终的"五通"。

（六）加快完善有利于建立"一带一路"国际合作的支撑服务体系

由于"一带一路"沿线国家众多，"一带一路"实施时间也较短，因此存在信息渠道分散、实用性不强、中介服务机构力量薄弱、海外服务保障体系不健全、对"中国制造"整体品牌形象塑造宣传不够等问题。但究其背后的原因，是我国工业和信息化对外合作的支撑服务能力相对薄弱。

一是加强"一带一路"工业和信息化企业"走出去"的信息整合共享。一方面，"走出去"信息分散在相关部门、金融机构、企业、协会，企业难以获得全面信息。另一方面，现有信息中有深度的行业信息、政策信息、商业信息少，难以满足企业需求。要采取多种形式收集市场信息，建立有效的信息传播渠道，为企业及时提供咨询和培训服务，经常邀请企业参加国家大型商务洽谈活动，并建立中国企业与"一带一路"沿线企业沟通和服务的平台。同时，政府还应大力鼓励银行业和保险业等长期涉足海外市场的机构，加强信息收集和整理的能力，为国内企业走向海外提供基本的信息咨询服务，加速对外直接投资企业对海外投资环境的了解，降低对外投资的风险。

对于工业和信息化领域而言，需要组建专业的信息咨询公司和相关管理部门，专门收集和发布中国工业和信息化企业对外直接投资所需要的各种市场信息，提供对外直接投资的咨询服务，包括介绍对外直接投资的投融资制度及审批程序，指导制订投资计划和投资合同等。充分发挥进出口商会和各种行业协会的积极性，发挥其专业性强、联系面广、沟通灵活的优势，尤其应该加强其在中国工业和信息化企业对外投资过程中行业协调和沟通的作用。在国际招投标和投资项目中平衡行业的整体利益，避免多家同行业中国企业在海外因同一个项目恶性竞争。同时，大力推动与有关国家新签或者补充签订贸易、投资保护、避免双重征税等政府双边协定，为民营中小企业的海外发展营造良好的制度和法律环境，提供国民待遇，维护人身安全、财产安全及其他各种合法权益。

二是构建政府、协会、中介服务机构三位一体的服务体系。我国制造业主要行业协会与骨干企业联系紧密，与主要国家对口行业组织有着长期的合作。建议参照国际通行做法，推动主要协会在"一带一路"沿线国家设立办事机构，发挥协会身份优势，加强对驻在国的专业信息搜集、对企业的咨询服务，通过民间渠道向驻在国政府部门反映共性诉求。美、日、韩等发达国家的成功经验证明了通过协会等中介力量服务"走出去"的有效性。例如，美国信息产业机构（USITO）、日本电子信息技术产业协会（JEITA）均在北京设立办事处或事务所，负责搜集、传递我国电子信息产业政策和产业动向，在我国电子信息产业规划、政策、标准等制定中，积极反映会员企业的诉求，代表企业与我国政府部门交涉，保护本国信息技术企业在中国的利益。

三是要加强"中国制造"整体品牌宣传。相较于我国整体形象和区域形象宣传，对"中国制造"和重点行业形象的宣传不够。同时，部分企业在海外恶性竞争、不履行社会责任、假冒伪劣等经营不规范行为时有发生，损害"中国制造"整体形象，不利于我国制造业"走出去"。中宣部印发了《加强中国品牌对内对外宣传工作方案》，对中国品牌宣传作了一系列部署和安排。除官方媒体外，我们可以向国外学习，利用 YouTube、Facebook 等国外新媒体开展宣传。

四是以产业链协同模式支持我国企业开展"一带一路"国际产能合作。防止多头对外及由此产生对国家整体利益的损害。支持以资源开发、原材料工业及深加工布局、基础设施建设一条龙的产业链捆绑模式"走出去",从国家层面统一引导协调,为"走出去"企业引入战略合作者,鼓励上下游企业合作共建大型投资集团公司,联合投资,抵御风险。鼓励优势企业做强、做优,树立全球化思维和国际化视野,不断提升国际竞争力和全球范围的资源配置能力,促进具有比较优势的产能转移,延伸产业链条,探索境外布局,积累管理经验,真正提高国际化水平。

参考文献

[1] 中国经济信息网. 2010 中国行业年度报告系列之医药［R］. 2012.

[2] 北京汇智联恒咨询有限公司. 2014—2020 年马来西亚餐饮行业市场分析与投资前景预测报告［R］. 2016.

[3] 阿拉伯埃及共和国［OL］. 中文百科在线. http://www.zwbk.org/MyLemmaShow.aspx?lid=43777.

[4] 阿玛特. 哈萨克斯坦铜业有限公司竞争战略研究［D］. 北京：北京交通大学，2015.

[5] 埃及的交通运输业情况［OL］. 财经纵横. http://finance.sina.com.cn/roll/20041008/19201065644.shtml.

[6] 佚名. 埃及经济与商业环境风险分析报告［J］. 国际融资，2015（6）：69-71.

[7] 艾麦提江·阿布都哈力克，白洋，卓乘风，邓峰. 我国"一带一路"基础设施投资效率对经济增长方式转变的空间效应分析［J］. 工业技术经济，2017；03：131-138.

[8] 安筱鹏. 制造强国建设的战略布局［N］. 学习时报，2015-06-22（007）.

[9] "一带一路"能源研究报告（2017）［OL］. 北极星电力会展网. http://ex.bjx.com.cn/html/20170612/22096.shtml.

[10] 毕亮亮. 印度科技创新实力及科研优势领域概述［J］. 全球科技经济瞭望，2014，29（9）：24-30.

[11] 波兰共和国［OL］. 中文百科在线. http://www.zwbk.org/MyLemmaShow.aspx?lid=4965.

[12] 蔡恩泽. 印度：下一个全球制造业中心？［N］. 上海证券报，2015-02-05（A02）.

[13] 陈红梅. 特变电工沈阳公司变压器产品埃及市场开发战略研究［D］. 长春：吉林大学，2015.

[14] 陈继东. 印度的工业化进程与产业结构变化［J］. 南亚研究季刊，1997（3）：40-47.

[15] 陈霖，马欣. 埃及汽车市场分析及合作建议［J］. 国际经济合作，2011（9）：84-87.

[16] 陈铁军. 泰国迅速崛起中的微笑国度［J］. 今日民族，2012.

[17] 承包工程市场国别报告（俄罗斯）［OL］. 中国服务贸易指南网. http://tradeinservices.mofcom.gov.cn/article/tongji/guonei/buweitj/swbtj/201004/17734.html.

[18] 冯禹丁. 城市新加坡迈向"智慧国"[J]. 商务周刊，2010（14）：52-57.

[19] 程宇航. 千佛之国——泰国［J］. 老区建设，2016（1）：53-56.

［20］崔楠. 内蒙古: 在"一带一路"建设中担当有为［N］. 内蒙古日报（汉），2016-03-16（001）.

［21］DST. Annual Report 2012–2013［R］. New Delhi: DST，2013.

［22］DST. The Science Technology and Innovation Policy 2013［R］. New Delhi: DST，2011.

［23］戴明阳. 可"借道"约旦开拓中东市场［N］. 工人日报，2012-09-19（007）.

［24］第十七届中东及北非国际电力及能源展览会［OL］. 2007. http://www.sp.com.cn.

［25］董欣. 波兰风电加速跑［J］. 中国能源报，2015-02-16（007）.

［26］佚名. 对外投资国别产业指引［J］. 国际商务财会，2012（3）：82-86.

［27］商务部. 对外投资合作国别（地区）指南［J］. 2012.

［28］范翠杰. 国际贸易企业的初步认识［J］. 中国商论，2016（22）：94-95.

［29］冯宗宪. "一带一路"构想的战略意义［N］. 光明日报.

［30］商务部欧洲司. 俯瞰中东欧地区优势行业（上）［N］. 国际商报，2007.

［31］佚名. 感知城市建设: 应用三种模式投资更加理性［J］. 金卡工程，2011.

［32］高潮. "一带一路"建设加速推进投资哈萨克斯坦正当其时［J］. 中国对外贸易，2015（2）：58-59.

［33］高华，张佳华，夏学齐. 基于温度植被干旱指数的印度和巴基斯坦干旱监测［J］. 遥感信息，2016，31（4）：62-68.

［34］高金瑞. 中国与"一带一路"沿线国家能源合作研究［D］. 保定: 河北大学，2016.

［35］高欣. 中国企业对俄直接投资的产业选择研究［J］. 工业技术经济，2012（4）：94-101.

［36］公丕萍，宋周莺，刘卫东. 中国与"一带一路"沿线国家贸易的商品格局［J］. 地理科学进展，2015，34（5）：571-580.

［37］龚洪. 中国FDI对泰国经济增长的影响研究［D］. 济南: 山东大学，2014.

［38］郭晓琼. 俄罗斯再工业化问题探析［J］. 俄罗斯东欧中亚研究，2016（1）：53-72.

［39］郭晓琼. 中俄经贸合作新进展及未来发展趋势［J］. 俄罗斯学刊，2016（3）：10-18.

［40］为推进亚洲各国互融互通贡献"中国方案"［OL］. 中国文化交流网. http://obor.whjlw.com/2017/03/30/605.html.

［41］佚名. 哈萨克斯坦概况［J］. 大陆桥视野，2009（9）：101-106.

［42］中国驻哈萨克斯坦大使馆经济商务参赞处. 哈萨克斯坦共和国的贸易与投资环境［J］. 全球化，2013（8）：106-115.

［43］何茂春，张冀兵，张雅芃，田斌. "一带一路"倡议面临的障碍与对策［J］. 新疆师范大学学报（哲学社会科学版），2015（3）：36-45.

［44］何英. 波兰的能源盲点［N］. 中国能源报，2010-09-27（008）.

［45］洪琪，刘雅坤. 捷克共和国汽车产业现状及相关政策［J］. 汽车工业研究，2011（11）：41-46.

［46］侯隽. 新加坡神话破灭［J］. 中国经济周刊，2016（45）.

［47］胡江云. 中国的比较优势还在吗［J］. 中国经济报告，2013（2）：78-81.

［48］胡英华. 供需矛盾倒逼埃及开辟能源新路［N］. 经济日报，2012.

［49］佚名．环球市场·视野［J］．进出口经理人，2015．

［50］洇水泛舟的博客．中国各省市在"一带一路"中的定位［EB/OL］．http://blog.sina.com.
cn/s/blog_52f526870102vm6h.html.

［51］黄嘉瑜．区域价值链重构视角下的中国—东盟产能合作［D］．北京：外交学院，2016．

［52］黄婧．投资捷克　把握中捷投资机遇［N］．中国联合商报，2013-07-01（B01）．

［53］黄婧．中国与土耳其携手共促多元化经贸合作［N］．中国联合商报，2014-01-13（B01）．

［54］黄孝林．"一带一路"倡议下我国的出口潜力和贸易效率——基于随机前沿引力模型的
估计［J］．经营与管理，2017（1）：98-100．

［55］黄莹．"一带一路"沿线国家投资指南整理［N］．中国建材报，2017．

［56］Jin-Xu Xu, and Xiu-Yin Zhang. Single and Dual-Band LTCC Filtering Switch with High
Isolation Based on Coupling Control．IEEE Transactions on Industrial Electronics，V01. 64，
pp. 3137-3146，2017．

［57］季晓莉．走，到哈萨克斯坦投资去！［N］．中国经济导报，2015-02-28（A03）．

［58］贾瑞霞．捷克研发创新的绿色智能发展［J］．科学管理研究，2016（4）：114-117．

［59］姜明新．土耳其共和国投资环境分析［J］．西亚非洲，2010（10）：69-73．

［60］姜明新．约旦哈希姆王国投资环境分析［J］．西亚非洲，2008（8）：60-65．

［61］姜跃春．当前世界经济主要特征与未来发展趋势［J］．亚太经济，2013（5）：3-7．

［62］捷克［OL］．环球万国．2015．http://country.huanq.

［63］《重庆与世界》编辑部．捷克共和国［J］．重庆与世界，2013（6）．

［64］中国驻捷克使馆经商处．捷克经济形势概览［N］．中国贸易报，2006．

［65］佚名．捷克投资与经贸风险分析报告［J］．国际融资，2012（4）：62-65．

［66］合作共赢绘就人类命运共同体——展望"一带一路"国际合作高峰论坛（下）［OL］．
http://news.163.com/17/0510/08/CK2FVO6I00014AEE.html.

［67］Kong Q F，Dong H W．Trade Facilitation and Trade Potential of Countries along "One Belt
One Road" Route［J］．Journal of International Trade，2015．

［68］鞠梦然．企业税与个税缴纳　约旦［J］．中国对外贸易，2015(2):32-33．

［69］Liu W．Scientific understanding of the Belt and Road Initiative of China and related research
themes［J］．Progress in Geography，2015，34（5）．

［70］雷德雨．"一带一路"建设背景下的西部经济发展：机遇、问题和策略［J］．经济研究
参考，2016（8）：50-61．

［71］李寒湜，王大树，易昌良．"一带一路"背景下中国能源产业竞争力的提升［J］．新视
野，2016（4）：112-117．

［72］李江．立陶宛：加入欧元区的"狼"［N］．新金融观察，2015-01-05（009）．

［73］李宁奇，曹秋菊．中国对"一带一路"沿线直接投资的区位选择——基于投资引力模型［J］．
商场现代化，2017，02：19-21．

[74] 李少军，吕红娟，曾西雅，等. 2014年领导干部学习热点盘点（二）［N］. 学习时报，2014-12-29（004）.

[75] 李玮. 物联网连接"印度制造"与"数字印度"［J］. 物联网技术，2016，6（7）：6-7.

[76] 李希光. 如何理解"一带一路"［OL］. 2015. http://book.ifeng.com/a/20151208/18220_0.shtml.

[77] 李媛，倪志刚. 中国对"一带一路"沿线国家直接投资策略分析［J］. 沈阳工业大学学报（社会科学版），2017，01：7-13.

[78] 佚名. 立陶宛的激光产业［J］. 光机电信息，2008（8）：57-58.

[79] 佚名. 立陶宛纺织业、林业与光学产业发达［N］. 国际商报，2007-06-11（A04）.

[80] 梁琦. 开创中国经济空间新格局［N］. 南方日报，2015-04-07（F02）.

[81] 梁现瑞，赵若言，曾小清，李欣忆. 四川"四箭齐发"积极融入"一带一路"［N］. 人民日报，2015-05-15013.

[82] 廖萌. "一带一路"建设背景下我国企业"走出去"的机遇与挑战［J］. 经济纵横，2015（9）：30-33.

[83] 刘安然. 进军欧盟第二增长国［N］. 中国联合商报，2010-04-12（B01）.

[84] 刘东方. 中企海外仲裁逾九成败诉原因及对策［J］. 经济界，2015（3）.

[85] 刘建国，朱跃中，张思遥. 西南省份参与"一带一路"能源合作的思考［J］. 中国能源：2017，39（1）：29-31.

[86] 刘娟. 俄罗斯科学院改革与科技复兴［J］. 世界知识，2013（17）：48-49.

[87] 刘凌林. 中约园区合作潜力加速释放［N］. 中国企业报，2015-10-13（019）.

[88] 刘馨蔚. 立陶宛期待与中企加强科技创新合作［J］. 中国对外贸易，2016（9）：70-71.

[89] 刘英. 将中波合作打造为"一带一路"合作典范［J］. 中国投资，2016（13）.

[90] 刘重才. 政策力推军工信息化建设［N］. 上海证券报，2016-07-28（011）.

[91] 鲁金枝. 论印度莫迪政府的"东向行动政策"［D］. 北京：外交学院，2016.

[92] 吕金平. 实施"一带一路"倡议应加快云南沿边开放步伐［N］. 人民政协报，2017-03-08009.

[93] 吕晶晶，廖锦超. 论泰国的语言政策［J］. 科技信息，2011（30）：31-31.

[94] 马来西亚：人才匮乏导致产业升级缓慢［N］. 教师频道. 中国教育在线，2013.

[95] 孟东河. 走近俄罗斯工业［J］. 经贸导刊，2002（12）：56-57.

[96] Qian X. The Base of "the Silk Road Economic Belt and the Marine Silk Road" Strategy：China and the Middle East Energy Cooperation［J］. Arab World Studies，2014.

[97] 朴光姬，李芳. "一带一路"建设与中蒙俄能源合作——基于地区安全视角［J］. 亚太经济，2016（5）：3-9.

[98] 普京：俄罗斯战略目标是十年内劳动生产力翻倍［N］. 中新网. http://www.chinanews.com/gj/2012/01-12/3601302.shtml.

[99] 戚文海. 哈萨克斯坦国家创新体系的演化经济学分析［J］. 中国软科学，2009（s1）：93-101.

［100］亓科伟．俄罗斯：以科技创新保持竞争力［N］．科技日报，2016-06-03（002）．

［101］任晶晶．土耳其纺织业的特色三宝［N］．中国纺织报，2014-04-28（002）．

［102］肜新春．一带一路：包容、开放的亚欧命运共同体［M］．中国社会科学出版社．

［103］Sang B C，Yang L Z. China's Trading Relations with the Countries of " One Belt And One Road "：Based on the Trade Competitiveness and Trade Complementarities［J］. On Economic Problems，2015.

［104］申现杰，肖金成．国际区域经济合作新形势与我国"一带一路"合作倡议［J］．宏观经济研究，2014（11）：93-94.

［105］申亚欣，洪蔚琳．习近平欧亚之行成果丰硕　提升"一带一路"新格局［N］．2016-06-25．http://politics.people.com.cn/n1/2016/0625/c1001-28477680.html.

［106］史小今."印度制造"的优势与劣势［N］．学习时报，2016-03-14（002）．

［107］斯里兰卡新政府批准继续建设港口城项目［OL］．新华网，http://www.xinhuanet.com//world/2015-02/05/c_1114272453.htm.

［108］孙春莲．泰国社会保障制度研究［D］．昆明：云南大学，2013.

［109］孙琦子，刘晓宇．投资环境的结构性改革释放强信号［N］．经济观察报，2014-03-31（007）.

［110］孙晓娅，王琦．无法告别的末路骊歌——评纳娃勒·赛阿达维《周而复始的歌》［J］．海南师范大学学报（社会科学版），2014，27（11）：85-90.

［111］唐燕．约旦服装业欲挑经济"大梁"［N］．中国纺织报，2015-10-16(002).

［112］王吉敏，马岚姝，张驰，等．中国企业赴俄罗斯直接投资面临的机遇与挑战［J］．对外经贸，2013（7）：40-42.

［113］王晋蓉，胡志华．基于海运网络的区域关系研究［J］．广西大学学报（自然科学版），2016，41（5）：1432-1440.

［114］王珂，赵展慧．中国与沿线国家贸易总额20万亿元［N］．人民日报，2017-05-11（001）.

［115］王敏."一带一路"能源战略合作研究［J］．经济研究参考，2016（22）：34-44.

［116］王霄."一带一路"沿线国家航天情况介绍之俄罗斯［J］．卫星应用，2016（11）：61-68.

［117］卫平，周凤军．新加坡工业园裕廊模式及其对中国的启示［J］．亚太经济，2017（1）：97-102.

［118］新加坡GDP环比暴跌4.1%背后：科技创新巨大投入低产出［OL］．中国科技网．http://www.stdaily.c-2016-10-2616:33:28.

［119］新加坡基础设施［OL］．广西新闻网．2016．http://asean.gxnews.

［120］商务部．新加坡投资合作国别（地区）指南［N］．2012.

［121］我国在洽谈国外高铁项目20个"一带一路"沿线优化［OL］．新京报．http://finance.sina.com.cn/china/20150112/025921272794.shtml.

［122］幸瑜，武芳，褚晓，等．中土经贸合作主要产业的机遇及风险防范［J］．国际经济合作，2017（2）：52-57.

［123］Citizen．匈牙利：美味尽在佳酿中[J]．消费指南，2014（09）：26-28.

［124］匈牙利通讯产业发展现状_匈牙利移民和投资［OL］．欧易居移民．http://blog.sina.com.

［125］徐罗卿．马来西亚民族政治文明建设制度解读［J］．东南亚纵横，2007（8）：46-50.

［126］薛菁华．新加坡科技规划政策研究与启示［J］．华东科技，2013（9）：26-29.

［127］薛慕男．CTT：折射俄罗斯建筑市场热潮［J］．进出口经理人，2013（1）．

［128］驻立陶宛使馆经商参处．迅速发展的立陶宛木材加工业［N］．公共商务信息导报，2005/03/11（013）.

［129］Yng-Huey Jeng，Sheng-Fuh R．Chang，and Hsiao-Kuang Lin．A High Stopband-Rejection LTCC Filter with Multiple Transmission Zeros．IEEE Transactions on Microwave Theory and Techniques，V01，54，pp．633-638，2006.

［130］Yi Liu，Yongsheng Dai，and Dongchun Qiao．A Design of Dual-band Band-pass Filter with Miniaturization Based on LTCC Technology．2016 IEEE International Conference on Microwave and Millimeter Wave Technology（ICMMT），pp．333-335，2016.

［131］杨国涛．波兰汽车市场面面观［J］．进出口经理人，2011（6）：28-28.

［132］杨海峰．新加坡描绘"智慧国2015"大蓝图［J］．通信世界，2006（24）：6-7.

［133］杨梨．全球国家地区总览（三）亚洲［OL］．http://blog.sina.com.

［134］叶然．哈萨克斯坦工业创新发展的研究［D］．重庆：重庆交通大学，2013.

［135］余泽萍．步入世界第二大纺织品生产国［N］．中国纺织报，2016-05-20（002）.

［136］负霄．中国新疆与哈萨克斯坦产业比较分析［D］．乌鲁木齐：新疆财经大学，2013.

［137］袁纬芳．铝矿资源海外开发战略选区风险评价研究［D］．赣州：江西理工大学，2014.

［138］张高丽．加快构建开放型经济新体制扎实推进"一带一路"建设[OL]．2017．http://kuaixun.stcn.com/2017/0319/13120954.shtml.

［139］张慧．促进技术经济结合　构筑新世纪创新体系——埃及建立科技创新机制措施述评［J］．全球科技经济瞭望，1999（8）：48-50.

［140］张巨峰．山西（匈牙利）投资促进说明会举行［N］．山西日报，2015-06-19（A02）.

［141］张亮．重视人力资源发展创意产业［N］．科技日报，2006.

［142］张司南．国家信息化发展战略纲要正式公布［N］．证券时报，2016-07-28（A02）.

［143］张小平．"一带一路"信息化建设，将撬动"中国智造"的腾飞［OL］．2015．http://blog.sina.com.cn/s/blog_49020b360102ve0e.html.

［144］张小云，吴淼，王丽贤．哈萨克斯坦独立以来科技投入概述［J］．世界科技研究与发展，2011，33（4）：737-741.

［145］张晓华．开拓泰国承包工程市场须知［J］．国际工程与劳务，2013（7）：27-29.

［146］赵凡．闲看埃及资源于行走中［J］．国土资源，2005（11）：44-47.

［147］赵杰. 中国企业海外投资研究［D］. 北京：中共中央党校，2014.

［148］赵士影，叶锦华，赵连荣，等. 基于 SWOT 分析法下的波兰矿业投资环境分析［J］. 中国矿业，2016，25（8）：42-46.

［149］赵围，宋晓光. 中俄科技合作的系统动力学研究［J］. 俄罗斯东欧中亚研究，2014（5）：61-68.

［150］赵云峰. 中国铜矿企业对外直接投资研究［D］. 北京：中国地质大学，2012.

［151］证券之星，装备制造：一带一路推动高端装备走出去［OL］. http://stock.stockstar.com/SS2015020500001047.shtml.

［152］中国国际工程咨询公司课题组. 丝路国家产业展望［J］. 中国投资，2014（9）：55-64.

［153］中国社会科学院亚洲太平洋研究所亚太概览［OL］. http://iaps.cass.cn/.

［154］钟敏. "一带一路"通道下中蒙经贸合作研究［J］. 物流科技，2017，40（1）：113-115.

［155］钟敏. 哈萨克斯坦电力产业投资环境分析［J］. 现代营销（下旬刊），2014（06）：16.

［156］周怀龙. 两会代表委员热议"一带一路"搭建"资源快车"［OL］. 2015-03-17. http://www.mlr.gov.cn/xwdt/jrxw/201503/t20150317_1345305.htm.

［157］Jonathan Adams，David Pendlebury，Bob Stembridge，等. 走向强盛的金砖国家（BRICKS）巴西、俄罗斯、印度、中国和韩国科研与创新全球影响力解析［J］. 科学观察，2013（2）：33-45.

［158］G20 各成员国（方）基本状况［OL］. 国际. 人民网. http://world.people.com.cn/n1/2016/0816/c1002-28640512.html.

［159］邹学强. 新一轮西部大开发战略中应注重与俄罗斯的交流与合作［J］. 西部发展研究，2011.

［160］邹赟. "一带一路"背景下对外能源合作中的大国竞争及对策［J］. 改革与战略，2015（11）：25-28.

［161］邹长胜. "后金融危机"背景下哈萨克斯坦国家经济安全评析［J］. 特区经济，2015（6）：62-64.

内 容 简 介

本书基于"一带一路"重大倡议及工业和信息化"走出去"的宏观背景,通过资料收集、科学评价和实地调研,对"一带一路"沿线国家工业和信息化发展情况做了较为全面的分析,为相关机构的重要决策提供参考。本书选取了"一带一路"沿线的俄罗斯、马来西亚、泰国、波兰、印度等国家,采用文献查阅、专家访谈、层次分析等研究方法,编制"一带一路"沿线国家工业和信息化发展指数,并对基础设施、经济增长、竞争力、创新、效率、信息化6个层面进行深入分析,构建一套能充分反映各国工业和信息化发展水平的立体式多级指标体系。结合"一带一路"沿线国家工业和信息化增长指数测算结果,可进一步挖掘"一带一路"沿线国家合作潜力,评估其优势和劣势,为当前我国推进国际产能合作,以及进一步制定工业和信息化发展的相关政策提供参考依据。

图书在版编目(CIP)数据

"一带一路"工业文明.工业和信息化发展 / 周子学等著 . —北京:电子工业出版社,2018.11
ISBN 978-7-121-30620-4

Ⅰ.①一… Ⅱ.①周… Ⅲ.①工业经济 – 区域经济合作 – 国际合作 – 研究报告 – 世界
②信息产业 – 区域经济合作 – 国际合作 – 研究报告 – 世界 Ⅳ.① F125.5

中国版本图书馆 CIP 数据核字(2016)第 304257 号

策划编辑: 李 敏

责任编辑: 李 敏

印 刷: 北京捷迅佳彩印刷有限公司

装 订: 北京捷迅佳彩印刷有限公司

出版发行: 电子工业出版社

北京市海淀区万寿路 173 信箱 邮编: 100036

开 本: 720×1000 1/16 印张: 17.5 字数: 397 千字

版 次: 2018 年 11 月第 1 版

印 次: 2018 年 11 月第 1 次印刷

定 价: 69.00 元

凡所购买电子工业出版社图书有缺损问题,请向购买书店调换。若书店售缺,请与本社发行部联系,联系及邮购电话:(010)88254888,88258888。

质量投诉请发邮件至 zlts@phei.com.cn,盗版侵权举报请发邮件至 dbqq@phei.com.cn。

本书咨询联系方式: limin@phei.com.cn 或(010)88254753。